福建省高校人文社会科学研究基地——基础教育与教师教育研究中心(福建师范大学)研究项目。

教师教育课程系列教材

余文森 连榕 洪明 总主编

选修模块

中外著名教育家简介

黄仁贤 洪明 等 ◎ 编著

海峡出版发行集团
福建教育出版社

教师教育课程系列教材编委会

主　任 / 黄汉升
副主任 / 余文森　许　明　黄志高
委　员 / 连　榕　黄宇星　洪　明
　　　　 叶一舵　黄仁贤　陈伙平
　　　　 王　晞　谌启标　张荣伟
　　　　 王伟宜　王东宇　丁革民

序　言

教师教育课程体系的构建和教材的编写是教师教育的基础性工作，是决定教师教育质量和合格教师培养的核心环节。当前，随着教师专业化进程的推进，教师教育课程教材改革迎来了一个全新的时代。那么，如何构建教师教育新的课程体系？如何编写教师教育新的教材？我们的做法是：

一、以新课程为导向，提高教师教育课程教材的针对性和适应性

我国于2001年启动的新一轮基础教育课程改革是新中国成立以来规模最大，最全面、最深刻，也将是最有影响的一次课程改革。教师是课程改革的主力军，"课程改革成也教师，败也教师"。教师的观念态度、业务素质和专业精神是课程改革的根本支撑，是保证课程改革运行的内在动力。作为培养中小学师资的重要基地，如何培养适应新课程的合格教师？这是师范院校面临的重要课题。教育部印发的《基础教育课程改革纲要（试行）》明确要求："师范院校和其他承担基础教育师资培养和培训任务的高等学校和培训机构应根据基础教育课程改革的目标与内容，调整培养目标、专业设置、课程结构，改革教学方法。"师范院校的教师教育要为基础教育课程改革与发展提供良好的师资保证，必须主动实现与基础教育课程改革的对接。这种对接，既是师范院校教师培养的自身改革，也是对基础教育课程改革的主动适应。

本套教师教育课程教材体系特别注重在教育理念、课程内容和专业素养上与基础教育课程改革对接。第一，把新课程倡导的各种新理念特别是新的教育观、学生观、教师观、课程观、教学观、评价观、研究观等作为教师教育课程教材编写的理论导向，从而帮助师范生确立新课程所倡导的教育理念。第二，把新课程改革涉及的新的内容，如课程结构的调整、综合实践活动的设置、学习方式的变革、综合素质的评价、校本教研制度的建设等纳入教师教育课程教材之中。此外，还将综合实践活动作为独立设置的一门教师教育课程（教材），使师范生不仅对本次课程改革的亮点有系统的了解，而且为今后在工作岗位上有效开展综合实践活动奠定坚实的基础。第三，把新课程对教师专业素养提出的新要求，如教师的教育智慧、人文精神、人格修养和研究能力等作为教师教育课程教材编写的依据和内容，既为师范生打下必要的基础，又为师范生指明努力方向。

二、以教师教育课程标准为依据，构建教师教育课程教材新体系

为培养和造就符合时代要求、具有合格专业素养的新型教师，教育部决定调整和改革教师教育课程，以构建体现素质教育理念的新的教师教育课程体系。教师教育课程是指教师教育机构为培养和培训幼儿园、小学和中学教师所开设的教育类课程。教师教育课程标准体现国家对教师教育课程的基本要求，是制订教师教育课程方案、编写教材、积累发掘课程资源，以及开展教学和评价活动的依据，对规范和促进我国教师教育发展具有重要意义。研制和颁布教师教育课程标准是近年来我国教师教育课程改革和建设的重要举措。

教育部 2007 年工作要点第 30 条指出：大力推进教师教育课程与教学改革，颁布和试行《教师教育课程标准》，加强教师培养的专业指导和质量评估，加快教师教育精品课程资源建设。

依据教师教育课程标准的主要精神和基本要求，我们构建以下的教师教育新课程体系（不含见习和实习课程以及学科类的教育课程）：

（一）必修课程（6 个模块，每个师范生必修）。模块名称为：《教育基本原理》、《发展与教育心理学》、《课程与教学论》、《课堂教学技能》、《班级管理与班主任工作》、《现代教育技术》。

（二）选修课程（6 个模块，每个师范生选修若干模块）。模块名称为：《中外著名教育家简介》、《教师专业发展》、《学生心理健康教育与辅导》、《教育科学研究方法》、《考试与评价》、《综合实践活动课程导论》。

相对而言，必修模块的《教育基本原理》、《发展与教育心理学》、《课程与教学论》三门课程和选修模块的《中外著名教育家简介》、《教师专业发展》两门课程侧重理论，必修模块的《课堂教学技能》、《班级管理与班主任工作》、《现代教育技术》三门课程和选修模块的《学生心理健康教育与辅导》、《教育科学研究方法》、《考试与评价》、《综合实践活动课程导论》四门课程侧重实践。

这一课程体系彻底地走出了传统"老三门"（公共教育学、公共心理学和学科教材教法）的模式，以新时期中小学教师必须具备的各种教育专业素养为核心对教育类课程进行了有机的整合，大大地强化了教师教育课程的内涵和外延，为提升师范生的素质提供了全新的平台。

依据上述课程模块，我们组织编写了相应的教材。本套教材的编写力求反映和体现以下特征：

第一，时代性。传统的教师教育课程教材，大到整个理论体系，小到具体表述，多是老套陈旧的东西，不仅学生学起来不新鲜，就是教师也教得厌烦。本套教材编写则十分注重从当代教育科学和心理科学研究的最新成果中筛选适合"公共课"性质与要求的内容和观点，十分注重反映新课程精神并提供新课程改革所需要的教育学和心理学的内容和观点。这使得本套教材富有时代气息，具有时代特色。

第二，基础性。传统的教师教育课程教材大多只是专业课教育学和心理学教材的简单移植、翻版或综合，很少考虑到"公共课"的性质和特点，致使课程内容大而全、杂而乱。本套教材则以打造未来教师的教育学和心理学基本素养为宗旨，以21世纪中小学教师必须确立的教育教学观念为主线，精选教育学科和心理学科的基础知识和基本理论。不求面面俱到，不在概念和原理上兜圈子、做文章，而是在提高师范生的认识和能力上下功夫。

第三，实践性。传统教师教育课程教材偏重教育学和心理学概念和理论的抽象阐述，片面追求课程教材内容的系统化，偏离了教育学和心理学得以实现生长和发展的生活根基和人文轨道。这种课程教材缺乏感召力，缺乏对实践的有效引领，存在严重的"实践乏力"。本套教材注重实践品质和人文关怀，全书一以贯之地体现以人为本的教育思想和回归生活的教育理念，使教育学和心理学的理论阐述一方面渗透人文精神，另一方面反映教育教学现状和发展要求以及中小学生的心理特征，唯其如此，才有可能让师生真切感受到教育学和心理学的指导意义、真切关怀和现实帮助。

本套教材的编写得到了福建师范大学重点教改项目的资助，福建教育出版社对本套教材的编写也给予了热情的鼓励和具体的帮助。本套教材在编写过程中参阅和引用了大量其他研究人员的成果，在此一并表示深深的谢意。

本套教材只是重写教师教育课程教材的一种尝试。由于编写者认识水平和专业理论水平的局限，这种尝试必定存在诸多缺漏和遗憾，我们恳请同行提出宝贵的批评意见。

教师教育课程系列教材总主编：余文森、连榕、洪明
2011年1月

前　言

教育是一门科学，也是一门艺术。《中外著名教育家简介》作为教师教育的一门选修课程，主要是为了解和研究人类历史上中外著名教育家对教育的理性思考和个体独特的教育艺术，从而吸取人类教育思想的精华，培养自己的教育理论素养和研究教育问题的能力，并薪火相传，继往开来，在今后的教书育人实践中不断地探讨教育的新问题、新特点，形成自己对教育的理性思考和教育艺术，为创建当代具有中国特色的社会主义教育理论体系作出贡献。

中外教育历史上有系统和严密的教育思想体系的教育家的出现，大致都在距今二千多年前，即中国的春秋战国时期，西方的古希腊、古罗马时期。春秋战国时期是中国历史上社会大变革的时代，也是诸子百家各具特色的教育思想逐渐形成的重要时期。秦汉以后，随着"独尊儒术"文教政策的推行，儒家的教育思想在整个封建社会始终占主导地位。进入近现代社会之后，由于西方教育思想的不断输入，中西文化的交融与碰撞，出现了以蔡元培、陶行知为代表的一批学贯中西的教育家。由此，我们分"先秦时期"、"封建社会"和"近现代"三个历史阶段，每个阶段选择4位著名教育家，来展示中国教育家的风貌。而对外国教育家，也是按照历史的进程，分"古代"、"近代"和"现代"三个历史阶段，选择10位著名教育家，来展示外国教育家的风貌。我们在编写过程中，力求真实地再现中外教育家本来的历史面貌，客观地评价他们的历史贡献，尤其是把他们在当时的理论创新、思想创新作为研究的重点，凸显他们在人类教育思想产生和发展的历史长河中的辉煌贡献。

本书是集体协作的产物，由黄仁贤、洪明制订写作提纲并负责统稿。参加本书编写的人员（按章节顺序）有：黄仁贤（第一章、第二章），杨卫明（第三章第一节、第三节），涂怀京（第三章第二节、第四节），洪明、王静（第四章第一节），万作芳（第四章第二节），洪明、赵丽梅（第四章第三节），洪明、凌远宏（第五章第一节），洪明、陈瑶（第五章第二节），洪明、刘保卫（第五章第三节），万作芳（第六章第一节），洪明、徐春妹（第六章第二节），洪明、牟威（第六章第三节），洪明、冯晓燕（第六章第四节）。

本书在编写过程中参阅了大量的文献资料，参考和吸取了中外教育史专家的许多研究成果，在此谨向他们表示衷心的感谢。由于时间仓促，再加上作者的学术水平和写作水平所限，本书定然存在缺点错误和疏漏之处，敬请读者批评指正。

目 录

第一章 先秦教育家及其教育思想……（1）
- 第一节 孔子的教育思想……………………（1）
- 第二节 墨子的教育思想 ………………（20）
- 第三节 孟子的教育思想 ………………（28）
- 第四节 荀子的教育思想 ………………（34）

第二章 封建社会的教育家及其教育思想…（43）
- 第一节 董仲舒的教育思想 ……………（43）
- 第二节 朱熹的教育思想 ………………（53）
- 第三节 王守仁的教育思想 ……………（58）
- 第四节 王夫之的教育思想 ……………（65）

第三章 中国近代教育家及其教育思想 …（72）
- 第一节 张之洞的教育思想 ……………（72）
- 第二节 蔡元培的教育思想 ……………（84）
- 第三节 陶行知的教育思想 ……………（95）
- 第四节 杨贤江的教育思想………………（114）

第四章 外国古代教育家及其教育思想…（128）
- 第一节 苏格拉底的教育思想…………（128）
- 第二节 柏拉图的教育思想……………（145）

第三节　亚里士多德的教育思想……………………（162）
第五章　外国近代教育家及其教育思想……………（180）
第一节　卢梭的教育思想……………………………（180）
第二节　裴斯泰洛齐的教育思想……………………（201）
第三节　赫尔巴特的教育思想………………………（217）
第六章　外国现代教育家及其教育思想……………（237）
第一节　杜威的教育思想……………………………（237）
第二节　布鲁纳的教育思想…………………………（258）
第三节　赞可夫的教育思想…………………………（275）
第四节　苏霍姆林斯基的教育思想…………………（292）
主要参考文献…………………………………………（315）

第一章
先秦教育家及其教育思想

中国古代教育思想发端于远古时代,中经夏、商、西周三代,成型于春秋战国。春秋战国是中国社会由奴隶社会向封建社会转化的过渡时期,也是中国古代学术文化以及教育思想空前活跃的时期。在这个时期,私学勃兴,学派林立,百家争鸣,形成了诸子百家各具特色的教育思想

第一节 孔子的教育思想

孔子是儒家学派的创始人,中国古代最伟大的思想家和教育家。他继承了夏、商、西周三代教育思想的传统,在长期的教育实践中创立了相当系统的教育思想体系,为中国古典教育理论的形成奠定了雄厚的基础。

一、生平及其教育活动

孔子（公元前551～前479）名丘，字仲尼，春秋末期鲁国陬邑（今山东曲阜）人，远祖为殷王室的后裔，宋国的贵族。由于宋国贵族内部的倾轧，他的前六代先祖木金父逃奔到鲁国，定居于陬邑，卿位始失，家道一落千丈。孔子的父亲孔纥，名纥，字叔梁，是鲁国的下等武士，相传他"有力如虎"。孔子3岁时，孔纥去世，从此家境更加衰落。

孔子自幼好礼，"为儿嬉戏，常陈俎豆，设礼容"。[①] 他15岁"志于学"，读《诗》、《书》，学《礼》、《乐》，从不放弃任何可以学习的机会。经过刻苦学习，他在20岁左右成为鲁国有名的学者。为了谋生，年轻时他也做过鲁国大夫季氏的管仓库的"委吏"和管牛羊的"乘田"，表现出他从事实际工作的才能。由此他有些自许地说："吾少也贱，故多能鄙事。"[②]

孔子从30岁开始奠定了一生为人处世、施教、为政的基础。他顺应当时"文化下移"的趋势，收徒讲学，成为中国历史上最早的以教书育人为专业的教师。孔子所办的私学，是春秋时期规模最大、时间最长、组织最完备的私学。他在这个阵地上不仅培养了许多有才干的学生，即所谓"弟子三千，贤人七十二"，创立了儒家学派，而且在积累丰富的教育经验的基础上形成了比较系统的教育理论。

孔子在教学的同时，从未放弃过步入仕途践履自己的政治主张的理想。他51岁时鲁定公请他担任鲁国的中都宰，以弟子为

[①] 《史记·孔子世家》。
[②] 《论语·子罕》。

辅佐，治理中都，颇有政绩。一年后升迁为小司空，管理土地、山林。不久又提升为大司寇，位同三卿（司徒、司马、司空）。他襄助鲁定公赴夹谷齐鲁之会，会后又运用外交手段收回了被齐侵占的郓、灌、龟阴之田。为加强公室，抑制三桓（季孙、孟孙、叔孙），孔子提出"堕三都"的计划，并派弟子子路为季氏宰去实施。

孔子55岁时因与鲁国执政大夫季桓子的矛盾不断激化而下野。他见自己的政治抱负在鲁国不能实现，便率领弟子周游列国，先后奔走于宋、卫、陈、齐等十几个诸侯国，度过了14年的流亡生涯。他的政治主张不为各国执政者所采纳，凄凄惶惶，找不到一个容身之所，在陈蔡竟弄到绝粮的地步。但他不改初衷，坚持自己的主张。在周游列国期间，他的私学是走到哪里办到哪里，从来没有停止过教学活动。他在去曹适宋途中，"与弟子习礼大树下"。在陈蔡绝粮的危急时刻，"从者病，莫能兴，孔子讲诵弦歌不衰"，[①] 与子路、子贡、颜渊等弟子研究学问，砥砺品行。孔子返回鲁国时，已经是68岁的老人了，从此他专门从事讲学和整理古代文献，直到逝世。孔子逝世时，弟子皆以父母之丧礼之，服孝三年。"三年心丧毕，相诀而去，则哭，各复尽哀，或复留"。[②]

孔子的言行主要见于《论语》一书。《论语》共有20篇，是孔子的弟子辑录的孔子言行录，也杂有其弟子的言行，是无系统的语录和记事体裁。这是后人研究孔子的最基本、最有价值的典籍。

[①②] 《史记·孔子世家》。

二、教育基本理论

孔子在长期的教育实践中，深入探讨了社会与人生的一些基本问题，提出了许多有价值的教育理念。

（一）教育作用论

孔子是中国教育史上最早从社会与个体发展两个方面系统地论述教育作用的教育家。首先，关于教育的社会作用，他认为教育是立国之基、为政之本。《论语·子路》记载："子适卫，冉有仆。子曰：'庶矣哉！'冉有曰：'既庶矣，又何加焉?'曰：'富之。'曰：'既富矣，又何加焉?'曰：'教之。'"孔子在这里提出了治国的根本大纲。他把人口、财富、教育当成"立国"三大要素：众多的人口、富足的经济、发达的教育，三者俱备，这个国家就兴旺发达了。三者的先后顺序，表明相互间的关系。庶与富是实施教育的基础，经济发展、生活宽裕之后必然随之进行教育，引导人民、引导社会走健康发展的道路。《论语·颜渊》记载了孔子与子贡的另一次对话："子贡问政。子曰：'足食，足兵，民信之矣。'子贡曰：'必不得已而去，于斯三者何先?'曰：'去兵。'子贡曰：'必不得已而去，于斯二者何先?'曰：'去食。自古皆有死，民无信不立。'"孔子认定，通过教育取得民众信任，使民众有坚定的信念和信心，这才是立国的根本。

孔子认为，德治和礼教对于治理国家的作用要高于一般政令刑律，主张"为政以德"，靠道德的引导、礼教的规范，才能使人心悦诚服。他把政治看作就是教育过程，为政就是一种完善自身并由此影响他人的教育活动。因此，只有实施良好的教育，才能真正实现"德治"的社会理想。

其次，孔子也强调教育对个体发展的重要作用。他指出：

"性相近也，习相远也。"① 也就是说，人的先天禀赋是很接近的，后来之所以有较大的差别，是环境和教育的结果。人的聪明才智不是先天的，主要是靠后天习得。无论何人，只要肯努力求学，就一定能获得成功，世界上不存在不配和不堪教育的人。《中庸》曾引孔子的话说："人一能之，己百之；人十能之，己千之。果能此道矣，虽愚必明，虽柔必强。"这就把人的主观能动性摆在更为重要的地位，认为先天遗传即使较差，只要充分发挥学习的积极性，愚昧可以变为聪明，柔弱可以变为刚强。当然，孔子并未完全摆脱先天决定论的羁绊，曾经提出"唯上智与下愚不移"，②但其主导思想，还是肯定教育在人的发展中起的决定作用。

（二）教育对象论

孔子生活在春秋末期，面对当时官学衰落、私学兴起的社会现实，极力主张扩大教育的对象，明确提出"有教无类"的办学方针。"有教无类"的基本含义，历来虽有不同的解释，但也有比较一致的看法：这一教育主张强调在教育上打破氏族、等级的界限，使那些愿意学习而条件又允许的人，不论富贫、贵贱以及"国别"，都可有受教育的权利和机会。孔子又说："自行束脩以上，吾未尝无诲焉。"③ "脩"是干肉，又叫脯。束脩即十条干肉，用作初次拜师的见面礼。孔子这句话的意思是：不分地位高下，报酬薄厚，只要诚心求教，主动执十条干肉的见面薄礼，对这样的人我是从来没有不教诲的。

孔子的私学以"有教无类"为办学方针，不分华夷，无别贵

---

①② 《论语·阳货》。
③ 《论语·述而》。

贱，杂收弟子。在孔门三千弟子中，有少数贵族弟子（如南宫敬叔、司马牛、孟懿子），有少数商人弟子（如子贡），而大多数出生贫贱，如蓬户瓮牖、捉襟见肘的原宪，穷居陋巷、箪食瓢饮的颜回，卞之野人以藜藿为食的子路，穷困至三天不举火十年不制衣的曾参，等等。南国惠子曾讥笑性地问子贡："夫子之门何其杂也？"子贡回答道："君子正身以俟，欲来者不拒，欲去者不止。且夫良医之门多病人，檃栝之侧多枉木，是以杂也。"① 以能言善辩著称的子贡，在这段话里进一步阐述了孔子"有教无类"的思想，即相信教育的巨大力量，相信教师可以像良医治疾病，檃栝矫枉木一样，把各种各类学生教育成才。

孔子"有教无类"的教育主张，打破了奴隶主贵族对文化教育垄断的局面，把教育对象从贵族延伸到平民，扩大了学校教育的社会基础和人才来源，适应了当时"士"阶层的崛起及文化学术下移的历史潮流。同时，这一主张千百年来成为社会下层人士追求平等教育权利的思想武器，在教育发展史上具有划时代的意义。

（三）教育目的论

孔子的教育目的是要培养德才兼备的治国人才，依《论语》记载，可以概括为"士"、"君"和"成人"三个层次。士具有二重性：一是为学，其旨在修己；二是入仕，其旨在治人。前者要求学问道德方面能严格要求自己，达到崇高的境界，这是治人的前提；后者要求能"使于四方"，"见危授命"，在政治上谋进取，以道治国安邦。君子须具有"仁"、"智"、"勇"三达德，成人则要有"仁"、"智"、"勇"、"艺"、"礼"、"乐"六个方面的要求，

---

① 《荀子·法行》。

这构成了孔子最理想的培养目标。孔子力求通过教育去培养德才兼备的人才，达到改良社会政治的目的。他的弟子子夏提出的"仕而优则学，学而优则仕"，比较准确地概括了孔子关于教育目的的主张。

"学而优则仕"的"优"训优秀、成就、余力，其义无多大差别，其基本含义是把学优与仕优紧密联系起来。有官职的人应该是受过教育并继续学习的人，为学的人应该得到一定官职并把自己的主张推行到治国安邦实践中去。孔子强调先学后仕，他说："先进于礼乐，野人也；后进于礼乐，君子也。如用之，则吾从先进。"[①] 这就表明，孔子是以学优保证仕优，主张"任人唯贤"，反对"任人唯亲"。这与孔子倡导的"举贤才"又是相吻合的。他的"举贤才"，一是为平民开拓从政的道路，二是为治理国家提供善人为邦的贤人政治。"学而优则仕"不仅在当时具有很大的进步性，而且对以后两千多年的学校教育和科举考试制度产生了深远的影响。它与"任人唯贤"的路线配合一致，为封建官僚制度的建立奠定了一定的理论基础。当然，"学而优则仕"也产生过一些副作用，即把读书与做官直接联系起来，把求学作为高官厚禄的敲门砖，产生一些诸如"万般皆下品，唯有读书高"之类的陈腐的观念。

三、教学思想

孔子的教育思想中不仅包含着许多有价值的对教育基本问题的理性思考，而且有很深刻的教学理论和丰富的教学经验。

---

① 《论语·先进》。

（一）关于教学过程

孔子认为教学过程是教师与学生双边活动的过程，教师的教应该建立在研究学生如何学的基础上。他把教学过程归结为学、思、习、行四个环节。首先，孔子肯定"学而知之"的唯物主义认识论，他强调必须广泛地学习，不仅要学习书本知识，还要通过见闻、与外界事物接触掌握直接经验，由此他主张"多闻"、"多见"、"不耻下问"等多种形式。其次，孔子主张学思结合，把感性认识上升到理性认识，他把思看作比学水平更高的一种学习活动。再次，孔子将"习"纳入教学过程，强调通过练习、实习，帮助学生巩固知识，培养实际能力。最后，孔子将知行一致的观点纳入教学过程，他认为学习不应中止于学与思，唯有达到行并完善行，才是学习的完成。

（二）关于教学内容

孔子的教学内容，依《论语》记载，有"四教"、"四科"，而依《史记·孔子世家》等记载，则还有"六艺"。所谓"四教"，就是"文、行、忠、信"。"文"属于文化知识范畴，"行"、"忠"、"信"则属于道德教育范畴。所谓"四科"，是与孔门"十哲"的特长联系在一起的："德行：颜渊、闵子骞、冉伯牛、仲弓；言语：宰我、子贡；政事：冉有、季路；文学：子游、子夏。"① 四科属高级课程。所谓"六艺"，一是指承袭西周礼、乐、射、御、书、数之教，二是指孔子改编的诗、书、礼、乐、易、春秋这"六书"。"六书"是中国第一套较完整的教科书，从荀子的《劝学》篇开始尊之为"经"，故后世称谓"六经"。"六经"除《乐经》已亡佚，其他"五经"在中国二千多年的封建社

---

① 《论语·先进》。

会里，一直是学校教育最基本的教材。

《诗》又称《诗经》，是孔子上采西周、下迄春秋的诗歌编辑成书的，是中国最古老的诗歌总集。孔子把《诗》分为"风、雅、颂"三部分，"三百五篇孔子皆弦歌之"。[①] 孔子很重视《诗》的教育作用，他说："小子何莫学夫诗？诗，可以兴，可以观，可以群，可以怨。迩之事父，远之事君。多识于鸟兽草木之名。"[②] 即通过学诗，可以比喻联想，因物寄兴，激发情感，表达志向；可以观察社会风俗习惯，知国家之盛衰；可以教人温柔敦厚，增进友群，培养合群性；可以运用讽刺的形式，批判不合理的政治。通过学诗，懂得"事父"、"事君"的伦常道德，此外还可以学一点自然常识。

《书》又称《尚书》，古代历史文献汇编，原系历代王朝的政治公文，孔子以它为教材，向学生讲述尧、舜、禹、汤、文、武的德政和任贤的政绩。

《礼》又称《士礼》，即西周规定奴隶主贵族的宗法等级世袭制度、道德标准和相应的仪节，这是孔子培养"士"的必读教材。孔子主张"为国以礼",[③] 并要求他的学生"立于礼"。他说："不学礼，无以立。"[④]

《乐》是有关音乐的书，早已亡佚，相传为孔子所编。《乐》与《诗》是相连的，《乐》是曲调，《诗》是歌词。《乐》在孔子心目中有很高的地位，经常与"礼"相提并论，都属于他的政治

---

① 《史记·孙子世家》。
② 《论语·阳货》。
③ 《论语·颜渊》。
④ 《论语·先进》。

思想的范畴。

《易》也称《周易》或《易经》，大约形成于殷周之际，原是一部占卜的筮书，但书中吸收了当时自然科学如古天文学、古气象学、古代数学的成就，并记有殷周以来的渔猎、畜牧、农业等生产情况及当时的婚姻、嫁娶等风俗习惯。从《易》所记载的思想材料看，它又是一部先秦的认识史、哲学史，包含着丰富的哲学思想。由此，孔子晚年将《易》作教材，传授给部分弟子。

《春秋》本是鲁国的一部编年史，经过孔子的加工、修订，而作为历史教材传授给学生。

孔子的教学内容除"六书"之外，还承袭了西周的"六艺"。"六书"偏重于文化知识，"六艺"则偏重于才能和技术的训练。

（三）关于教学原则和方法

孔子通过他长期的教学实践，提出具有创造性的教学原则和方法，其中主要有：

1. 因材施教

孔子在教学过程中看到学生间的个别差异，并且善于了解和分析学生的不同情况而因势利导。由此，宋代朱熹概括孔子教学经验时，指出："夫子教人各因其材"，遂有"因材施教"之称。孔子的"因材施教"主要表现在：（1）根据学生不同的知识与道德修养水平进行教学，即"中人以上，可以语上也；中人以下，不可以语上也"。[①] （2）根据学生不同的性格、能力进行教学，如"柴也愚，参也鲁，师也辟，由也喭"，[②] "求也退，故进之；由也兼人，故退之"。[③] （3）根据学生不同的志趣爱好进行教

[①] 《论语·雍也》。

[②][③] 《论语·先进》。

学,如同意曾皙的"浴乎沂,风乎舞雩",说"吾与点也"。①
(4)根据学生的才能专长进行教学,如说"由也,千乘之国,可使治其赋",②"赤也,束带立于朝,可与宾客言"。③孔子实行因材施教,适应每个学生的特点进行教学,使其各尽其才,培养出一批有专长的社会实用人才。

2. 启发诱导

孔子是世界上启发式教学的首倡者。他在教学过程中十分重视发挥学生的主动性、积极性,注重培养学生独立思考的能力。他精辟地表述了启发式教学的概念:"不愤不启,不悱不发,举一隅不以三隅反,则不复也。"④朱熹注曰:"愤者,心求通而未得之意;悱者,口欲言而未能之貌。启,谓开其意;发,谓达其辞。物之有四隅者,举一可知其三,返者还以相证之义。复,再告也。"⑤就是说,只有在学生进入积极思维状态时教师才适时地诱导、引发,启发的目的是使学生具有举一反三的能力。因此,能否调动学生的积极性,是教学成败的关键。启发式教学的核心就是最大限度地激发学生的主动性和创造精神。而要调动学生的积极性,教师必须掌握学生的心理状态,适时施教。"可与言而不与之言,失人;不可与言而与之言,失言。"⑥"言未及之而言,谓之躁;言及之而不言,谓之隐;未见颜色而言,谓之瞽。"⑦

---

① 《论语·先进》。
②③ 《论语·公冶长》。
④ 《论语·述而》。
⑤ 《论语集注》。
⑥ 《论语·卫灵公》。
⑦ 《论语·季氏》。

孔子的启发式教学取得相当大的成效。颜回曾赞扬道："夫子循循然善诱人，博我以文，约我以礼，欲罢不能。"① 孔子善于一步步地启发诱导，不仅使学生学习广博的知识，又使学生掌握基本的行为准则，使学生"欲罢不能"。

3. 学思结合

孔子精辟地阐述了学与思的辩证关系。他说："学而不思则罔，思而不学则殆。"② 他一方面强调学习的重要性："吾尝终日不食，终夜不寝，以思，无益，不如学也。"③ 另一方面又强调思考的重要性："君子有九思：视思明，听思聪，色思温，貌思恭，言思忠，事思敬，疑思问，忿思难，见得思义。"④ 按照孔子的经验，应在广博学习的基础上深入思考，教学才能取得成效。

4. 由博返约

孔子提倡"多闻"、"多见"，拓宽学生的知识面。他认为"多闻阙疑"、"多见阙殆"，⑤ 到处皆学问。但是，博学不能杂乱无章，必须有一个中心加以统帅。他说："'赐也，女以予为多学而识之者欤？'对曰：'然，非欤？'曰：'非也，予一以贯之。'"⑥ 他强调要"博学于文，约之以礼"，见识多，思路广，对事物的理解就会深刻而全面，解决问题就能左右逢源；在博学的基础上，要形成自己的主攻方向，"一以贯之"，构建独树一帜的知识结构体系。

---

① 《论语·子罕》。
②⑤ 《论语·为政》。
③⑥ 《论语·卫灵公》。
④ 《论语·季氏》。

5. 温故知新

孔子在教学过程中强调"习"。《论语》的第一句话就是："学而时习之，不亦说乎？"[①] 他要求弟子每天检查所传授的知识复习了没有。他认为"习"不仅能起巩固知识、转化为技能技巧的作用，而且还能"温故而知新"。[②] 即通过练习、实习，既掌握已学的知识，形成能力，又是学生独立猎取新知识的过程。孔子提出温故知新的教学原则，就是阐明了新旧知识之间的内在联系和相互转化的辩证关系，温故可以使学生"闻一知二"，"闻一知十"，"告诸往而知来者"，实现由旧知到新知、由继承到发展的过程。

四、德育思想

孔子主张"为政以德"，所以特别重视道德教育。他认为具有高尚的道德品质，是成为圣贤君子的首要条件。他在论述知识教育与道德教育的关系时说："弟子入则孝，出则弟，谨而信，泛爱众，而亲仁，行有余力，则以学文。"[③]孔子的整个教育思想体系便是以道德教育为核心。

（一）论德育过程

孔子在论述道德品质的形成时，虽然没有明确地论述完整的德育过程，但也谈到了一个由知到行的过程。

首先，孔子强调学生要"知德"、"知仁"、"知礼"、"学道"、"适道"，要先对道德规范有一定的认识。其次，孔子认识到道德

[①③]　《论语·学而》。
[②]　《论语·为政》。

情感的重要性。他说:"知之者不如好之者,好之者不如乐之者。"①"知之"只是道德教育的初级阶段,而"好之"、"乐之"就使得道德教育转化为学生内在的情感需要,而进入较高阶段。再次,孔子重视道德意志的锤炼,他要求学生"笃信好学,守死善道"。②甚至要求君子仁人不贪生怕死而损害仁德,要勇于牺牲来成全仁德。③他认为只有经过长期艰苦的意志锻炼,学生才能坚守自己的志向。最后,孔子认识到道德教育的一个规律性的特点,即必须把学生的道德认识转化为道德行为,才算达到目的。因此,他高度重视道德行为阶段,他要求学生言行一致,躬行践履,把认识与情感外化行为。他说:"仁远乎哉?我欲仁,斯仁至矣。"④一个人要获得高尚的道德品质,只要勇于实践,就可以化难为易。

(二)论德育内容

孔子在道德教育过程中曾经提出过许多道德规范、道德信条作为其德育内容,而其中最为核心的是"礼"和"仁"。"礼"是社会关系的基本准则、规范和仪节,是孔子道德化的政治,它是等级社会中调节人的社会关系的准绳。所以孔子说:"不学《礼》,无以立。"⑤"仁"是孔子最高的道德准则,是从"礼"中引申出来的基本精神,按孔子的说法主要是"爱人"或"忠恕"。孔子的"仁"是根据"礼"即等级关系去"爱人"的,从家庭内部爱起,即以对父母的孝、对兄弟的悌为基础,再转移到其他社

---

① 《论语·雍也》。
② 《论语·泰伯》。
③ 《论语·卫灵公》。
④ 《论语·述而》。
⑤ 《论语·季氏》。

会关系方面,君臣之间要忠,朋友之间要信。君臣、父子、兄弟、朋友,人与人之间各有其礼,各遵其德。这就是道德教育所要达到的目标。

(三) 论道德评判标准

孔子认为个人的利益应当服从群体的利益,个人的欲望应当服从道义,这是区分君子与小人的标准。他明确指出:"君子喻于义,小人喻于利。"① 他并不一概地反对利,追求富贵是人之常情,但孔子要求人们"见利思义",而不能"见利忘义"。他曾经说过:"富与贵,是人之所欲也,不以其道得之,不处也。贫与贱,是人之所恶也,不以其道得之,不去也。"② 他只是蔑视不合道义的富贵,把这种富贵视作浮云。他取富贵、去贫贱是有原则的,即以道为准绳。他对于那些近利急功、置道义而不顾的贪婪之徒,极端蔑视,斥之为"斗筲小人"。他主张君子为学道义应当"食无求饱,居无求安",③ "安贫乐道",这样才能达到道德的最高境界。

(四) 德育的原则和方法

孔子在道德教育过程中积累了不少经验,总结出一些德育原则和方法。

1. 立志有恒

孔子认为"立志"是人生的重要起点。他常与学生"言志",引导学生确定以仁道为个人志向,树立人生的目的和理想。同时,孔子教育学生要坚持自己的志向,"笃信好学,守死善道",对仁德和理想要笃信、要好学、要坚守,并用生命去捍卫。孔子

---

①② 《论语·里仁》。
③ 《论语·学而》。

重视恒心与百折不挠的精神的陶冶,他教育学生要奋进不已,持之以恒。他说:"譬如为山,未成一篑,止,吾止也。譬如平地,虽覆一篑,进,吾往也。"① 他还教育学生应当把自己的意志锻炼得坚贞不移,"磨而不磷","涅而不缁"。

2. 克己内省

孔子在处理社会人际关系时,主张重在严格要求自己,约束和克制自己的言行,使之合乎道德规范,他把这称之为"克己"。孔子说:"克己复礼为仁"。② 又说:"君子求诸己,小人求诸人。"③ 就是说,君子遇事要反躬自问,随时检查自己的言行是否符合礼的要求。孔子认为"内省"是培养学生自觉性的修养方法。他说:"见贤思齐焉,见不贤而内自省也。"④ 见别人好的道德行为,虚心学习;见别人不好的道德行为,就要联系自己,引以为戒。孔子又说:"内省不疚,夫何忧何惧?"⑤ 如果自己的行为都符合道德规范,自我反省,问心无愧,那就会心安理得,还会有什么忧惧呢?

3. 改过迁善

孔子认为社会上完美无缺的人是罕见的,每个人都有自己的优点、长处,同时也有缺点或错误。克服缺点和发扬优点往往是相辅相成的。他把道德教育的过程看作是改过迁善的过程。他告诫弟子说:"过则勿惮改。"⑥ 这句话可谓至理名言,千古流传,激励人们知过必改。他指出:"过而不改,是谓过矣。"⑦ 不改过

---

① 《论语·子罕》。

②⑤ 《论语·颜渊》。

③⑦ 《论语·卫灵公》。

④ 《论语·里仁》。

⑥ 《论语·学而》。

才是不可原谅的过错。孔子的弟子发挥了老师的思想。子夏说："小人之过也必文。"① 子贡说："君子之过也，如日月之食焉；过也，人皆见之；更也，人皆仰之。"② 小人总是设法掩盖、粉饰自己的过错；而君子犯了过错就像天上的日蚀和月蚀一样，有了过错，人人都看得见，改正过错，人们仍然敬仰他。

4. 身体力行

道德教育的关键在于把道德认识转化为道德行为。孔子提倡身体力行，要求学生言行相顾、言行一致，"言必行，行必果"。③ 他说："力行近乎仁"，④ 努力按道德规范实践的人接近于仁德。他认为一个人若真能信仰仁，是不可能达不到仁德的境界的。他说："有能一日用其力于仁矣乎？我未见力不足者。盖有之矣，我未之见也。"⑤ 只要人们为行义践义而奋斗，任何目标都是可以企及的。

五、关于教师的思想

孔子是我国历史上教师的典范，素有"万古师表"的美誉。他对教师问题也有许多精辟的见解。

（一）学而不厌，诲人不倦

孔子认为，作为一个教师，首要条件是具有"学而不厌，诲人不倦"的精神。据《孟子·公孙丑》记载："昔者子贡问于孔子曰：'夫子圣矣乎？'孔子曰：'圣则吾不能，我学不厌而教不

---

① ② 《论语·子张》。
③ 《论语·子路》。
④ 《礼记·中庸》。
⑤ 《论语·里仁》。

倦也。'子贡曰：'学不厌，智也；教不倦，仁也。仁且智，夫子既圣矣乎！'""学而不厌，诲人不倦"，是对教师职业特点的最精辟概括。学生可能会超过老师。他说："后生可畏，焉知来者之不如今也。"① 他对待学生从无虚情假意，而是赤诚相待，无私无隐。他说："二三子以我为隐乎？吾无隐乎尔。吾无行而不与二三子者，是丘也。"②

（三）互教互学，当仁不让于师

孔子认识到在教学过程中教师对学生不是单方面的知识传授，而是可以教学相长的。在《论语》中有许多孔子与弟子坐而论道的记载，他们在一起探讨各自的理想志趣，切磋道德学问，亲密无间，教和学相得益彰。学生也可直接向他提出批评意见。如子路就曾三次向孔子提出尖锐的批评，孔子最终接受了他的意见，丝毫没有自大自尊的"圣人"气息。相反，颜回对于孔子所教授的内容表现了"无所不悦"，反倒引起了孔子的担心。他教导学生在"仁"面前不分师生，学生不必谦让老师。他说："当仁，不让于师。"③ 这与亚里士多德的"吾爱吾师，吾更爱真理"的思想如出一辙，而比亚里士多德早一个多世纪。

（四）以身作则，身教重于言教

孔子认为教师身教的示范，对学生有重大感化作用。教师要以身作则，用自己的模范行为作学生的表率。他把以身作则作为重要教育原则，要求教师身教重于言教。他说："其身正，不令

---

① 《论语·子罕》。
② 《论语·述而》。
③ 《论语·卫灵公》。

而行；其身不正，虽令不从。"① 又说："不能正其身，如正人何？"② 如果不能端正自己，又怎么能端正别人呢？教师是学生的榜样，自己的一言一行，都会直接影响学生的成长。因此，孔子的以身作则原则具有永恒的意义。

【思考题】

1. 孔子关于教育作用的论述有何意义？
2. 简述孔子"有教无类"的教育主张。
3. 评述"学而优则仕"的历史意义及其影响。
4. 孔子关于教学原则的论述有何精辟之处？
5. 孔子的德育内容为什么会成为封建社会伦理道德教育的核心内容？
6. 孔子关于教师的论述对我们今天有何启示？

【拓展阅读文献】

1. 匡亚明．孔子评传［M］．南京：南京大学出版社，1990.
2. 论语［M］．合肥：黄山书社，2002.
3. 黄坤．《论语》入门［M］．上海：上海古籍出版社，2006.
4. 陈卫平，郁振华．孔子与中国文化［M］．贵阳：贵州人民出版社，2000.
5. 全国教育史研究会编务组．孔子教育思想研究［M］．北京：人民教育出版社，1985.
6. 高时良．中国古典教育理论体系——孔子教育语义集解［M］．北京：人民教育出版社，2006.

---

①② 《论语·子路》。

第二节 墨子的教育思想

墨子也是春秋战国之际著名的思想家和教育家,他创立的墨家学派,独树一帜,与儒家相对立。《韩非子·显学》云:"世之显学,儒墨也。"儒墨两家的相互驳难,揭开了先秦"百家争鸣"的序幕。

一、生平和教育活动

墨子(约前468~前376)名翟,战国初年鲁国人(一说宋人)。司马迁在《史记》中没有单独为他立传。关于他的生平和教育活动,散见于一些文献记载。他出身微贱,精于工艺,代表"农与工肆之人"的利益。《淮南子·要略》说墨子早年曾"学儒者之业,受孔子之术,以为其礼烦扰而不悦,厚葬靡财而贫民,(久)服伤生而害事,故背周道而用夏政。"他从儒家营垒中杀出来,自立门户,创立了"徒属弥众,弟子弥丰,充满天下"[①]的墨家学派。

墨子终身未仕而为义不懈。他为"兴天下之利,除天下之害"而"上说下教",劳身苦心地宣传和实践"先王之道"、"圣人之言"。墨子把墨家组成一个有政治纲领、有领导、有组织、有纪律的带有宗教色彩的教育、政治团体。墨家首领为钜子,墨者须竭诚拥戴,奉若圣人,并成为其信徒。钜子实行禅让制。墨家组织严密,纪律严明,招之即来,令行禁止。墨者无论何时何地,何种身份,都须遵循墨子的主义,服从团体的法规、命令,

---

[①] 《吕氏春秋·尊师》。

否则将受到制裁。与儒家相比,墨家显得盲从而缺乏理性,过于强调团体的统一与一致,忽略个人意志自由。墨子去世后,继立的钜子有禽滑厘、孟胜、田襄子、腹䵍等人,他们坚决执行墨家的宗旨,壮大着墨家的势力。墨家学派既是一个学术团体,又是一个纪律严明的政治集团。墨门师生"多以裘褐为衣,以趾蹻为服,日夜不休,以自苦为极"。① 据说墨家有180个门徒,为了实践墨家的主张,都能赴汤蹈火,虽死不辞,具有一种舍命行道的献身精神。

研究墨子的基本材料是现存的53篇的《墨子》一书,大部分为墨子本人的思想观点,也有部分后期墨家的著述。

二、关于教育作用

墨子和孔子一样,都非常重视教育在社会发展中的作用,在其教育实践和教育思想中都把教育分为两种形态:一种是普遍的社会教化,一种是学校教育。对这两种教育,墨子更重视前者,但又以后者为基础。墨子从"兼爱"思想出发,认为天下之害的根源在于人们"不相爱",如能"兼相爱,交相利","有力者疾以助人,有财者勉以分人,有道者劝以教人",② 社会上就会出现"饥者得食,寒者得衣,乱者得治"的生生不息的安定局面。而要建设这样一个民众平等互助、民生幸福的"兼爱"社会,必须靠普遍的社会教化和专门的学校教育。墨子说:"天下匹夫徒步之士少知义,而教天下以义者功亦多。"③ 也就是说,教育是

---

① 《庄子·天下》。
② 《墨子·尚贤下》。
③ 《墨子·鲁问》。

通过使天下人"知义"来实现社会的平等、公正和完善的。墨家学派以教义传道为己任,也正是旨在建功立业。通过教育,天下的人们都懂得正义,从而自觉地献身于正义的事业,最终达到理想社会之大同。

正因为如此,墨子主张每个社会成员都必须受教育,人人都得学习。他指出,将一人的耕织所得分给天下人,每个人还摊不上一升粟一尺布,"不若诵先王之道,而求其说;通圣人之言,而察其辞;上说王公大人,次说匹夫徒步之士"。① 墨子创办私学,就是以类似宗教家的虔诚,通过学校教育的形式,培养"兴天下之利,除天下之害"② 的为义的"兼士",去改良社会、造福人类。

三、关于教育目的

"尚贤"是墨子学说中的主要观点之一,也是他的教育目的论。"兼相爱,交相利"的社会理想,决定了墨子崇尚贤人政治。墨子所推崇的贤人,是"厚乎德行,辩乎言谈,博乎道术"的人,是具有兼爱精神的"仁人"和知识渊博、能言善辩的"智者"。墨子把这种德才兼备的贤人看作国家的珍宝、社稷的梁柱。他反对儒家既提倡尚贤,又容许亲亲,并歧视工商之人的矛盾态度,力主"不党父兄,不偏富贵,不嬖颜色,贤者举而上之"。③ 墨子甚至提出:"以德就列,以官服事,以劳殿赏,量功而分禄,故官无常贵,而民无终贱,有能则举之,无能则下之。"④ 即主

---

① 《墨子·鲁问》。
②③ 《墨子·尚贤中》。
④ 《墨子·尚贤上》。

张打破官和民的传统界限，不论贵贱、贫富，只要有能力，出身再低贱者也可以选拔出来参与国家管理，做到有贤则尊之，有能则举之，打破尊尊亲亲的宗法世袭制度。

四、关于教育内容

墨子为了培养"厚乎德行，辩乎言谈，博乎道术"的贤士，创造性地确定了一套很有特色的教育内容，大体上包括以下几个方面。

（一）政治和道德教育

墨子在教育内容上强调以兼爱为核心的政治和道德教育。他用小生产者的功利主义建立起自己的政治和道德教育体系：通过"兼爱"实现人与人之间的平等与和睦；通过"非攻"去除强凌弱、众欺寡的非正义征战；通过"尚贤"破除世袭特权，实现贤人政治；通过"尚同"统一人们的思想行动；通过"节用"、"节葬"、"非乐"制止费民、耗财；通过"非命"鼓励人们在社会生活中自强不息；通过"天志"、"明鬼"，表明天与神鬼有惩恶扬善的意志力量，以约束下界统治者谨慎行事。这些教育，养成"兼士"的高尚的思想品质和坚定的政治信念。

（二）培养思维能力的教育

战国时期的百家争鸣使得辩论的方法成了专门的学问。为了形成"兼士"的判断是非和与人论辩的能力，墨子创造了自己的"辩"学即"墨辩"，并列为讲学的必修科目。墨辩包括两个方面：一是辩论的根据或标准，属于认识论。举世闻名的"三表法"，就是墨子判断是非真伪的三条标准。二是辩论的规则和方法，即形式逻辑。墨子在中国逻辑史上首先提出"类"、"故"的概念，要求学生"察类明故"，掌握类推与求故的思想方法。

（三）科学和技术教育

墨子是中国古代科学技术教育的首创者之一。他的科学技术教育包括自然科学教育、生产和军事技术教育。墨家传授的自然科学知识，涉及到几何学、力学、光学、声学等许多方面，在许多领域达到相当高的水平。如其几何学关于圆的定义表述为"圆，一中同长也"，[①] 与现代几何中圆的定义颇为一致。墨子在应用科学教育方面也有出色的成就，有应用于攻防的水战器械和攻城器械，有应用于生产的木制飞鸢，有将杠杆、滑轮、斜面等原理应用于生产领域的各种技术，还有筑墙之类的建筑之术等等，都是他在古代教育史上的伟大创造。这些基本理论和工艺方法，大多被弟子或后期墨家全面地总结在《墨经》中。

（四）文史教育

墨子的"三表法"中的第一表就是"上本之于古者圣王之事"，即以历史经验为立论的依据。墨子本人"通六艺之论"，读过"百国春秋"，《墨子》中还常引《诗》、《书》，出行时载文史书甚多。可见，文史教育亦是墨家的教育内容。但是，墨子并不像儒家那样重视文史教育，他认为只须学好实现"兼爱"理想的实用知识和技术即可，那些陶冶人的心性的文史教育不学也罢，尤其是儒家的"乐教"，不仅糜费人力财力，而且消磨人的意志，使人懈怠于所从事的职业，是应当完全加以排除的。

五、关于教育原则与方法

墨子在教育目标上主张培养"兼相爱，交相利"的"兼士"，在教育内容方面提倡实用的知识和技能，使弟子"厚乎德行，辩

[①] 《墨子·经上》。

乎言谈，博乎道术"，在教育方法论上也注重研究人的认识过程，探索教育的有效途径，因而总结出一些比较实用的教育原则和方法。

(一) 强力而行的主动性原则

墨子把教育看作是救世的事业，因而在教学过程中十分强调教育者的主动性。他要求教师应"拱己以待"，让"童蒙求我"，而不能像儒家那样"不叩则不鸣"地消极等待。他指出："今求善者寡，不强说人，人莫之知也。""行说人者，其功善亦多，何故不行说人也？"① 在墨子看来，教育即"为义"，因而教与学都应该有高度的积极性和主动性，教师如果缺乏教书育人的积极性，即使有再多知识也没有教育的成效；学生如果缺乏学习的积极性，教育的功效也必然寡少。他认为教师应以教人为己任，在教学与管理中充分发挥自己的主导作用，在"为义"的前提下，主动、积极地"上说下教"，宣传、推行自己的主张。

(二) 述而且作的创新精神

墨子不同意儒家"信而好古，述而不作"的保守态度，主张"述而且作"。他说："吾以为古之善者则述之，今之善者则作之，欲善之益多也。"② 他认为应该继承古代文化的精华，又要创造出新的东西，使善的东西日益增多。墨子把"述而且作"的原则应用于教育实践，他的教育内容既继承了《诗》、《书》、"百国春秋"等传统的知识，又把自己在长期的社会实践中总结出来的自然科学、生产技术、军事知识与技能、逻辑理论等纳入其中，使其教育内容从广度和深度上都大大超过其他各家。重创造既反映

---

① 《墨子·公孟》。
② 《墨子·耕柱》。

了墨子对待文化传统的态度，也表现了他的教育风格。墨子学于儒而能自成一家，其教育理论在先秦诸子中能独树一帜，都是这种创造精神的结果。

（三）志功合一的教育原则

墨子在道德教育中提出了志和功（即动机和效果）这一对基本范畴，探讨了它们之间既对立又统一的关系，提出了"志功合一"的教育原则。他明确地提出："义，利；不义，害。志功为辩。"① 就是说，衡量言行义和不义的标准，是利与不利；考察言行的效果，既要看主观的志，又要看结果的功。墨子在道德评价上主张"合其志功而观焉"，② 即把动机和效果结合起来考察，才能对某一行为作出正确的评价。在教学方面，墨子也主张合其志功。他说："唱和同患，说在功。"③ 就是说，教与学的连贯性、系统性，应从所起的作用上分析。他又指出："唱而不和，是不学也。智少而不学，（功）必寡。和而不唱，是不教也。智而不教，（功）适息。"④ 他认为只有教学合一，志功合一，才是正确的原则。

（四）量力性与因材施教相结合的原则

墨子在中国教育史上首先明确提出"学必量力"的教学原则。他以弟子请学射为题，说明这一原则在教学中的重要性："二三子有复于子墨子学射者。子墨子曰：'不可。夫知者必量其力所能至而从事焉。国士战且扶人，犹不可及也。今子非国士

---

① 《墨子·大取》。
② 《墨子·鲁问》。
③ 《墨子·经下》。
④ 《墨子·经说下》。

也，岂能成学又成射哉。'"① 就是说，教师施教，必须从学生的实际出发，根据其不同的才智、能力、知识基础、个性品质等多方面的特点，进行因材施教，同时又量其力而教，对学生"深其深，浅其浅，益其益，尊其尊"。② 反之，如果教师背离学生的实际，好高骛远，盲目行事，就会无的放矢，乃至徒劳无益。

总之，墨子的教育思想虽然不及孔子丰富，但也有自己的特色，尤其是其注重实用方面，是儒家所难以比拟的。

【思考题】

1. 简述墨子所设计的教育内容及其特色。
2. 简述墨子关于教学原则的基本主张。
3. 评述墨子在中国教育发展史上的贡献。

【拓展阅读文献】

1. 邢兆良．墨子评传［M］．南京：南京大学出版社，1993.
2. 辛志凤，蒋玉斌．墨子译注［M］．哈尔滨：黑龙江人民出版社，2003.
3. 苏凤捷，程梅花．平民理想：《墨子》与中国文化［M］．开封：河南大学出版社，2005.

---

① 《墨子·公孟》。
② 《墨子·大取》。

第三节 孟子的教育思想

孔子死后儒家分为八派，孟子所代表的思孟学派便是其中一个重要派别。孟子承孔子并子思、曾子等的思想，以"性善论"为核心，建构了新的教育思想体系。宋代以后，《孟子》一书被历代王朝列为科举进身的必读经书，孟子被当作儒家道统的唯一继承者。

一、生平和教育活动

孟子名轲，字子舆，战国时鲁国邹邑（今山东邹县）人，生卒年代大约在公元前 372 年至公元前 289 年，是鲁国贵族孟孙氏的后代。其父早逝，据《列女传·母仪传》记载，孟母曾三迁其居，后定居于学宫之旁，使孟子从小受到传统礼仪的熏陶。孟子受业于孔子之孙子思的门徒，自称"乃所愿，则学孔子也"。[①]他一生聚徒讲学，游说诸侯，曾广聚门徒游历魏、齐、宋、滕、鲁诸国，列名稷下学宫，其弟子众多，曾"后车数十乘，从者数百人，以传食于诸侯"，[②]显赫一时。在齐国还被列为卿，"受上大夫之禄，不任职而论国事"。[③]孟子相当自信，认为"如欲平治天下，当今之世，舍我其谁？"[④]然而他的"仁政"学说、"王道"思想，却与当时"以攻伐为贤"的时代格格不入，各诸侯国君主虽予礼遇，但多不采纳他的主张。公元前 312 年，齐宣王在

---

① ④ 《孟子·公孙丑上》。
② 《孟子·滕文公下》。
③ 《盐铁论·论儒》。

出兵伐燕的问题上不听从他的规劝，于是孟子失望地离开齐国，经宋归邹，与万章、公孙丑等弟子疑难答问，著书立说，终老于故乡。

孟子十分热爱教育事业，以"得天下英才而教育之"作为人生的三大乐趣之一，积累了丰富的教育经验，形成了自己的教育思想体系。研究孟子教育思想的主要资料是孟子与其弟子万章、公孙丑等共同编撰而成的《孟子》一书。该书有《梁惠王》、《公孙丑》、《滕文公》、《离娄》、《万章》、《告子》、《尽心》7篇，260章，35384字，记述了孟子游说诸侯及有关学术问题的问答和论争，主旨是以性善论为基础阐发修身、齐家、治国、平天下的道理，内容博大精深，文笔雄健，语言优美，是一部重要的儒学经典。

二、性善论与教育作用论

性善论是孟子整个教育思想体系的理论基础。关于人性问题，孔子曾经提出"性相近也，习相远也"的命题，而对这相近的性是善还是恶，没有深入讨论。孟子认为，人性是人所独具的特性，人性与动物性有本质的区别；人人都先天具有"善端"——善的因素或善的萌芽。他说："恻隐之心，仁之端也；羞恶之心，义之端也；辞让之心，礼之端也；是非之心，智之端也。人之有是四端也，犹其有四体也。有是四端而自谓不能者，自贼者也。"[1] 他发现人性善的最基本表现："人皆有不忍人之心"。其例证是，人突然看到一个小孩就要掉到井里，不论是谁都会有惊恐哀痛的心情，这便是"恻隐之心"。因而从理论上讲，

---

[1]《孟子·公孙丑上》。

恻隐、羞恶、辞让、是非这四个"善端"是每个人与生俱来的，是与禽兽相区别的，而这"四心"又是仁、义、礼、智的萌芽。孟子认为仅有这些善端是不够的，必须加以扩充，使之达到完善的境地，就可以成为圣人。相反，由于受外界环境的影响，人们的"善端"受到破坏，心灵遭到"陷溺"，就会成为小人、恶人。

为了论证人性是人先天固有的、内在的本质属性，"仁、义、礼、智非由外铄我也，我固有之也"，① 孟子在认识论方面又提出了"良能"、"良知"说。他指出："人之所不学而能者，其良能也；所不虑而知者，其良知也。"② 天下之人皆有良知，只要将这种良知和"善端"扩而充之，使之达到最完美的境地，人人皆可为圣人，即"人皆可为尧舜"。③ 因此，孟子认为，人人都可接受教育，都有培养成为圣贤的可能性。教育不是要把一些外在的东西强行灌输给人们，而只在于把人天赋的善端加以保持、培养、扩充、发展，或把已经丧失的善端和良知找回来，启发人们恢复天赋的善良本性，使之成为道德上的"完人"。

在政治上，孟子继承和发展了孔子的"仁"和"德治"思想，提出了"仁政"学说。他从"仁政"观点出发，强调教育的社会作用是"行仁政"、"得民心"。他说："善政不如善教之得民也。善政民畏之，善教民爱之；善政得民财，善教得民心。"④ 他又说："以力服人者，非心服也，力不赡也；以德服人者，中心悦而诚服也，如七十子之服孔子也。"⑤ 他认为好的政治既非

---

① 《孟子·告子上》。
②④ 《孟子·尽心上》。
③ 《孟子·告子下》。
⑤ 《孟子·公孙丑上》。

完善的政治制度，也非高明的统治手段，而是教育。何谓"善教"？在答梁惠王的一段话中，孟子提出老者能衣帛食肉，百姓能不饥不寒，然后再兴学校，"申之以孝悌之义"，就是善教。也就是说，教育就是在人民安居乐业的基础上，通过讲明父子、君臣、夫妇、长幼、朋友等"人伦"规范，普遍提高民众的仁义道德水平与智慧、能力，形成良好的社会习俗，来实现其改良社会政治的功能。

三、教育目的论

孟子的教育目的也同孔子一样，是培养"辅世长民"和"王天下"的政治人才，也就是"内圣外王"的治国人才。孟子偏重于内圣，强调以德定王，认为外王之道必须奠基在内圣之学基础上。他认为世上最可宝贵的东西不是外在于人的物质财富和权力地位，而是内在于每个自身的道德品质和精神境界，由此他提出了"大丈夫"的理想人格。孟子认为"大丈夫"应具备三项标准："富贵不能淫，贫贱不能移，威武不能屈，此之谓大丈夫。"[①] 也就是说，富贵不能乱我之心，贫贱不能变我之志，威武不能屈我之节，这才称得上是大丈夫。这种大丈夫有高尚的气节，不畏权势，不慕富贵，不随波逐流，他们立足于仁义礼智，自信正义在手，拥有"至大至刚"、"塞于天地之间"的浩然之气。大丈夫为了道义，为了信仰，在必要的时候应当能"舍生取义"。

孟子明确地提出，上古三代办学校教育的目的都是为了"明人伦"。他说："设为庠序学校以教之。庠者，养也；校者，教

[①] 《孟子·滕文公下》。

也；序者，射也。夏曰校，殷曰序，周曰庠，学则三代共之，皆所以明人伦也。人伦明于上，小民亲于下。有王者起，必来取法，是为王者师也。"① 他认为教育就是通过"明人伦"为政治服务的。因为"人伦"是人类的本质表现，是维护人类社会秩序的基石。"人伦"主要包括"父子有亲，君臣有义，夫妇有别，长幼有序，朋友有信"五对关系。② 五伦中孟子尤其重视父子的"孝"与兄弟的"悌"这两种关系，认为仁义礼智的基础就是孝悌。他说："仁之实，事亲是也；义之实，从兄是也；智之实，知斯二者弗去是也；礼之实，节文斯二者是也；乐之实，乐斯二者，乐则生矣。"③ 以伦理道德为基本教育内容，以孝悌为伦理道德基础的教育，是整个中国封建社会教育的重要特点。

四、教学思想

孟子的教学思想与其哲学思想体系有着密切的联系。他注重对内心世界的探索，重理性而轻感官，重自求而轻灌输，形成了独特的教学理论、原则和方法。

（一）关于教学过程

孟子的世界观、认识论是"尽心、知性、知天"，他认为教学只要尽量发挥我的本心，扩充我的善性，就可以知天了。所以他在教学上强调思，强调理性思维，注意发挥人的主观能动性。他认为教学或学习的过程就是一个"存养"、"内省"、"自得"的过程，是一个保存和发扬先天固有的"善性"的过程。

---

① 《孟子·滕文公上》。
② 《孟子·滕文公下》。
③ 《孟子·离娄上》。

(二) 关于教学原则和方法

孟子的教学思想偏重于内求,因而重视人的主观能动性,强调理性思维,提出了一些相应的教学原则和方法。

1. 自求自得

孟子认为知识要靠学生自觉地去探求,才能获得。他说:"求则得之,舍则失之,是求有益于得也,求在我者也。"① 又说:"君子深造之以道,欲其自得之也。自得之,则居之安;居之安,则资之深;资之深,则取诸之左右逢其源。"② 在学习上必须自己刻苦钻研,深切体会,才能有高深的造诣,应用起来也才能取之不尽用之不竭,达到左右逢源的地步。

2. 循序渐进

孟子重视教学的循序渐进,他把学习看作是一个自然发展的过程,一方面应自强不息,不可松懈或间断,另一方面也不应当急躁或躐等。他说:"其进锐者,其退速。"③ 又以流水为喻加以说明:有本源的泉水滚滚下流,昼夜不停,注满洼坎后继续向前奔流,一直流入大海;学习也应不舍昼夜,"盈科而后进"。

3. 专心有恒

孟子重视学习的专心致志,反对三心二意。他以奕秋教棋为例,说明学习上的差异取决于学生在学习过程中专心致志与否,而不是其天资的高低。他反对学习上一曝十寒,要求学生持之以恒。他说:"虽有天下易生之物也,一日暴之,十日寒之,未有能生者也。"④ 又说:"有为者辟若掘井,掘井九仞而不及泉,犹

---

①③ 《孟子·尽心上》。
② 《孟子·离娄下》。
④ 《孟子·告子上》。

为弃井地。"① 学习也是这样，半途而废，就前功尽弃；只有持之以恒，才能获得成功。

【思考题】

1. 评述孟子的性善论与教育作用论。
2. 评述孟子的"自求自得"与"专心有恒"的教学原则。

【拓展阅读文献】

1. 杨泽波．孟子评传［M］．南京：南京大学出版社，1998．
2. 孟子［M］．上海：上海古籍出版社，1997．
3. 董洪利．孟子研究［M］．南京：江苏古籍出版社，1997．
4. 杨泽波．孟子与中国文化［M］．贵阳：贵州人民出版社，2000．

第四节　荀子的教育思想

荀子是儒家荀卿学派的创始人，是战国末期与孟子齐名的儒学大师。他继承和发展了孔子教育思想中的唯物主义因素，是先秦杰出的唯物主义哲学家、教育家。

一、生平和教育活动

荀子名况，字卿，又称孙卿，战国末期赵国人。约生于公元

---

① 《孟子·尽心上》。

前313年，卒于公元前238年。他的家世和早年经历不详。荀子年轻时就崇拜孔子，是儒家学者子弓的私淑弟子，研习儒术很有造诣。荀子长期居齐，曾两次游学于稷下学宫。"齐襄王时，而荀卿最为老师。齐尚修列大夫之缺，而荀卿三为祭酒焉。"① 荀子在稷下学宫所从事的学术研究和教育活动，对于他采集诸子百家之长，建立综合性的儒学体系起了十分重要作用。后来齐国形势发生了变化，"齐人或谗荀卿"，他不得不离齐去楚，春申君请为兰陵令。后又被楚人所谗，不为重用，遂离楚返赵，曾与赵成王谈论过用兵之要术，"赵以为上卿"。其时西方的秦国已成为强国，荀子一反"儒者不入秦"的惯例，访问了秦国，见过秦昭王和秦相范雎，建议昭王重用儒者实行仁义王道，但因秦只重武功而轻德教，终不为秦用。晚年得春申君之请，又回到楚国，复任兰陵令。公元前238年，春申君被刺，荀子失官在家，专门从事著述和教学。死后葬于兰陵。研究荀子教育思想最可靠的材料，是现存的《荀子》一书，共32篇。据考证多为荀子所撰，而《大略》以下六篇，为弟子记述。他的学生不多，但儒法分流，且多为著名学者：李斯、韩非为中国历史上著名的法家代表，助成了秦始皇统一中国；浮邱伯、毛亨、张苍等均为当世大儒。浮邱伯传《春秋穀梁传》、《鲁诗》，毛亨传《毛诗》，张苍传《春秋左传》。

二、性恶论与教育作用论

荀子学说中最突出的是与孟子"性善论"相对立的"性恶论"。首先，他认为人性是人与生俱来的自然属性，它完全排除

---

① 《史记·孟轲荀卿列传》。

任何后天人为的因素。他说："不可学、不可事而在人者，谓之性；可学而能、可事而成之在人者，谓之伪。是性伪之分也。"①这就是说，与生俱来的本能是"性"，而后天习得者为"伪"。他批评孟子不懂得"人之性伪之分"，把本来属于后天的"伪"的范畴的东西也归置于天赋的人性之中。其次，荀子认为人的本性是恶的，而人的善德是后天习得的。他指出："今人之性，生而有好利焉，顺是故争夺生，而辞让亡焉；生则有疾恶焉，顺是故残贼生，而忠信亡焉；生而有耳目之欲，有好声色焉，顺是故淫乱生，而礼义文理亡焉。"②荀子根据"顺是"而"恶"的原理，得出结论说："用此观之，然人之性恶明矣，其善者伪也。"③荀子提出的"性伪之分"，在教育理论上具有重要意义。他明确划分了天赋与人为的区别，提出了"化性起伪"的教育作用论。

荀子从性恶论出发，认为任何人的道德观念和知识才能，都不是先天具备的，而是后天"积伪"的结果。教育在人的发展中起着"化性起伪"的作用。他指出凡人都可以通过"化性起伪"，改变自己的恶性，化恶为善，而成为君子甚至禹那样的高尚人物。因此他给教育的定义是："以善先人者，谓之教。"教育使人"博学，积善而化性。"④ 这一教育定义赋予教育目的性、主动性和社会性的意义，在一定程度上揭示了教育的社会职能。

荀子不仅看到教育在变化人的恶性方面起着决定性作用，而且认为人的一切都取之于教育。他曾经说过："我欲贱而贵，愚而智，贫而富，可乎？曰：其唯学乎！"⑤也就是说，教育可以

---

①②③ 《荀子·性恶》。
④ 《荀子·富国》。
⑤ 《荀子·儒效》。

使人由愚变智，由恶变善，还可以改变一个人的政治地位和经济地位。教育是通过个体的学习实现的，而个体的学习只有在群体环境中才能取得成效。荀子根据"人能群"的特性，又提出教育具有"明分使群"建立等级社会完美的社会制度和行为规范的功能。他说："人之生不能无群，群而无分则争，争则乱"，① 只有通过礼法教育，才能"圣人明知之，士君子安行之，官人以守之，百姓以成俗"。②因此，国家必须应用各种手段对人性进行全方位的教化："故为之立君上之势以临之，明礼义以化之，起法正以治之，重刑罚以禁之，使天下皆出于治，合于善也。"③荀子对教育功能的理解显然比孟子更为全面更为深刻，这就在很大程度上丰富了儒家的教育思想，使之更适应战国后期趋于一统的社会需要。

三、教育目的论

荀子为适应战国后期社会形势发展的需要，提出了"始乎为士，终乎为圣人"的培养目标。他把教育培养目标分为"士、君子、圣人"三个层次。"士"是从事具体事务的德才兼备的人才；"君子"最主要的是"笃志而体"，坚固其志，身体力行；"圣人"是最高的"智者"，博大精深，无所不明，"故学者，固学为圣人也"。④在荀子看来，教育目的是培养由士到圣人等各种治国人才。

荀子把儒者划分为俗儒、雅儒、大儒三个层次。他认为俗儒仅有儒者之外表，把先王之道与《诗》、《书》、《礼》、《乐》当作

---

①②④　《荀子·礼论》。
③　《荀子·性恶》。

教条诵读，全然不知其用，在人格方面也有所缺陷；雅儒的言行得体，主张取法"后王"而"一制度"，能"尊贤畏法，而不敢怠傲"，能"公、修而才"，若用他们来治理国家，则"千乘之国安"；大儒是荀子最理想的培养目标，他们不仅能取法"后王"，掌握"礼法"的大原则，"行法志坚"，而且能"以浅持博，以古持今，以一持万"，这种人才若被举用，即使只有"百里之地，久而后三年，天下为一"。① 荀子对这种理想人格的描述，既继承了传统儒家的"内圣"之学，又以"外王"为其人才培养和选拔依据，充分体现了战国末期为建立"大一统"的封建国家对新兴人格提出的新的要求。

四、教学思想

（一）关于教学过程

荀子对教学过程的论述相当系统而深入，这在先秦教育家中比较少见。他从唯物主义的认识论出发，把教学或学习的过程具体化为"闻、见、知、行"四个环节，并把行看作是教学的最终目标。他说："不闻不若闻之，闻之不若见之，见之不若知之，知之不若行之。学至于行之而止矣。行之，明也。明之为圣人。"② 这里的"闻之"、"见之"是指学习间接经验和直接经验，都属于感性认识阶段；"知之"是学习的深入，是通过分析、判断、抽象、概括等思维程序把感性认识上升到理性认识的阶段；"行之"是对学知的实践运用的行动阶段。教学的认识过程，就是这样从感性到理性，最终在于实践"行"。荀子特别强调"行"的重要性，他认为行的本身就包括着"学"，通过行的检验，证

---

①② 《荀子·儒效》。

明已知是正确的,学习才算达到了最高境界——"明也"。

荀子还把学生学习过程划分为三个递进的阶段。他说:"君子之学也,入乎耳,著乎心,布乎四体,形乎动静。"① "入乎耳"是学习的第一阶段,即通过各种感官获得感性认识;"著乎心"是学习的第二阶段,即把感性知识与已有的知识经验结合,经过大脑的思考,使之上升为理性知识;"布乎四体,形乎动静"是学习的第三阶段,即把理性认识付诸于行动,使认识与人的社会实践融为一体。荀子对教学过程和学习过程的分析在一定程度上揭示了教学过程的客观规律。

(二)关于教学内容

荀子的教学内容是与他的教育目的相一致的。为了培养"法后王"与"一制度"的人才,他对孔子的六书进行了继承和改造,使之上升为经典。他的教学内容就是以《诗》、《书》、《礼》、《乐》、《春秋》为主体的。他说:"学恶乎始?恶乎终?曰:其数则始乎诵经,终乎读礼。"② "经"指儒家经典,"礼"也是儒经,可见教学的内容不外是儒家经典。荀子对儒家经典的教育作用和意义作了精辟的概括。他说:"故《书》者,政事之纪也;《诗》者,中声所止也;《礼》者,法之大分,类之纲纪也。故学至乎《礼》而止矣,夫是之谓道德之极。《礼》之敬文也,《乐》之中和也,《诗》、《书》之博也,《春秋》之微也,在天地之间者毕矣。"③各门课程各有中心特点,对人的培养及其社会作用各不相同。在这些课程中,荀子特重《礼》,将其摆在首位。他认为学习应该从《诗》、《书》开始,而以读《礼》告终。而各门经书

---

① 《荀子·儒效》。
②③ 《荀子·劝学》。

的传授,还应该有所选择,扬长避短,把握重点,以达到德、智、体、美诸育的和谐地统一。

(三)关于教学原则和方法

荀子关于教学原则和方法,也有自己精辟的见解。

1. 学以致用

荀子以为教学的最终目的是为了运用。他主张教学不仅要"入乎耳,著乎心",而根本还在于"布乎四体,形乎动静"。掌握了知识就是要运用于实践,要学以致用,这是"君子之学"与"小人之学"的主要区别,也是教学的一条根本法则。

2. 虚壹而静

荀子认为教学的根本方法在于"虚壹而静"。"虚"即虚心,"不以所已藏所受",不以已有的知识去妨害将要接受的知识。"壹"即专一,"多知而无亲,博学而无方,好多而无定",① 只有教与学均能"用心一",则易于成才。"静"即心静,"不以梦剧乱知",不用毫无根据的梦想和感情冲动扰乱人的理智。虚怀若谷,精神专注,头脑清醒,学习才能取得成效。

3. 锲而不舍

荀子认为知识是不断积累的,善德是逐步培养的。"圣人者,人之所积而致也。"② "积"就是依靠人主观的不断努力。学习知识,修养德行,要有锲而不舍的精神。他说:"不积跬步,无以致千里;不积小流,无以成江海。骐骥一跃,不能十步;驽马十驾,功在不舍。锲而舍之,朽木不折;锲而不舍,金石可镂。"③ 因为学问有一个积渐默化的过程,所以学者必须坚持"锲而不

---

① 《荀子·大略》。
②③ 《荀子·劝学》。

舍",以顽强的意志,刻苦奋进,坚韧不拔,高峰可攀。

4. 兼陈中衡

荀子认为,人们在学习过程中常常"蔽于一曲而暗于大理",从而造成认识与理解上的片面性。因此必须运用"兼陈中衡"的教学方法,即把各种不同流派的学术观点、事物矛盾的所有方面都陈列开来,加以比较权衡,然后作出评论或判断。显然这是荀子对孔子所倡导的"叩其两端"的教学方法的发展。

5. 隆师亲友

荀子认为在教学中,教师起着决定性的作用。"人无师法,则隆性矣;有师法,则隆积矣。"① 所以君子要特别注重尊敬其师,主动接近教师,"学莫便乎近其人","学之径莫速乎好其人",② "求贤师而事之,择良友而好之"。③ 治学既要近师、好师,建立良好的师生关系,又要学友之间的相互辅助、相互切磋。这就是"隆师亲友"。他说:"非我而当者,吾师也;是我而当者,吾友也;谄谀我者,吾贼也。故君子隆师而亲友,以致恶其贼。"④

荀子不仅在教学过程中强调教师的重要作用,而且在政治上把教师的地位提高到与天地并列、与君亲并称的最高层次。他说:"天地者,生之本也;先祖者,类之本也;君师者,治之本也。"⑤ 他之所以把教师看作是人类社会中最崇高的权威,是把教师与治理国家的"礼"直接联系起来,教师成为"礼"的化

---

① 《荀子·儒效》。
② 《荀子·劝学》。
③ 《荀子·性恶》。
④ 《荀子·修身》。
⑤ 《荀子·礼论》。

身。他说："礼者，所以正身也；师者，所以正礼也。无礼，何以正身？无师，吾安知礼之为是也？"[①] 因此，隆师，根本还在于隆礼以治国。这又突出了教师在治国安邦中的重要作用。

【思考题】

1. 评述荀子的性恶论与教育作用论。
2. 简述荀子关于教师的论述。
3. 试比较孟子、荀子的教育思想的异同。

【拓展阅读文献】

1. 孔繁．荀子评传［M］．南京：南京大学出版社，1997．
2. 王云路，史光辉．荀子直解［M］．杭州：浙江文艺出版社，2004．
3. 惠吉星．荀子与中国文化［M］．贵阳：贵州人民出版社，1996．

---

① 《荀子·修身》。

第二章
封建社会的教育家及其教育思想

秦汉以降,中国进入大一统的封建专制社会,文教政策经历了由秦朝的法治教育向汉武帝"独尊儒术"的德治教育的转变,由此亦形成了以儒家教育思想为主线的封建主义教育思想。

第一节 董仲舒的教育思想

董仲舒是西汉最著名的今文经学大师,封建社会初期影响最为广泛的思想家和教育家,他的三大文教政策的建议,为中国封建主义教育奠定了理论基础。

一、生平和教育活动

董仲舒(公元前179～前104),广川

（今河北景县）人，西汉最著名的经学大师，长于《公羊春秋》，有"汉代孔子"之称。他出生在一个田连阡陌、牛马成群、拥有大量藏书的地主家庭，早年刻苦攻儒经，达到如痴若愚的程度。据史书记载，他"三年不窥园圃，乘马不知牝牡"，[1] "业不离身"，一天到晚都在思索学问。

董仲舒以研习儒经为主，还兼习道家、阴阳五行学说以及神仙方士之术。他学识渊博，对《春秋》公羊学有精深的研究，成为当时著名的博学君子，许多读书人"皆师尊之"。[2] 由此他收徒授业，开始了教书育人的生涯。由于他教授的弟子众多，难以直接教诲每个学生，便创立了"下帷讲诵"和"弟子传以久次相授业"的教学制度。据说他讲学时，在讲堂上挂一幅帷幔，他在帷幔里面讲课，学生在帷幔外边听，这就是"下帷讲诵"的来由。"弟子传以久次相授业"是指他的办学规模大了，只好把自己的学说传授给少数高业弟子，再由他们传递给那些程度较差或新入学的弟子。因此，许多学生跟随他学习多年，却很少直接听他讲课，有的甚至始终没有见过他的面。

董仲舒的仕途生涯大约从39岁至58岁。他在景帝时就因专精《春秋》而被选任为博士官，但因景帝崇尚黄老之学，他在政治上无所作为，还是以教授生徒为主。汉武帝即位不久，诏举贤良文学之士，议论"大道之要，至轮之极"。当时应诏者"前后数百"，董仲舒居然名列第一，为群儒之首。他以三篇贤良对策，为汉代"独尊儒术"文教政策奠定理论基础。班固在《汉书·董仲舒传》中对此高度评价道："及仲舒对策，推明孔氏，抑黜百

---

[1] 《太平御览》卷八九七引。
[2] 《史记·儒林列传》。

家,立学校之官,州郡举茂材孝廉,皆自仲舒发之。"由于汉武帝的赏识,他开始参加实际的政治活动。他先后担任过江都易王刘非和胶西王刘端的国相,但"凡相两国,辄事骄王",经历坎坷,在政治上仍不得志。公元前121年,他托病致仕在家,潜心著述讲学。朝廷每遇大事,汉武帝仍派人征询他的意见。

董仲舒一生著述甚多,但现仅存《春秋繁露》82篇,这是研究其教育思想的基本材料。此外,还有《史记·儒林列传》和《汉书·董仲舒传》,也是研究其教育思想的重要材料。《汉书·五行志》曰:"汉兴,承秦灭学之后,景武之世,董仲舒治公羊春秋,始推阴阳,为儒者宗。"董仲舒以公羊春秋的微言大义来改造先秦儒学,并吸收了阴阳五行学说,融合黄老、法家思想,建立起一套以天人感应学说为中心的神学化的儒学体系。这一思想体系取代黄老之学而成为汉代的政治指导思想。

二、化民成性的教育目的论

董仲舒鉴于秦王朝对人民实行"严刑峻法"而迅速灭亡的教训,主张实行"德教"。他说:"凡以教化不立,而万民不正也。夫万民之从利也,如水之走下,不以教化堤防之,不能止也……古之王者明于此,是故南面而治天下,莫不以教化为大务;立大学以教于国,设庠序以化于邑,渐民以仁,摩民以义,节民以礼,故其刑罚轻而禁不犯者,教化行而习俗美也。"① 他用天道"阳尊阴卑"的思想,为儒家的"德治"找到了"天意"的根据。他说:"天数右阳而不右阴,务德而不务刑",王者应"承天意以

---

① 《举贤良对策》。

从事，故任德教而不任刑"。① 又说："教，政之本也；狱，政之末也。"② 从理论上论证了"任德教而不任刑"的治国主张。

董仲舒总结了先秦孟、荀两人关于人性善恶的争论，认为人性只是"天"创造人类时赋予的一种先验的素质，这种素质具有善的可能性，也具有恶的可能性，只有通过教育才能使它进而为善。所以他说："今万民之性，待外教然后能善；善当与教，不当与性。"③ 至于"善"的标准，他的定义是："循三纲五纪，通八端之理，忠信而博爱，敦厚而好礼，乃可谓善。"④ 而教化万民使之为善，则是上天赋予帝王的责任。他说："天生民，性有善质而未能善，于是为之立王以善之，此天意也。民受未能性之性于天，而退受成性之教于王，王承天意以成民之性为任者也。"⑤ 由此他把教育看作是王者必不可少的权力和不可推卸的职责。董仲舒吸收了先秦以来关于人性差异论的观点，明确地提出了"性三品"说。他把人性划分为"圣人之性"、"中民之性"、"斗筲之性"三个不同的等级。"圣人之性"是绝对的善性不需教育；"斗筲之性"为天生的恶性，虽教难善。这两部分人在现实生活中都是比较罕见的。"中民之性"代表万民之性，方可"名性"。"中民之性"就是"有善质而未能善"，只有通过王者的教化才能成善。因此，教育对绝大多数具有"中民之性"的人的发展具有决定性作用，他们是教育的主要对象。

三、关于文教政策的论述

董仲舒的教育思想，比较集中地体现在他的贤良对策中。他

---

① 《举贤良对策》。
② 《春秋繁露·精华》。
③④⑤ 《春秋繁露·深察名号》。

向汉武帝提出了三大文教政策的建议,对两汉的学校教育及教育管理产生极其深刻的影响。

(一)兴学校以广教化、育人才

推行德治的关键在于办学育才,推广普遍的教化。因为养士是用贤的基础,"夫不素养士而欲求贤,譬犹不琢玉而求文采也"。[①] 董仲舒在贤良对策中说:"故养士之大者,莫大乎太学。太学者,贤士之所关也,教化之本原也。"[②] "臣愿陛下兴太学,置明师,以养天下之士,数考问以尽其材,则英俊宜可得矣。"[③] 他建议在中央设太学以培养贤士,造就符合国家需要的官吏。在地方设庠序以教化百姓子弟,授以儒家纲常伦理之道,达到"渐民以仁,摩民以谊,节民以礼"的目的。汉武帝采纳了这一建议,相继在京师和州郡设立了太学和庠序之学。

(二)行选举以拔擢贤才

董仲舒认为兴学育才与广开仕路是相辅相成、不可分割的两个方面,他主张将学校养士与行察举选士结合起来。他批评汉初以来的官员任用制度具有两大弊端:一是专为高级官员子弟提供做官机会的"任子"制,二是官员凭借资历递升。这两种做法都容易使不肖之徒、平庸之辈得以跻身高位,造成吏治不贤明。有鉴于此,他主张建立常规化的选拔贤才的制度,建议"使诸侯郡守二千石,各择其吏民之贤者,岁贡各二人,以给宿卫。且以观大臣之能,所贡贤者赏,所贡不肖者罚。夫如是,诸侯、吏、二千石皆尽心求贤,天下之士可得而官使也。"[④] 他的论述为汉代察举制度的创立奠定了理论基础。

[①②③④] 《汉书·董仲舒传》。

（三）独尊儒术以统一思想

董仲舒以儒家思想为基础，博采诸子百家之学，尤其是糅合阴阳五行学说，建立以"天人感应"为核心的神学理论。他认为封建大一统是天经地义的原则，而在"师异道，人异论，百姓殊方，指意不同"的情形下，君主就无法保持国家的统一。因此，他认为不仅要立儒家学说为正统，而且要将它作为判别是非、统一思想的唯一准绳，其他学说都在禁灭之列。他在对策中主张："诸不在六艺之科，孔子之术者，皆绝其道，勿使并进。邪辟之说灭息，然后统纪可一，而法度可明，民知所从矣。"① 这一独尊儒术的主张在实质上与秦代焚书禁学的主张并无区别，都是一种文化专制主义的文教政策。但董仲舒的目的是要通过大力尊崇儒学来达到统一思想的目的。这一主张被汉代统治者吸纳为国策，推广、影响到社会各个方面。独尊儒术与兴学校、行选举三者紧密结合，有效地发挥了维持和巩固封建统治的作用。三大文教政策不仅指导着汉代教育，而且对中国封建社会的教育影响极为深刻。

四、论道德教育

在董仲舒的教育思想中，道德教育是其核心，因为它是董仲舒德治政治思想在教育上的自然延伸，是成就理想人格的必由之路。

（一）道德教育内容——"三纲五常"

"三纲五常"是董仲舒伦理思想体系的核心，也是他道德教育的基本内容。所谓"王者三纲"，即"君为臣纲，父为子纲，

---

① 《汉书·董仲舒传》。

夫为妻纲"，并非由董仲舒最早提出，但他对此用"天人感应"、"阳尊阴卑"的理论进行系统论证，使之在教育和伦理实践中产生深刻影响。与"三纲"相配合的"五常"是仁、义、礼、智、信。"五常"作为道德概念在先秦早已提出，但董仲舒把它提升为"五常之道"，并作了新的发挥。"三纲"是封建伦理道德的基本准则，"五常"则是与个体的道德认知、情感、意志以及道德践履等心理、行为能力相关的道德观念，是"三纲"总则赋诸个体并具体展开、广泛延伸于各种社会关系的个体品质的保证。"三纲五常"成为两千多年来中国封建社会道德教育的中心内容。

（二）道德教育的原则和方法

1. 以仁安人，以义正我

董仲舒主张在道德教育中，"治我"要严，待人要宽，"躬自厚而薄责于外"，所以要特别注意"以仁安人，以义正我"。"仁之法在爱人，不在爱我。义之法在正我，不在正人。"① 他要求以"仁者爱人"的情怀去爱护、关心他人，宽以容众，同时要以义来约束自己，"自攻其恶"，经常自我检查反省，以提高自己的道德修养。

2. 强勉行道

董仲舒指出："强勉行道，则德日起而大有功。"② 就是说，奋勉努力地进行道德修养，德性就能日益显著，取得良好的成效。在"行道"过程中，应"尽小慎微"，采取"众小成多，积小致巨"、"渐以致之"、"累善累德"的方法，日积月累，持之以恒，以陶铸崇高的善性。

---

① 《春秋繁露·仁义法》。
② 《举贤良对策》。

3. 必仁且智

董仲舒在道德教育过程中还提出"必仁且智"的命题,主张道德教育必须做到"仁"与"智"的统一。他说:"莫近乎仁,莫急乎智……仁而不智,则爱而不别也;智而不仁,则知而不为也。故仁者所以爱人类也,智者所以除其害也。"[①] 他突出强调了道德修养中情感与认知的统一。"仁者爱人",但不是一种盲目或无原则的爱,而要靠"智"即道德认知来调节。

4. 重义轻利

董仲舒认为,道德修养的焦点在于对利与义的态度上。他说:"天之生人也,使之生义与利。利以养其体,义以养其心。心不得义不能乐,体不得利不能安。"[②] 这里的义是体现封建王朝要求的道德规范准则,利是指能满足个人欲望的物质财富、权势等。利满足人们的身体器官上的要求,义满足人们心灵精神上的要求,二者不可或缺。但是,董仲舒主张对道义的追求应高于对个人利益的追求,只有这样,人生才能获得高度的和谐和最终的满足。"正其谊(义)不谋其利,明其道不计其功",是董仲舒对这一道德修养原则总的概括。这一原则对中国封建社会的伦理道德教育曾经产生过重要的影响。

五、论教学内容和方法

(一)教学内容

董仲舒从"独尊儒术"的思想出发,提倡以儒家《六经》为教学的基本内容。他认为各经有其特点,教育效果不同:"六学

---

① 《春秋繁露·必仁且智》。
② 《春秋繁露·身之养重于义》。

皆大,而各有所长。《诗》道志,故长于质;《礼》节制,故长于文;《乐》咏德,故长于风;《书》著功,故长于事;《易》本天地,故长于数;《春秋》正是非,故长于治人。能兼其所长,而不能偏举其详也。"① 这是董仲舒为培养德治人才而规定的一整套课程计划、教材和教学内容。

作为《公羊春秋》的大师,董仲舒特别强调《春秋》的教育意义。他认为《春秋》的根本特征是"奉天而法古",它既是一本"上探天端,正王公之位,万民之所欲"的政治教材,又是一本"道往而明来者"的历史教材,更是一本"为仁义法"的伦理道德教材。

(二) 教学原则和方法

关于教学原则和方法,他提出以下几点:

1. 强勉学问

董仲舒认为教学贵在强勉努力,刻苦钻研,才能达到"博"与"明"的境地。他说:"事在强勉而已矣!强勉学问,则闻见博而知益明。"②不论是治学还是修德,都需要发挥"强勉"精神,才能成功。

2. 节博合宜

董仲舒认为教学要注意处理好"节"与"博"的关系,学习不能"太博",也不能"太节","太节则知暗,太博则业厌"。③太节会使知识暗昧,太博又会使人厌倦,应该节博合宜,节博结合,循序渐进。

3. 专一虚静

他认为学习必须专一,始终好善求义,才能知"天道"。他

①②③ 《春秋繁露·玉杯》。

说："目不能二视,耳不能二听,手不能二事,一手画方,一手画圆,莫能成。……是故君子贱二而贵一。人孰无善?善不一,故不足以立身。"[①] 只有心志专一,才能保持高度的学习效率。他又说:"形静而志虚者,精气之所趋也。"[②] 学习时要头脑冷静,排除杂念,虚心以求。

此外,董仲舒还要求教师讲究教学艺术,达到出神入化的境地。他说:"善为师者,既美其道,有慎其行;齐时早晚,任多少,适疾徐;造而勿趋,稽而勿苦,省其所为而成其所湛,故力不劳而身大成,此之谓圣化,吾取之。"[③] 在这里,他指明了教师教书育人的职责,要求教师充分发挥学生的才能,提出教学的可接受性、启发性的原则,这些都是合乎教学规律的见解。

【思考题】

1. 评述董仲舒三大文教政策的建议。
2. 简述董仲舒的"三纲五常"道德教育思想在封建社会的影响。

【拓展阅读文献】

1. 王永祥. 董仲舒评传 [M]. 南京:南京大学出版社,1995.
2. 华友根. 董仲舒思想研究 [M]. 合肥:黄山书社,2002.

---

① 《春秋繁露·天道无二》。
② 《春秋繁露·通国身》。
③ 《春秋繁露·玉杯》。

第二节 朱熹的教育思想

朱熹是宋代理学的集大成者,闽学的创始人,封建社会后期最著名的思想家和教育家。他的教育思想对整个封建社会后期产生极其重要的影响。

一、生平和教育活动

朱熹(1130~1200)字元晦,号晦庵,祖籍婺源(今江西婺源县),出生于福建尤溪。他18岁中举人,19岁登进士榜,20岁授左迪功郎,从此走上仕途。曾先后任泉州同安县主簿、知江西南康军、提举浙东常平茶盐、知漳州、知潭州等地方官。在同安任职时,首先整顿县学,开始了一生的教育生涯。此后,朱熹每到一处任官,必以修复学校、诲掖后学为己任。他曾长期在福建武夷山"寒泉精舍"、"武夷精舍"授徒讲学,并在建阳考亭建"竹林精舍"(后改名为"沧洲精舍"),聚徒讲学。知南康军时,他主持修复白鹿洞书院,直接参与书院的组织管理,并亲自拟订《白鹿洞书院揭示》,成为南宋以后书院和各地方官学共同遵守的学规。知潭州时,除积极提倡州县学之外,又主持修复岳麓书院,并在从政之暇,亲临书院教诲诸生。

朱熹是南宋著名的理学家,是宋代理学的集大成者。他一生编著了大量书籍,其门类之广,数量之多,在古代学者中实属罕见。他的许多著作,尤其是他整理和编著的《四书集注》,对中国封建社会后期的学校教育产生了极其深远的影响。

二、关于教育的作用与目的

朱熹关于教育作用的论述是与他的人性论紧密联系在一起的。他从"理"一元论的哲学观点出发，认为人性就是"理"，它包括"仁、义、礼、智"等封建伦理道德规范。他又继承了张载的思想，把人性分为"天命之性"与"气质之性"两种。他认为具有"天理"的人性叫做"天命之性"，亦称"天地之性"、"义理之性"、"道心"，其禀受"天理"而成，所以浑厚至善，完美无缺。而"气质之性"是"理"与"气"相杂的人性，由于"气"有清浊、昏明的差别，所以气质之性有善有恶。朱熹在"天命之性"与"气质之性"的基础上，又把"心"析为"道心"与"人心"，认为来源于"性命之正"而出乎"义理"的是"道心"，来源于"形体之私"而出乎"人欲"的则为"人心"。"道心"与"人心"的对立，归根结底就是"天理"与"人欲"的对立。教育的作用就在于把"人心"变为"道心"，也就是"存天理，灭人欲"。

教育的作用既然是"存天理，灭人欲"，学校教育的目的便是"明人伦"。朱熹批评当时的学校教育有违"以明人伦为本"的教育宗旨。他认识到当时学校教育的衰败同科举制度的流弊互为因果，形成恶性循环。科举以名利爵禄为诱饵，使"师之所以教，弟子之所以学，则皆忘本逐末，怀利去义，而无复先王之意，以故学校之名虽在，而其实不举，其效至于风俗日敝，人材日衰"。因此，他要求改革科举制度，整顿学校教育，正本革弊，重新申明"明人伦"的教育目的，使学校教育符合国家"立学教人之本意"。

三、关于教育阶段的划分

中国古代很早就把学校教育划分为"大学"和"小学"不同的阶段。但这种划分并无理论上的阐述以及制度上的规范,各阶段间的界限也比较模糊。朱熹在总结古代教育经验的基础上,根据人的年龄和心理发展的特征,明确地把学校教育划分为大学与小学两个阶段,并且规定了大小学的入学年龄、教育目标、教育内容和修业年限。他把小学教育和大学教育看作是统一的教育过程中相互衔接的两个阶段。教育的总体目标是培养圣贤。

小学阶段是"打坯模"的阶段,因此要在小学阶段下功夫,打好基础。朱熹认为小学教育的重点是"学其事",即须从洒扫应对进退开始,将伦常礼教教给儿童。进而教诗、书、礼、乐之文,使儿童在日常生活上熟悉伦理纲常,达到存养已熟,根基已深的程度。他非常重视小学阶段的教育,曾专门编著《小学》作为这个阶段的教材。《小学》引用许多格言故事,力求浅近具体、生动形象,使儿童即知即行。他还亲自制定《童蒙须知》、《训蒙斋规》等,按照封建伦理道德的要求,对于儿童日常生活习惯、学习态度和常规训练,都作了极为详细的条文规定。

大学教育是小学教育的深化和提高,是在圣贤坯璞基础上"加光饰",进一步精雕细刻,把学生培养成完美的治国之才。大学的重点是在小学"学其事"的基础上以"明其理",即按照格物、致知、诚意、正心、修身、齐家、治国、平天下的步骤,使其"明明德",最后达到"止于至善"的目的。正因为大学阶段教育的重点是使人"明其理",朱熹为此精心规划了大学教育的教学内容和学习步骤,尤其是在浩如烟海的古籍中,提出《论语》、《孟子》、《大学》、《中庸》四书,作为大学的基本教材,并用理学的观点对各书进行重新解释。

朱熹把学校教育划分为"大学"和"小学"两个阶段,既肯定了它们之间的区别,又肯定了它们之间的联系。他把小学教育看作是整个教育阶段的基础,而把大学教育看作是整个教育阶段的完成。对于各个阶段的教育重点与具体实施,也提出了建设性的意见。他的教育主张,直接推动了宋以后学校教育的发展。

四、教学思想和读书方法

朱熹认为,要充分实现学校的育才功能,就要严立课程,制订出细致的教学计划,认真地执行。他认为教学既要按照教材内容的逻辑顺序,又要顺应学生的接受能力。他主张设科分年考试,经、子、史、时务诸科当分定年数,以《易》、《书》、《诗》为一科,于子年午年试之;《周礼》、《仪礼》及"二戴"之礼为一科,于卯年试之;《春秋》及"三传"为一科,于酉年试之。这种设科分年考试的办法,使课程设置和修业年限达到比较标准的水平,是改善学校教学的重要措施。

朱熹继承和发展了儒家传统的教学思想,把《中庸》中"博学之,审问之,慎思之,明辨之,笃行之"作为教学的基本过程。他在教学实践中积累相当丰富的经验,并且从理论上概括了先秦儒家的教学思想,提出了一系列的教学原则和方法,其中比较重要的有格物致知、启发诱导、因材施教、循序渐进、温故知新、躬行践履等等。格物致知是朱熹哲学认识论的核心,也是他的教学方法论的理论基础。他认为,"穷理"是通过"格物致知"来实现的,而"格物致知"又必须借助"读书"来进行,因而"读书"是最经济、最重要的"穷理"捷径。

重视读书,并总结了一套自己读书治学的经验和指导学生读书学习的方法,这是朱熹教学思想的重要组成部分。朱熹逝世后不久,他的弟子汇集他的读书经验加以概括,归纳为"朱子读书法"六条,即循序渐进、熟读精思、虚心涵泳、切己体察、著紧用力、居敬持志。

1. 循序渐进

他说:"读书之法,当循序而有常。"循序渐进要求符合从易到难、由浅入深、由近及远的规律,"量力所至而谨守之,字求其训,句索其旨。未得乎前,则不敢求乎后;未通乎此,则不敢志乎彼。"

2. 熟读精思

朱熹指出:"大抵观书,先须熟读,使其言皆若出于吾之口;继以精思,使其意皆若出于吾之心。"作为认识过程,熟读接近于感性认识,精思接近于理性认识。这是孔子学思结合学说的发展。

3. 虚心涵泳

读书时需要虚怀若谷,静心思虑,忠于作者原意,万不可穿凿附会。"读书须是虚心,方得圣贤说一字是一字。自家只平著心去秤他,都使不得一毫杜撰。"读书还要反复咀嚼,细心玩索,深刻领会书中的旨趣。

4. 切己体察

读书不能只在字面上做工夫,还必须心领神会,身体力行。"学者读书,须要将圣贤言语,体之于身。""将自个己身入那道理中去,渐渐相亲,与己为一。"

5. 著紧用力

读书必须抓紧时间,振作精神,发愤忘食,要"宽着期限,紧着课程。为学要刚毅果决,悠悠不济事",读书"直要抖擞精神,如救火治病然,如撑上水船,一篙不可放缓。"

6. 居敬持志

读书治学须收敛此心,注意力高度集中,"敬以自持"。"读书时,敬于读书,便自然该贯动静,心无不在。""持志"就是坚定志向,以顽强的毅力去实现自己的理想和目标。

【思考题】

1. 简述朱熹的教育作用与教育目的论。
2. 简述朱熹关于人的教育阶段的基本主张。
3. "朱子读书法"的内涵及其启示。
4. 评述朱熹在中国思想文化及教育发展史上的地位与贡献。

【拓展阅读文献】

1. 张立文. 朱熹评传 [M]. 南京:南京大学出版社,1998.
2. 张立文. 朱熹思想研究 [M]. 北京:中国社会科学出版社,2001.
3. 蔡方鹿. 朱熹与中国文化 [M]. 贵阳:贵州人民出版社,2000.

第三节 王守仁的教育思想

王守仁是明代中叶著名的哲学家和教育家,姚江学派的创始人,宋明陆王心学的代表人物。他的"致良知"的教育思想与程朱理学相对立,是对封建社会后期产生重要影响的又一思想体系。

一、生平和教育活动

王守仁（1472～1529）字伯安，浙江余姚人，因他曾在阳明洞读书、讲学，自称为阳明子，世称阳明先生。他出身于官僚地主家庭，父王华是成化年间状元，官至南京吏部尚书。他自幼抱有"读书学圣贤"的志向，15岁时"纵观塞外，经月始返"。18岁拜访理学名师娄谅，"慨然以圣人可学而至"。28岁登进士第，赐观政工部。次年授刑部云南清吏司主事，后改兵部主事。正德元年（公元1506年）因得罪宦官刘瑾，被贬谪为贵州龙场驿驿丞。刘瑾死后，升任江西庐陵知县，后又升任吏部主事、南京太仆寺少卿、鸿胪寺卿、左佥都御史。正德十四年因领兵平定宁王朱宸濠叛乱有功，升迁为南京兵部尚书，封"新建伯"。

王守仁曾镇压农民军和少数民族起义，但他认为"破山中贼易，破心中贼难"，因此他所留下的历史痕迹，主要是他的学术思想。他继承和发展了陆九渊的学说，提出"心即理"、"致良知"、"知行合一"等命题，创立了与程朱理学相径庭的"阳明学派"（亦称"姚江学派"、"王学"）。其学说在明中叶以后曾广为流行，并曾流传至日本，对明治维新发生积极影响。

王守仁从弘治十八年（公元1505年）开始讲学授徒，直至去世，前后历时23年。其中除6年专门从事讲学之外，其余均是一面从政，一面讲学。他所到之处，热心建书院，设社学，办学校。从嘉靖元年至六年（公元1522—1527年），他曾专门在稽山书院、龙泉寺中天阁聚众讲学，从事著述。他热心设学、讲学，在传播自己学术思想的同时，对于明中叶以后书院的发展、讲学之风的兴起，起了积极的推动作用。王守仁的著作有《王文成公全书》38卷，主要教育著作有《传习录》、《大学问》等。

二、论教育作用和教育目的

王守仁的教育基本理论是以他的"心即理"、"致良知"的学说为基础的。"心即理"是由南宋陆九渊提出来的,他的名言是"宇宙便是吾心,吾心便是宇宙"。王守仁对此极力推崇并大加发挥。他认为"心"与"理"血肉相连,不可分离,"心之体,性也;性即理也。"因此他明确宣布"心外无物,心外无事,心外无理,心外无义,心外无善",除"心"外一无所有。他不同意朱熹将"心"与"理"区分为二,他认为教育的出发点和落脚点是"心",而不是朱熹所说的客观外在的"理"。

从"心即理"出发,王守仁把存心、明心、求得其心,作为教育的根本问题。王守仁认为教育目的是"明人伦",而他的理论基础则是"致良知"学说。他认为人人都有"不待学而有,不待虑而得"的"良知",也就是天理。他说:"吾心之良知,即所谓天理也。"这就是说,"天理"不是客观外在或先验固有的精神实体,而是"吾心"的良知发育流行所展现出的主观道德理念。他指出,"良知良能,愚夫愚妇与圣人同",但能否致此良知,却是"圣愚之所由分也"。圣人之所以圣,在于能使自己的良知发扬光大,天理纯全;而一般人良知常被私欲所蒙蔽,为尘埃所染,要想除掉私欲,恢复本心,必须有个为善去恶的"致良知"的功夫。因此,"致良知"也就是"存天理,去人欲",以实现"明人伦"的教育目的。所谓"明人伦",在王守仁看来,即是"父子有亲,君臣有义,夫妇有别,长幼有序,朋友有信五者而已"。他批评当时的学校教育由于受科举的影响,为了追逐功利,死记章句,不修人伦,致使整个社会"人欲横流",佛老猖獗。因此,王守仁认为挽救社会政治危机必须从整顿教育开始,而整顿教育必须从重申"明人伦"的教育目的开始。

三、教学思想

（一）教学内容

为了实现"明人伦"的教育目的，王守仁认为学校教育的基本任务，在于"明伦成德"，教学内容应当是"圣贤之学"，也即"心学"。他批评当时的学校教育"记诵之广，适以涨其傲也；知识之多，适以行其恶也；闻见之博，适以肆其辩也；辞章之富，适以饰其伪也"。① 这是说，学习的内容愈多，学风愈差，离圣人"尽心之学"愈远。造成这种状况的原因主要是"科举之业盛，士皆驰骛于记诵词章，而功利得丧分惑其心。于是师之所教，弟子之所学者，遂不复知有明伦之意矣"。② 他从"致良知"的教育出发，凡是有助于"求其心"者均可作为教育内容，读经、习礼、写字、弹琴、习射，无不可学。对于读经，他有新的见解。他认为《六经》是古代圣人留给后代最宝贵的精神财富，它凭借文字记载而流传，它不仅是古代圣人之心的记籍，而且也是"吾心之记籍也"。由此他主张通过学习《六经》阐明本心，"尽吾心之天理"。他反对仅仅围绕典籍而学习，主张不为典籍所束缚，只要能"自知"、"自得"，一切活动都是有价值的。如写字、习礼、唱歌、弹琴、游戏、习射等等，对于陶冶本心也很有益处。

（二）教学原则和方法

王守仁从"知行合一"学说出发，对如何教学提出了许多精

---

① 《传习录》（中）。
② 《万松书院记》。

辟的见解。他倡导的教学原则和方法主要有：

1. 知行并进

王守仁强调在教学过程中要知行并进，知行合一。他说："知的真切笃实处即是行，行之明觉精察处即是知。"又说："知是行的主意，行是知的工夫。知是行之始，行是知之成。""知行不可分作两事。"在强调知行并进的同时，他表现出更加重视行的倾向，提出"真知即所以为行，不行不谓之知"的观点。他指出，"学问思辨行"是有机的统一，彼此不可割裂；没有知与行的截然划分，更没有谁先谁后的逻辑顺序，而是作为同一完整过程齐头并进的两个方面。

2. 自求自得

王守仁继承和发展了孟子自求自得的思想，强调要引导学生"各得其心"，学习贵在自得。要达到自求自得，必须提倡独立思考，提倡大胆怀疑的精神，不盲目迷信书本、圣贤，应当使自己"深入心通"，形成自己的观点而不轻易受人左右。在教学上重在启发学生的"良知"，教人知识不如教人"致良知"的本领。学问与其要别人"点化"，不如自家"解化"而一了百当。自求自得的原则和方法，从教学理论上来说，它突出地强调了个人理性在认识真理中的作用；从社会意义来讲，又具有思想解放的功用。

3. 循序渐进

王守仁认为教学必须参照不同年龄特征"从本质上用力，渐渐盈科而进"。一个人的发展，从婴儿到成人，有它的阶段性，应顺着其"精气日足，筋力日强，聪明日开"的顺序为学。因此，他主张教学要考虑学者的根基，如植树浇灌水一样，从幼苗到合抱的大树，水量皆随其分限所及，"若些小萌芽，有一桶水在，尽要倾上，便浸坏他了。"这就形象地说明，教师教学若不考虑学者学习基础、接受能力，不但不能教好，反而起到相反效果。

四、论儿童教育

王守仁十分重视儿童教育，他在《训蒙大意示教读刘伯颂等》一文中，比较集中地阐发了他的儿童教育思想。

（一）批判传统的儿童教育

当时的儿童教育受科举考试影响严重，存在着种种弊端，王守仁予以深刻地抨击与批判。他揭露和批判了中国古代传统儿童教育的三大弊端：一是只重机械记忆，不重启发思维。教师每天只是督促儿童读句子，背课文，摹仿写字，而不知应对儿童用礼来教导，开启他们的良知。二是只重消极防范，不重积极诱导。教师处处限制儿童，检查责备儿童的行为举止，但不知道在道德礼仪上养成儿童的善行。三是普遍用体罚，摧残儿童的身心健康。对待儿童用鞭打，用绳缚，就像对付囚犯一样，这种儿童教育的结果，与施教者的愿望相反，只会使儿童"偷薄庸劣，日趋下流"。

（二）倡导顺应儿童性情的教育观

王守仁认为快乐是人心本体，儿童的本性，儿童教育应从积极方面入手，顺应儿童性情，鼓舞儿童处于乐学的氛围之中。他说："大抵童子之情，乐嬉游而惮拘检，如草木之始萌芽，舒畅之则条达，摧挠之则衰萎。今教童子，必使其趋向鼓舞，中心喜悦，则其进自不能已。"他认为儿童的心理特点就是喜欢"嬉游"而害怕"拘检"，如刚萌芽的草木，使它自然地生长就很茂盛，摧残它就衰萎。因此，他主张儿童教育要顺应儿童喜乐之真情，以积极的教育方式促使其"趋向鼓舞"、"中心喜悦",就能收到事半功倍的效果。

(三)提倡全面的儿童教育内容

王守仁在教育内容上主张给儿童以"歌诗"、"习礼"与"读书"三方面的教育,陶冶儿童的思想和性情,促使儿童在德、智、体、美诸方面都得到发展。他认为,对儿童"诱之歌诗",不仅能激发儿童的志向,还能使其情感得到正当的宣泄,有助于解除他们内心的忧闷和烦恼,使他们开朗活泼起来;"导之习礼",不仅能使儿童养成一定的礼仪习惯,而且通过"周旋揖让"、"拜起屈伸"等礼仪动作,"动荡其血脉","固束其筋骸",达到锻炼身体、健壮体魄的作用;"讽之读书",不仅能增长儿童的知识,开发其智力,还能"存其心"、"宣其志",形成儿童一定的道德观念和理想。

(四)制定儿童每日活动的程序

为了使儿童"乐习不倦,无暇及于邪僻",王守仁制定了儿童每日活动的程序,作为教学计划与检查的依据。一般说来,每日课程内容分五项:先进行品德检查,然后巩固旧课,再讲新课,并适当配合习礼与歌诗。这五项内容依此顺序进行。儿童活动的原则主要有两个,一是劳逸结合,动静分明;二是留有余地,保持弹性。他认为儿童教育要留有余地,"量其资禀,能二百字者,止可授以一百字,常使精神力量有余,则无厌苦之患,而有自得之美"。

【思考题】

1. 简述王守仁的"心即理"、"致良知"学说与教育作用、教育目的论。

2. 评述王守仁的儿童教育思想。

【拓展阅读文献】

1. 方志远. 旷世大儒——王阳明 [M]. 石家庄：河北人民出版社，2000.

2. 传习录 [M]. 郑州：中州古籍出版社，2004.

第四节 王夫之的教育思想

王夫之是明末清初著名的启蒙思想家和教育家。他的唯物主义哲学思想和教育思想总结了中国古典哲学和教育理论，启迪了经世致用教育思想的进一步发展。

一、生平和教育活动

王夫之（1619～1692）字而农，号姜斋，湖南衡阳人。因晚年隐居于石船山，后人称为船山先生。

王夫之出身于中小地主阶层的知识分子家庭，父亲王朝聘、叔父王廷聘都从事过授徒讲学活动。他自幼"颖悟过人"，4岁入私塾，7岁就读完了《十三经》，10岁从父亲王朝聘学习五经经义，广泛阅读古代哲学和史学书籍。14岁出门就师问道，考入衡阳县学。24岁考中举人。崇祯十二年（公元1636年），他效法"东林"和"复社"，与郭季林等青年朋友组织了"匡社"。明亡后，为阻止清兵南下，他曾与好友管嗣裘等"举义兵于衡山，战败兵溃"，① 于是投奔桂王的南明政权。由于目睹永历小

---

① 王之春《王船山公年谱》。

朝廷的腐败和官僚们苟且偷安,他大失所望,决意"退伏幽棲,俟曙而鸣"。① 于是隐姓埋名,遁迹荒山野岭。为避清军迫害,他几度迁居。康熙十四年(公元1675年)移居石船山下,筑一茅舍,取名"湘西草堂",潜心著述,教授生徒,度过了一生最后17个春秋。

王夫之一生著述极丰,有400多卷,生前均未刻印。现存的有《船山遗书》共72种,258卷。他没有专门论述教育问题的著作,但在《读四书大全说》、《礼记章句》、《周易外传》、《尚书引义》、《俟解》、《张子正蒙注》、《思问录》、《黄书》、《噩梦》及《读通鉴论》等书中,有许多关于教育问题的论述。

王夫之是明末清初著名的启蒙思想家。他继承和发展了中国传统哲学的朴素唯物论,形成了唯物主义的宇宙观和历史观,从而使中国古典唯物主义哲学发展到了新高峰。他的教育思想,与他的政治思想、哲学观点有密切的联系,在人性论、理欲关系、知行关系、学思关系等教育基本理论问题上,提出了自己卓越的见解。

二、关于教育的作用与目的

王夫之在研究儒家经典,考察历代政治得失,尤其是在总结明朝覆亡的沉痛教训中,深入思考了教育的作用与目的问题,提出了自己的见解。

(一)人性论与教育作用

王夫之认为,人性是一种人类所具有的潜在的发展能力,与动物有着本质的区别。人的认识器官的潜在机能,尤其是具有思

---

① 《姜斋文集》卷八。

维能力的"心之官",是人的发展的物质基础。但是,人性不是一成不变的,而是处在不断发展变化过程之中,由此,他得出了人性"日生日成"的论断。他说:"夫性者,生理也。日生则日成也。……故善来复而无难,未成可成,已成可革。"① 他明确提出人性不是天生的,而是在后天不断地生长变化过程中逐渐形成的,是"日生则日成"、"继善成性"的。他认为在人性的形成和发展过程中,"习"起着重要的作用。他说:"孟子言性,孔子言习。性者天道,习者人道。《鲁论》二十篇皆言习。故曰:性与天道不可得而闻也,已失之习,而欲求之性,虽见性且不能救其习,况不能见乎!"人的知识才能、道德观念"非性之本然",而是后天教育与学习的结果。"人之性随习迁",教育在人的发展过程中,起着决定性的作用。

(二)教育为治国之本

王夫之考察社会发展的历史经验,以为在一个国家中,除了政治之外,教育是最重要的。他说:"王者之治天下,不外乎政教之二端。语其本末,则教本也,政末也。语其先后,则政言而后教可施焉。"② 他还具体分析道:"治道自治之亡而晦极矣!非其政之无一当于利病也,谓夫言政而无一及于教也。"③ 他认为明王朝灭亡的一个重要原因,就是"教化日衰",学校教育"名存实亡","其穷也,以教而锢人之子弟,其达也,以势而误人国家。"④ 由此,他希望"谋国者"能记取这个教训,对百姓除了"宽养"以外,还要施以"教化"。

---

① 《尚书引义》卷三。
② 《礼记章句》卷五。
③④ 《读通鉴论》卷十七。

（三）救人道于乱世

王夫之在教育目的上并不是一般性地主张"学为圣贤"，而是提出要造就能"救人道于乱世"的"豪杰"。他认为当时社会需要"荡涤其浊气，震其暮气，纳之于豪杰而后期之以圣贤，此救人道于乱世之大权也"。[①]"豪杰"有远大的政治理想和"堂堂巍巍、壁立万仞"的豪迈之气。他说"能兴即谓之豪杰"，[②]就是要求造就出来的人才，虎虎有生气，思想上行动上有不同流俗的振作精神，有远大的胆识，其不仅要具有"救世之心"，还要"当思何以挽之"。[③]王夫之还认为"能俭、能勤、能慎，可以为豪杰矣"。[④]所谓俭，就是"节其耳目口体之欲，节己而不节人"；所谓勤，就是"不使此心昏昧偷安于近小，心专而志致"；所谓慎，就是"畏其身入于非道，以守死持之而不为祸福利害所乱"。[⑤]

王夫之期望通过教育造就一批具有新的精神风貌的经世致用人才，承担起"救人道于乱世"的历史重任。他把"豪杰之士"看作是"国之桢干"，是封建社会的补天之才，在很大程度上突破了儒家学者关于人才规格的传统观念。

三、教学思想

王夫之在教学论方面的论述，尤为宏富。他既有丰富的教学实践，又能从唯物主义认识论的高度，去揭示教学过程的一些规律。

（一）论教学过程

王夫之用朴素的辩证法，揭示了教与学的关系。他说："夫

[①②③④⑤] 《俟解》。

学以学夫所教,而学必非教,教以教人学,而教必非学。"① 就是说,学生学习的东西,就是教师讲授的东西;但学生学习的过程,并不等同于教师讲授的过程。他认为,在教学过程中,学生是主体,教学的成功与否取决于他们是否"自悟"。他指出:"教者但能示以所进之善,而进之之功,在人之自悟。"② 他认为学生的学习,不是简单地模仿,或者被动地接受知识,而是一种自觉的认识过程。教师的作用,不在于传授多少知识,而在于启发学生自悟,使学生自己成为学习的主人。因此,他把教学过程看作是启发学生自悟的过程。他的这一思想,正确地揭示了教学过程的本质,值得弘扬。

(二) 论知与行的关系

王夫之在知行关系问题上,既不同意朱熹的"知先行后"说,也不同意王守仁的"知行合一"说。他主张行先知后,知行并进,相互为用。他说:"行可兼知,而知不可兼行。"③ 又说:"知行相资以为用,唯其各有致功,而亦各有其效,故相资以互用。"④ 他认为在人们的认识中知与行各有其功效,又必须相互为用,因此,只有知行并进,才能"知同而起功",这是认识事物的一条定理。他一方面提出"行可兼知"的观点,强调知源于行,必须从行上检验知识的效果功用,否定了传统教育中那种严重脱离实际、死读书的弊端。另一方面,又提出知行相互为用,不能混淆,二者都不可偏废,比较正确地揭示了人的认识规律。

---

① 《读四书大全说》卷三。
② 《四书训义》卷五、卷六。
③ 《尚书引义》卷三。
④ 《礼记章句》。

（三）论学与思的关系

王夫之认为，学与思的关系，是互相依赖、互相促进的关系。他说："致知之途有二：曰学，曰思。学则不恃己之聪明，而一唯先觉之是效；思则不徇于古人之陈迹，而任吾警悟之灵。……学非有碍于思，而学愈博则思愈远；思正有功于学，而思之困则学必勤。"① 就是说，学不独不妨碍思考，相反学识广博将有利于思考的深化。思考也有助于学，因为思考时遇到困惑而感到难以深入，就会促使自己进一步勤奋学习。学与思二者并重，互相促进，才能获得最佳的教学效果。

（四）关于博与约的关系

王夫之强调学习要尚博尚实、多闻多见，要从广博丰富的资料中提炼出精华来，因此他主张"约者博之约，而博者约之博"，② 即把"约"看作是建立在"博"的基础上的"约"，而"博"则是在"约"的指导下的"博"，提倡把"博"与"约"有机地结合起来。在二者之中，博学是前提，是基础；而"约礼"是"一以贯之"，是提高。他说："若不会何以一经贯之上求入处，则学识徒为玩物。古人之学，日新有得，必如以前半截学识，后半截一贯；用功在学识，而取效在一贯。"③

（五）论"有序"与"不息"

王夫之认为，教师应该"施之有序"，"施之有序者，行之自远"。④ 他强调教学既要循序渐进，不躐等，不速成，又要有恒

---

① 《四书训义》卷五、卷六。
②③ 《读四书大全说》卷六。
④ 《张子正蒙注》卷四。

心，不间断。这样就可以使学生的学习"因其序则可使之易"。[①]由此，他提出了教学五步骤：第一步是教学粗小的事，如洒扫应对；第二步是教学粗小的理，如洒扫应对之理；第三步是教学精大的事，如诚意、正心、修身、齐家、治国、平天下等；第四步是教学精大的理，如诚意、正心、修、齐、治、平之理；第五步是教学大小精细之理的综合或统一。这五步是不可分割、先后贯通的。正因为有序，才能使学生做到不息；只有不息，才能使学生自勉学问。

王夫之运用他的朴素的唯物主义和辩证法去深入探讨教育问题，提出了许多精辟的见解，这是他不可磨灭的历史功绩。

【思考题】

1. 简述王夫之的人性论与教育作用论。
2. 评述王夫之关于教学原则和方法的基本主张。

【拓展阅读文献】

1. 匡亚明. 中国思想家评传丛书：王夫之评传［M］. 南京：南京大学出版社，2002.
2. 胡发贵. 王夫之与中国文化［M］. 贵阳：贵州人民出版社，2000.

---

① 《张子正蒙注》卷四。

第三章
中国近代教育家及其教育思想

1840年鸦片战争以后,中国由一个独立自主的封建国家逐渐演化为半殖民地半封建的国家。西方的教育思想对中国教育产生极其重要的影响。在不同的历史阶段,中西文化的碰撞,对新教育的不断探索,形成了一批有独立的教育理论体系的教育思想家,为中国教育的改革与发展作出卓越的贡献。

第一节 张之洞的教育思想

张之洞是清末著名的政治家和教育家,后起的洋务派领袖。他的"中学为体,西学为用"的教育思想,对清末民初的教育产生极其重要的影响。

一、生平与教育活动

张之洞（1837～1909）字孝达，号香涛，晚年自号抱冰老人，直隶南皮人，清末洋务派的代表人物，地主阶级中有远见的政治家和教育家。他出身于官宦世家，祖父张廷琛，曾任福建省古田知县；父张锳，曾任贵州兴义府知府。他幼年受到严格的家庭教育，5岁就入塾读书，9岁已读完《四书》、《五经》，11岁起学做诗文，记诵绝人，有神童之称。他的仕途也很顺畅，16岁参加顺天府乡试，考取第一名举人；27岁参加会试，廷试对策不循常例，定为探花，赐进士及第，授翰林院编修。30岁任浙江乡试副主考官，后又任湖北学政、四川乡试副考官、四川学政、山西巡抚等职，为清流党领袖之一。1884年任两广总督，逐步成为洋务派的后起之秀，先后创办广州黄埔鱼雷学堂、两广电报学堂、广东水陆师学堂等。1889年改任湖广总督，在任17年，创办了许多洋务事业，其中包括创办武备、外语、实业、师范、幼稚园等一批新式学堂，并派遣留学生。1898年著成《劝学篇》，提出"中学为体，西学为用"的理论体系，成为清末教育的指导思想。清末新政开始后，奉旨主持修订《奏定学堂章程》。1907年任军机大臣，兼管学部。

张之洞是洋务派教育思想的代表，又是中国半殖民地半封建教育制度的重要奠基人。他的教育管理思想，对于19世纪末20世纪初的中国教育产生了重要的影响。

（一）整顿、改革传统教育

张之洞早年为清流党的领袖之一，他不畏权贵，敢于针砭时政，被称为"翰林四谏"之一。他针对当时政治上的积弱无能，学校教育与科举制度的腐败积弊，提出了整顿、改革传统教育的主张。首先，他主张改革乃至废除科举制度。他在担任四川学政时，就奏陈整顿试场积弊共八条，认为"法不贵严，贵于必行"，采取有效措施，打击了"士子以舞弊为常谈，廪保视渔利为本分"的颓风恶习。① 1898 年他在《劝学篇·变科举》中指出，八股取士"自明至今，行之已五百余年。文胜而实衰，法久而弊起"。因此，他认为"救时必自变法始，变法必自变科举始"。对科举制度"宜存其大体而斟酌修改之"。1903 年又与袁世凯联名上书《奏请递减科举折》，第一次提出递减科举中额，并已有废科举的思路。他说："是科举一日不废，则学校一日不能兴；将士子永远无实在之学问，国家永远无救时之人才，中国永远不能进入富强。"② 1904 年 9 月，他同直隶总督袁世凯等联合上呈《请立停科举以广学校折》。清政府为大势所趋，下诏"立停科举以广学校"。在清末从变科举到废除科举制度的过程中，张之洞起了重大的促进作用。其次，张之洞主张改革书院管理制度。他先后颁布《两湖书院各分教规程》及《两湖书院学规课程》，对书院教学制度、课程设置、教学方法、学生管理等方面都作了详细的规定。在书院教学制度上，他主张依照西方近代学校的班级授课制的形式。在课程设置上，除了开设原有的经史之学外，增加地舆、天文、格致、制造、体操、兵法等新学的内容。1898 年，张之洞又提出将书院改照学堂办法，要求两湖书院、经心书院"均酌照学堂办法，严立学规，改定课程，一洗帖括词章之

---

① 许同莘，编. 张文襄公年谱［M］. 北京：商务印务馆，1946：18.
② 《光绪政要》卷二十九.

习,惟以造真才济时用为要归"。①

(二)创办新式学堂

1884年张之洞担任两广总督后,一跃成为洋务派的后起之秀,积极创办新式学堂。他兴办新式学堂是从创立军事学堂开始的。1886年,他在广州黄埔鱼雷局内附设鱼雷学堂;1887年,他奏准创办广东水陆师学堂,是为当时规模相当可观的军事学堂;1896年2月,他奏准在南京创办江南陆师学堂;1897年3月,奏准在武昌设立湖北武备学堂。在实业教育方面,1887年,他在广州设立了两广电报学堂;1896年,他在南京创办储才学堂;1898年,又在武昌设立农务学堂,在湖北洋务局内设立工艺学堂。在外国语教育方面,1893年他在武昌设立了湖北自强学堂。张之洞认为"师范学堂为教育造端之地",主张在办小学堂之前先办师范学堂。1902年5月,他在武昌创办了湖北师范学堂,并附设了小学堂,供师范生实习之用;同年,他又在南京设立三江师范学堂,为江苏、安徽、江西培养小学堂师资;1904年,在武昌设立湖北师范传习所;1906年,又在两湖书院旧址兴办两湖师范学堂。1904年,他在武昌湖北敬节堂内附设育婴学堂,是为中国近代最早的幼儿园。

(三)厘定近代学制体系

张之洞是中国近代半殖民地半封建教育制度的重要奠基人。他在1898年的《劝学篇·设学第三》中,就勾勒出近代学制的初步蓝图:"各省各道、各府各州县皆宜有学,京师省会为大学堂,道府为中学堂,州县为小学堂。中小学堂以备升入大学堂之选,府县有人文盛物力充者,府能设大学,县能设中学,尤善。"

---

① 《两湖、经心两书院改照学堂办法》,《张文襄公奏稿》卷二十九。

清政府曾于1902年命张百熙拟定学制，经批准为《钦定学堂章程》，但并未实行。张之洞受命入京参加重新修订学制。他以"中学为体，西学为用"思想为指导重订学制，使重订的《奏定学堂章程》比《钦定学堂章程》条目更加详密，课程更加完备，禁戒更加谨严。《奏定学堂章程》包括20个文件，其中一些最重要的文件，如《学务纲要》等，均为张之洞自己撰写。依张之洞自己的说法，"最要者为学务纲要一册，管理学堂通则一册，实业学堂通则一册，奖学生章程一册"，"纲领要义全在此"。他在修定学制的过程中，注重健全各级各类学堂的教育管理措施。他专门制订的《各学堂管理通则》共13章，比较详密地立规条、申禁令，对各学堂实施规范管理。可以说，张之洞是中国近代学制的重要制定者，是半殖民地半封建教育制度的奠基人。

（四）建立完善的教育行政机构

张之洞在兴革教育、制定学制的过程中，深切感到加强教育管理的重要性。他于1902年4月设立湖北学务处，专管本省学务，从而诞生了中国近代第一个专管地方学务的教育行政组织。学务处设有审计、普通、专门、实业、游学和会计等六个科，是现代省教育厅局的雏形。至1904年，他在《学务纲要》中要求在各省设学务处一所，"由督抚选派通晓教育之员总理全省学务"。张之洞认为，管理全国的学务更为重要，不仅地方上要有管学的统一机构，全国也要有专门管学的机构和人员。他鉴于"各国设有文部大臣，专事其事"，认为中国也要专设管理学务的大臣。他于1904年1月特奏呈《请专设学务大臣片》，针对当时管学大臣既管大学堂事务，又管各省学务的情况，主张二者分离，专设总理学务大臣，"以统辖全国学务"；而为京师大学堂"另设总监督一员，专管大学堂事务"。他还提出了学务大臣下设属官、分为六处的组织建设方案,并得到清政府采纳实行。这就使中国近代第一次出现了比较健全的中央和地方的教育行政机构,从而适应了清末兴办学校以后应有专门管学人员的需要。

二、"中学为体,西学为用"的教育思想

"中学为体,西学为用"思想并非张之洞首创。作为当时重要的社会思潮和教育思潮,"中学为体,西学为用"思想发轫于19世纪40年代,明朗化于60年代洋务运动兴起之时,盛行于80、90年代。第一次鸦片战争后,魏源的"师夷长技以制夷",已蕴含"西学为用"的理念,揭开了其后"中学、西学"之争的序幕。1861年,冯桂芬在其《校邠庐抗议》一著中,用"以中国伦常名教为原本,辅以诸国富强之术,不更善之善者哉"的命题,[1] 最早明确地表述了"中学为体,西学为用"的思想。之后,不论是洋务派、早期改良派,抑或资产阶级维新派,均从不同的角度出发,表达了大致相同的内涵。"中学"与"西学"的"体用、本末、道艺"关系逐渐清晰而且明朗。张之洞于1898年3月撰成《劝学篇》,从理论上系统地阐述了"中学为体,西学为用"的思想,并"使'中学为体,西学为用'这一事实上指导中国近代新式教育发展的方针,在经历了半个世纪之后,取得了合法的地位",[2] 即通过其后的《奏定学堂章程》完成法定程序。"至于立学宗旨,无论何等学堂,均以忠孝为本,以中国经史之

---

[1] 冯桂芬. 校邠庐抗议:采西学议 [M]. 上海:上海书店出版社,2002:55.

[2] 田正平. 中国教育史研究:近代分卷 [M]. 上海:上海华东师范大学出版社,2001:372.

学为基,俾学生心术壹归于纯正,而后以西学瀹其智识,练其艺能,务期他日成材,各适实用,以仰副国家造就通才、谨防流弊之意",① 予清末乃至民国的教育改革以深远影响。

《劝学篇》分内、外两篇。内篇由9篇文章构成,篇目依次为:同心、教忠、明纲、知类、宗经、正权、循序、守约、去毒,意在教导民众与清廷共度时难、恪守封建礼教、遵奉三纲五常、勿染"暴行邪说",明确反对资产阶级的民主民权,要求士人"先以中学固其根柢,端其识趣"。用张之洞自己的话说,即"《内篇》务本,以正人心"。外篇由15篇文章构成,篇目依次为:益智、游学、设学、学制、广译、阅报、变法、变科举、农工商学、兵学、矿学、铁路、会通、非弭兵、非攻教,主旨在于教育民众在不妨害三纲五常的前提下,变通旧制,开拓眼界,学习西政和西艺,以达到富国强兵、救亡图存的目的,即"《外篇》务通,以开风气"。另外,《内篇》、《外篇》之前还有一篇"序",旨在交待《劝学篇》的写作背景和写作意图,并对内、外篇中的各篇文章主旨作了简明扼要的概括。总之,24篇之义括之为"五知",即知耻、知惧、知变、知要、知本。整部《劝学篇》,内容涉及政治、经济、军事、文化、教育、社会、宗教、新闻等众多领域,以"中学为体,西学为用"(简称"中体西用")提纲挈领。

那么,为"体"的"中学"包括哪些内容呢?张之洞概括为经、史、子、集。"四书五经、中国史事、政书、地图为旧学"。② 他将以传统文化教育为主体的"中学"称为"旧学",这

---

① 琚鑫圭. 学制演变 [M]. 上海:上海教育出版社,1991:289.
② 《劝学篇·设学》。

是为学之人首当其冲必须学习的内容。其中,"四书五经"中的"三纲",尤被张之洞视为"五伦之要,百行之原,相传数千年更无异义。圣人之所以为圣人,中国之所以为中国"的根本所在。所以,"若强国御外之策,惟有以忠义号召合天下之心,以朝廷威灵合九州之力,乃天经地义之道,古今中外不易之理"。① 为此,他不厌其烦地列举清廷的十五项"仁政",包括"薄赋、宽民、救灾、惠工、恤商、减贡、戒侈、恤军、行权、慎刑、覆远、戢兵、重士、修法、劝忠"。较之历代封建王权,张之洞认定有过之而无不及,以此告诫民众与清廷共度时艰,保国、保种、保教。由此可见《劝学篇》的立意所在。

不过,在坚持"伦纪、圣道、心术"不可变的前提下,他又适时地提出了变革"法制、器械、工艺"的要求。"夫所谓道本者三纲四维也,若并此弃之,法未行而大乱作矣,若守此不失,虽孔、孟复生,岂有议变法之非者哉?"② 因此,他强烈抨击排斥变法的"泥古之迂儒、苟安之俗吏、苛求之谈士",主张广泛引进为"用"的"西学",要求"新旧兼学"。在《劝学篇》中,张之洞也将以西方近代学术教育为主体的"西学"称作"新学"。具体说来,"西政、西艺、西史为新学"。"学校、地理、度支、赋税、武备、律例、劝工、通商,西政也;算、绘、矿、医、声、光、化、电,西艺也。"③ 对于西学,他主张"政艺兼学","政尤急于艺"。当然,他提倡的西政,并不是指西方政治制度本身,而是西方的近代学制、赋税管理、通商办法等;他所提倡的

---

① 《劝学篇·正权》。
② 《劝学篇·变法》。
③ 《劝学篇·设学》。

西艺,也有别于洋务运动初期框定的"坚船利炮"的范畴,他注意到西方近代生产与技术的发展,都是以自然科学为基础的,因而在西艺中增加了自然科学的内容。总之,他希望通过引进资本主义社会的"西政"、"西艺",革除弊政,以挽救民族、国家的危亡。易言之,张之洞的"救亡图存"思路,远在一班腐儒俗吏乃至同僚之上。

自然,旧学与新学(中学与西学)的主辅地位是不容置疑的,"旧学为体、新学为用,不使偏废"。张之洞明确要求:

"今日学者,必先通经以明我中国先圣先师立教之旨,考史以识我中国历代之治乱、九州之风土,涉猎子、集以通我中国之学术文章,然后择西学之可以补阙者用之,西政之可以起吾疾者取之,斯有其益而无其害。"

"今欲强中国,存中学,则不得不讲西学。然不先以中学固其根柢,端其识趣,则强者为乱首,弱者为人奴,其祸更烈于不通西学者矣。"

"如中士而不通中学,此犹不知其姓之人,无辔之骑、无舵之舟,其西学愈深,其疾视中国亦愈甚,虽有博物多能之士,国家安得而用之哉。"[①]

"中学为内学,西学主外学,中学治身心,西学应世事,不必尽索于经文,而必无悖于经义。"[②]

张之洞的"中体西用"思想,不仅是其自身教育实践的总结,亦是整个洋务教育运动的理论升华,更是晚清政治与教育改革的基本方针,对清末教育在宏观管理上起着极其重要的作用。

---

① 《劝学篇·循序》。
② 《劝学篇·会通》。

三、张之洞的历史影响与教育贡献

如同论者揭橥张之洞为近代中国"过渡型人物"角色一样,其言行新旧杂糅、中西并陈。因而,对其历史影响亦当作一分为二地看待。

一方面,张之洞的出生、所受教育以及身份、地位,决定了他的立场:坚守"中体",以维护封建纲常名教为己任。《劝学篇》撰成后,守旧势力如获至宝与维新人士强烈抨击所形成的鲜明对照可以为证。"夜读张孝达文《劝学篇》,极简明,极平正,拯救之良药也。"是年《申报》中的一篇评论说:"伟哉此篇,殆综中西之学,通新旧之邮,今日所未有,今日所不可无之书也。"维新人士的态度则截然相反。何启、胡礼垣合撰的《〈劝学篇〉书后》,指出"终足以阻新政之行者,莫若《劝学篇》",批评该书"不特无益于时,然且大累于世"。梁启超更是义愤填膺,指斥《劝学篇》,"不十年将化为灰烬,为尘埃。其灰其尘,偶因风扬起,闻者犹将掩鼻而过之。"[1] 彼此对立的评判,清楚地表明了张之洞的思想归宿。

另一方面,"调和汉宋、通经致用"的思维方式,主政一方、大办洋务的实绩,以及期间的所见所闻所感所思,又使张之洞立于时代浪头,在民族危亡的历史时刻,摒弃"以旧卫旧"的策略选择,积极主张并奉行"以新卫旧"的准则。在坚持"中体"的前提下,广泛引进资本主义的工商、律令、财政、税赋、教育等方面的制度,扩大学习西学的范围,以图革除弊政,从而达到

---

[1] 以上引文转引自:沈灌群,毛礼锐.中国教育家评传(第三卷)[M].上海:上海教育出版社,1989:69.

"富国强兵"的理想。因而,其言行又适应了近代以来以"求变"为旋律的时代潮流。

尽管"张之洞最乐道之"(梁启超语)的"中体西用"论为近代著名启蒙思想家严复批判为"不中不西、非牛非马"的怪物,戊戌之后,它甚至蜕变成顽固保守势力用以巩固传统文化教育的思想工具,不过,作为19世纪中叶中西文化激烈碰撞以来中国开明士绅认同的一种变革模式,"中体西用"论的形成自有其历史必然性。如同著名历史学家陈旭麓先生所言,"那个时候的中国,天下滔滔,多的是泥古而顽梗的士人,在封建主义充斥的天地里,欲破启锢闭,引入若干资本主义文化,除了'中体西用'还不可能提出另一种更好的宗旨。如果没有'中体'作为前提,'西用'无所依托,它在中国是进不了门,落不了户的。因此'中体西用'毕竟使中国人看到了另一个陌生的世界,看到了那个世界的部分,并移花接木地把这一部分引进到中国来,成为中西文化交冲汇融后两者可能结合的一种特定形式。"[①]"中体西用"论立足传统,又突破传统,实现两大异质异构的文化教育类型的对接,将中国传统文化教育逐步导出中世纪的泥潭,从而成为中国近代化的第一面思想旗帜。

作为其时"第一通晓学务"之人,张之洞对于中国近代教育理论与实践的发展同样功不可没。由他参与制定的《奏定学堂章程》(即"癸卯学制"),是中国近代第一个经由中央政府颁布并推行全国的学制。"'癸卯学制'的颁布标志着我国近代学校教育初步进入了制度化和系统化的时期,从此确立了中国近代学校教

---

① 陈旭麓.陈旭麓文集(第一卷)[M].上海:华东师范大学出版社,1996:261.

育制度的基本模式。"① 他的洋务教育实践，在相当程度上抨击了传统教育背离"经世致用"的通弊以及视科学为"奇技淫巧"的陈腐观念。且西学范围的扩大，进一步冲击着传统教育内容。此外，改书院为学堂，派遣生员留洋以及学务官员赴外考察学务，停废科举之举，无不彰显出张之洞对时代脉搏的把握，亦是对中国教育近代转型的历史贡献。尽管张之洞仍以教育人们忠君卫道立意，但"为用"的西学的汇集，必然要突破"为体"的中学的框架。

【思考题】

1. 评述"中学为体，西学为用"的教育思想。
2. 评述张之洞的历史地位及其在中国近代教育思想史上的贡献。

【拓展阅读文献】

1. 冯天瑜，何晓明. 张之洞评传 [M]. 南京：南京大学出版社，1991.
2. 张之洞. 劝学篇 [M]. 上海：上海古籍出版社，1998.
3. 黎仁凯，钟康模. 张之洞与近代中国 [M]. 保定：河北大学出版社，1999.
4. 李细珠. 张之洞与清末新政研究 [M]. 上海：上海书店出版社，2003.

---

① 田正平. 中国教育史研究：近代分卷 [M]. 上海：华东师范大学出版社，2001：260.

第二节 蔡元培的教育思想

蔡元培是中国近现代著名的资产阶级民主主义教育家，他的教育思想对民国初期的教育产生极其重要的影响。

一、生平与教育实践

蔡元培（1868~1940）字鹤卿，号孑民，浙江绍兴人，中国近现代著名的资产阶级革命家和民主主义教育家。出生于钱庄经理家庭，幼年受封建传统教育，阅读了《四书》、《五经》等中国经史典籍，打下了深厚的旧学基础。16岁中秀才，22岁中举人，1892年中进士，被点为翰林院庶吉士，后授翰林院编修。中日甲午战争爆发，《马关条约》签订，他有感于清廷腐败无能，从此努力学习西学，深受西方资产阶级自由、平等、博爱思想的影响。1898年10月，他毅然辞去翰林院编修之职，南下从事教育活动，先后担任绍兴中西学堂监督、嵊县剡山书院院长。1901年9月，被聘为南洋公学经济特科班总教习，常在学生中传播爱国民权思想，同时与张元济等创办《外交报》。1902年4月，与蒋智由、叶瀚等发起成立"中国教育会"，任会长。其后不久，南洋公学爆发退学风潮，他愤而辞职，为帮助退学学生，组建爱国学社，被推为总理。1904年，光复会在上海成立，被推为会长。1905年同盟会成立，被委任为上海分会会长。1907年5月，以驻德公使馆职员的名义，赴德国留学。1908年秋入莱比锡大学，学习和研究哲学、美学和心理学等课程，受德国古典哲学、美学影响很深。辛亥革命胜利后，于1911年12月归国。1912年1月，被孙中山任命为民国首任教育总长，对封建主义旧教育进行历史性改革,并着手制定民国教育方针,发表了《对于教育方针之意见》,奠定了新教育的理论基础。因不满袁世凯的专制独裁,于 1912 年 7 月辞去教育总长职务。9 月,再度赴德国留学,仍进莱比锡大学听课。1915 年 6 月,与李石曾、吴稚晖、吴玉章等人在法国组织勤工俭学会,与法国友人一道发起"华法教育会",积极倡导勤工俭学运动。1916 年 12 月 26 日,正式被任命为北京大学校长,主持北京大学校务,对北大进行了卓有成效的改革,使北大面貌焕然一新。1927 年南京国民政府成立后,任国民政府大学院院长、国民政府常务委员、中央政治会议委员、代理司法部长、中央研究院院长等。大学院为全国最高学术教育行政机关,管理全国的学术和教育行政事宜。1928 年 8 月,辞去大学院院长以及身兼中央政治会议委员、国民政府常务委员、代理司法部长等职,并拒绝国民政府监察院院长等新的职务任命,离开南京,定居上海,专任中央研究院院长。1931 年"九一八"事变后,积极主张抗战。1932 年同宋庆龄、鲁迅等发起成立中国民权保障同盟,尽力营救被捕的爱国人士和中共党员。1937 年底因病移居香港疗养,1940 年 3 月 5 日病逝于香港。毛泽东在唁电中,称誉蔡元培为"学界泰斗,人世楷模"。

蔡元培的主要著述被收于高叔平编《蔡元培全集》第一至第七卷,中华书局 1984 年至 1989 年版;尚有《蔡元培教育论集》,湖南教育出版社 1987 年版,等等。

二、"五育"并举的教育方针

蔡元培任教育总长后,于 1912 年 4 月发表《对于教育方针之意见》,提出军国民教育、实利教育、公民道德教育、世界观教育和美感教育"五育并举"和和谐发展的教育方针。为了制定民国的教育方针,他于1912年6月又发表《向参议院宣布政见之演说》,第一条就强调教育方针问题。他指出,教育方针应分为二:一普通,二专门。在普通教育,务顺应时势,"养成共和公民健全之人格"。在专门学校教育,"务养成学问神圣之风习"。7月,在全国临时教育会议上,蔡元培仍然把制定教育方针的问题放在首位,提请大会讨论。他说:"当民国成立之始,而教育家欲尽此任务,不外乎五种主义,即军国民教育、实利主义、公民道德、世界观、美育是也。五者以公民道德为中坚,盖世界观及美育皆所以完成道德,而军国民教育及实利主义,则必以道德为根本。"[①] 在蔡元培的努力下,全国临时教育会议经过讨论,除"世界观教育"因陈义过高未予采纳外,确定了"注重道德教育,以实利教育、军国民教育辅之,更以美感教育完成其道德"的教育宗旨,并于9月2日公布施行。

蔡元培五育并举的教育方针是与他的世界观密切相关的。他把世界分为现象世界与实体世界。现象世界是相对的,受时间、空间以及因果关系制约,是可以经验的;实体世界是绝对的,不受因果律制约,无时间、空间可言,是超越经验、超越政治的。他认为沟通两个世界主要靠教育:"教育者,则立于现象世界,而有事于实体世界者也。"他把教育分属于两个世界:属于现象世界的有军国民教育、实利主义教育、公民道德教育,属于实体世界的则有世界观教育和美感教育。前三者隶属于政治,是以追求现世幸福为目的;后二者超乎政治,以追求实体世界的最高精神境界为目的。按照当时流行的德、智、体三育分法,蔡元培认为上述"五育"中,军国民教育为体育,实利主义教育为智育,

---

① 蔡元培全集(第二卷)[M]. 北京:中华书局,1984:263.

公民道德教育为德育，美感教育可以辅助德育，世界观教育将德、智、体三育合而为一，是教育的最高境界。

1. 军国民教育

蔡元培认为，军国民教育虽"在他国已有道消之兆"，但在当时的中国仍有提倡的必要。这一方面是当时"行举国皆兵之制"，外御列强、内抑军阀的需要；另一方面体育又是养成健全人格所必需，因为"健全之精神，必宿在健全的身体"。

2. 实利主义教育

蔡元培指出，世界各国的竞争不仅在军事，更在经济，而中国丰富的自然资源未得到开发利用，"实业界之组织尚幼稚"，国弱民穷，故须以发展实利主义教育为急务。实利主义教育密切教育与国民经济生活的关系，以"人民生计为普通教育之中坚"，主要给人以各种普通科学文化知识、实业知识和技能，并训练学生积极思维、对事认真的科学态度。

3. 公民道德教育

军国民教育与实利主义教育虽是强兵富国之道，但兵强可能导致对内私斗、对外侵略，国富可能造成贫富悬殊、劳资矛盾激化。因此蔡元培提出必须"教之以公民道德"。公民道德的要旨，是法兰西革命所揭橥的"自由、平等、博爱"，与中国传统伦理中的"义"、"恕"、"仁"相类通。公民道德教育崇高的目标，是树立爱国主义精神和公而忘私的思想。

4. 世界观教育

世界观教育即"提撕实体观念之教育"，为蔡元培所独创。他指出："消极方面，使对于现象世界，无厌弃而无执著；积极方面，使对于实体世界，非常渴慕而渐进于领悟。循思想自由言论自由之公例，不以一流派之哲学一宗门之教义梏其心，而惟时时悬一无方体无始终之世界观以为鹄。如是之教育,吾无以名之,名之曰世界观教育。"① 也就是培养人们一种立足于现象世界但又能超脱现象世界而贴近实体世界的观念和精神境界。

5. 美感教育

"美育者,应用美学之理论于教育以陶养感情为目的者也。"② 美育可以陶冶人的情感,养成高尚纯洁的人格;可以去私忘我,净化人的心灵;可以美化人生,使人的性灵寄托于美的享受,达到人生之最高境界。所以美育"介乎现象世界与实体世界之间,而为津梁"。大力提倡美育,是蔡元培教育思想和实践的一个重要特点。民国元年制定学制时,他就着意提高学校美育的地位,认为美感教育具有与宗教相同的性质和功用,却又可以避免宗教的保守性和宗派之见;提出了"以美育代宗教"的响亮主张,对中国美育教育的实施有重大影响。

蔡元培"五育"并举的教育方针,是一个不可偏废的有机整体。他曾经借用人体各种机能的协调作用,进行形象说明:"譬之身体,军国民主义者,筋骨也,用于自卫;实利主义者,胃肠也,用于营养;公民道德者,呼吸机循环机也,周贯全体;美育者,神经系也,所以传导;世界观者,心理作用也,附丽于神经系,而无迹象之可求。此即五者不可偏废之理也。"③

三、"思想自由,兼容并包"的办学原则

在办高等教育,发展学术文化方面,蔡元培主张思想自由、

---

① 蔡元培全集(第二卷)[M]. 北京:中华书局,1984:134.
② 蔡元培全集(第五卷)[M]. 北京:中华书局,1989:508.
③ 蔡元培全集(第三卷)[M]. 北京:中华书局,1989:33.

学术自由、兼容并包。他任北大校长后的第一次演讲,就明确提出:"大学者,研究高深学问者也。"他主张继续推行民初制定的新教育方针,"循思想自由原则,取兼容并包主义"。他明确指出"我素来不赞成董仲舒罢黜百家独尊孔氏的主张",[①] 认为这种主张造成了两千年中国学术文化的停滞落后。他反对用一己之学说去束缚他人,也不主张以他人之学说来束缚自己。在《北京大学月刊发刊词》中,他主张在大学内,各种学术派别"常樊然并峙于其中,此思想自由之通则,而大学之所以为大也"。他指出:"大学者,'囊括大典,网罗众家'之学府也。"因此,应该允许有不同学术观点的人同时在大学任教。直到晚年,他在总结一生办大学的经验《我在教育界的经验》中还说:"我对于各家学说,依各国大学通例,循思想自由原则,兼容并包。无论何种学派,苟其言之成理,持之有故,尚不达自然淘汰之运命,即使彼此相反,也听其自由发展。"

"思想自由,兼容并包"体现在教师的聘任上,就是只问学问、能力,不问思想派别。蔡元培在北京大学聘请教员"以学诣为主",罗致各类学术造诣深湛的学者,使北大教师队伍一时出现流派纷呈的局面。如在文科教师中,既有陈独秀、李大钊、胡适、鲁迅、钱玄同、刘半农等新派人物,又有辜鸿铭、刘师培、黄侃、黄节、陈汉章等政治上保守而旧学深沉的学者,使北京大学教师队伍焕然一新,确实成为一个网罗众家、各种学派竞相争鸣的学府。当时的北大,《新潮》与《国故》对垒,白话与文言相争,百家争鸣,盛极一时。

"思想自由,兼容并包"也是蔡元培反对学术专制,注重培

---

① 蔡元培教育论集[M].长沙:湖南教育出版社,1987:589.

养学生独立思考能力和创新能力的一贯主张。他认为，治学者最忌讳知道了一派学说就奉为金科玉律，以为其他一切学说都可以置之不顾。这种"守先生之言而排斥其他"的治学方法，[①]是迷信盲从的表现，不利于学生的成长。允许不同学术派别、甚至"两相反对之学说"在北大校园并存，其目的就是"令学生有自由选择的余地"，在民主的学术氛围中质疑辩难，拓展视野。

四、"尚自然，展个性"的教育观

蔡元培揭示新旧教育的主要区别在于：旧教育是"教育者预定一目的，而强受教者以就之；故不问其性质的动静，资禀之锐钝，而教之止有一法，能者奖之，不能者罚之。"[②]新教育则以儿童为本位，根据儿童的兴趣和心理特点，不拘一格，因材施教，发展儿童的个性。他说："教育者，与其守成法，毋宁尚自然；与其求划一，毋宁展个性。"[③]他认为"守成法"与"尚自然"，"求划一"与"展个性"是两种完全不同的教育观。旧教育是成人或教师以自己的成见强加于儿童身上，以划一模式要求所有儿童，阻碍儿童个性的自由发展。新教育恰恰相反，应该以儿童个性发展为出发点，按照"儿童心身发达之程序，而择种种适当之方法以助之"[④]，让其自由发展。

要实施"尚自然，展个性"的新教育，首先必须确立儿童在教育活动中的主体地位。他指出："昔之教育，使儿童受教于成人；今之教育，乃使成人受教于儿童。"他解释道：何谓成人受教于儿童？"谓成人不敢自存己见，立于儿童地位而体验之，以

[①②③④] 蔡元培全集（第三卷）[M]. 北京：中华书局，1989.

定教育之方法。"[1] 在教学方法上，他提倡启发式教学，注重发挥儿童个性，鼓励学生自动、自学、自行研究。"尚自然，展个性"还须打破教育中的划一模式，要求注意学生的不同特点，因材施教。蔡元培指出，人的个性心理素质有差异，气质、性格、能力、兴趣各不相同，"所以各人于各科进步的快慢，也不能一致"，[2] 这就要求教学要因人而异、因材施教，要"深知儿童心身发达之程序，而择种种适当之方法以助之"。为此他特别提倡研究儿童心理学、教育心理学和各科教材教法，并倡导学习托尔斯泰的自由学校、杜威的实验学校、蒙台梭利的儿童室等。

五、教育独立思想

蔡元培一贯视教育为救国的基本途径，认为教育是崇高和神圣的事业，应脱离政党的控制和宗教的影响而独立。1922年3月，他在《新教育》上发表了《教育独立议》一文，比较系统地阐述了教育独立的思想。他认为，教育是帮助受教育者发展自己的能力，完成他的人格，于人类文化上能尽一分子的责任；而不是把受教育者训练成一种特别的器具，给那些怀有他种目的的人去使用。"所以，教育事业当完全交与教育家，保有独立的资格，毫不受各派政党或各派教会的影响。"[3] 他认为教育与政党、教会在目标、性质上存在严重对立，教育要独立完成自己的使命。

蔡元培认为，教育要独立于政党的主要原因在于：第一，教育要均衡地发展人的个性和群性，而政党是要制造一种特殊的群

---

[1] 蔡元培全集（第二卷）[M]．北京：中华书局，1984：134．
[2] 蔡元培全集（第三卷）[M]．北京：中华书局，1989．
[3] 蔡元培全集（第四卷）[M]．北京：中华书局，1989．

性，为本党服务，抹杀受教育者的个性。第二，教育是求远效的，即所谓"百年树人"，而政党是求近功的，往往只考虑眼前的利益。第三，政党掌握的政权经常更迭，若由政党掌握教育权，必然影响教育方针政策的稳定，影响教育的成效，所以教育要超脱于各派政党。而教育摆脱教会的影响，主要是因为：（1）教育是进步的，学术文化的发展总是一代胜过一代，教育内容在不断更新，而教会是保守的，一遇到《圣经》的训条，便绝对不许批评。（2）教育是共同的，而教会之间有宗派之争。各国宪法规定"信仰自由"，若由教会掌握教育权，就不能绝对自由。所以，"教育事业不可不超然于各派教会以外"。蔡元培在《教育独立议》一文中，也提出教育独立于政党和教会的一些具体措施，其中的第一项，就是推行大学区制，"实行超然的教育"。他的设想是：（1）全国划分为若干大学区，每区立一大学，凡中等以上各种专门学术，都可以设在大学里面。同时，大学亦办理一区以内的中小学教育、社会教育、成人教育、盲哑教育等。大学事务，由大学教授所组成的教育委员会主持。大学校长，也由委员会选出。由各大学校长组成高等教育会议，办理各大学区互相关系的事务。（2）教育部专负责办理高等教育会议所议决的有关中央政府的事务，以及其他全国教育统计与报告等事，不得干涉各大学区事务。教育总长必须经高等教育会议承认，不受政党内阁更迭的影响。（3）大学不设神学科，但可在哲学科设宗教史、比较宗教学等。各学校中，均不得有宣传教义的课程，亦不得举行祈祷仪式。以传教为业的人，不必参与教育事业。（4）各区教育经费，取自本区税收。比较贫困的区，经高等教育会议议决后，由中央政府拨款补助。1922年9月，他和李石曾联合在全国学制会议上提出改革中国教育行政制度的建议，即以法国教育制度为蓝本,实行大学院和大学区制,改教育部为大学院,统管全国的学术和教育,将全国分为若干大学区,以大学区为独立的教育行政单位。1927年6月,国民政府任命蔡元培为大学院院长。7月,国民政府公布《中华民国大学院组织法》,规定大学院为全国最高学术教育机关,承国民政府之命,管理全国学术及教育行政事宜。

1928年4月,蔡元培在《关于大学组织之谈话》中,概括了大学院的组织特点有三:一是学术、教育并重,以大学院为全国最高学术教育机关;二是院长制与委员制并用,以院长负行政全责,以大学委员会负议事及计划之责;三是计划与实行并进,设中央研究院,实行科学研究;设劳动大学,提倡劳动教育;设音乐院、艺术院,实行美化教育。蔡元培采用的大学院和大学区制试行不过一年,即于1928年8月废止,重设教育部。他的改革虽然失败了,但这种"以学术化代官僚化"的教育管理改革思想却给人以启迪。

六、影响和评价

在风云变幻的年代里,蔡元培深刻地认识到培养人才的重要,坚定地走上了兴办教育的道路,其教育思想始终贯串着对民主、科学、自由和个性的追求,充满了爱国主义激情,凸显了他作为杰出教育改革家的远大理想和个性品质。

在历史发展的几个关键时期,蔡元培被委以教育要职,对传统旧教育进行了坚决果敢的革新和改造,对民国教育的大政方针和实际进程有重大的影响。他担任临时政府教育总长时期提出"五育"并举的教育方针,对弊窦丛生的封建教育进行了一系列民主性的改革,为资产阶级教育在中国的实施确定了方向,奠定了中国近代教育制度的基础。出任北京大学校长期间，他强调大学不是"养成资格"、"贩卖知识"之所，而是"纯粹研究学问"、"研究高深学问"的机关，树起"思想自由，兼容并包"的大旗，采取了许多整顿、改革措施，使北大焕发出新的生机，成为中国新文化运动的中心和"五四"运动的策源地，为高等教育的发展开辟了一片新天地。蔡元培"尚自然"、"展个性"的教育主张，意在反对封建教育束缚、摧残学生，注重培养学生"自动"、"自学"、"自觉"的习惯和独立思考的能力，解放学生的个性。他的教育独立思想，强调大学须摒斥"专骛营私植党之人"，主张教育脱离政党、脱离教会而独立，把教育事业完全交给教育家办理，反映了资产阶级教育家要求摆脱军阀政府对教育的控制，反对教会文化渗入教育，在中国独立、自主地发展教育事业的强烈愿望，在当时具有反帝反封建的进步意义。总之，在当时遽速变化的社会情势下，作为新文化、新教育运动的主要领军人物之一，蔡元培进行了较为系统的反对封建教育、反映民族资产阶级教育诉求的理论阐释和实践革新，开创了一代新风，对形成中国近代较为完整的资产阶级教育理论体系和教育基本制度，作出了重要的贡献，具有划时代的意义。

【思考题】

1. 评述蔡元培"五育并举"教育方针。
2. 评述蔡元培"思想自由，兼容并包"的大学办学方针。
3. 试析蔡元培的教育独立思想。

【拓展阅读文献】

1. 蔡尚思．蔡元培学术思想传记［M］．上海：上海棠棣出版社，1950.

2. 胡国枢．蔡元培评传［M］．开封：河南教育出版社，1990.

3. 崔志海．蔡元培［M］．杭州：浙江人民出版社，1998.

4. 金林祥．思想自由兼容并包［M］．济南：山东教育出版社，2004.

第三节　陶行知的教育思想

陶行知是中国现代伟大的人民教育家、伟大的爱国主义者、大众诗人和坚定的民主战士。他"捧着一颗心来，不带半根草去"，矢志为中国教育"寻觅曙光"，创立了举世闻名的生活教育理论，为中国人民的教育事业作出了重要的贡献。

一、生平与教育实践

陶行知（1891～1946）原名文濬，后改知行、行知，安徽歙县人，中国现代杰出的教育思想家和教育实践家。出生于歙县西乡黄潭源村一个贫苦农民家庭，少年时得到一位私塾先生及外祖父的帮助，进过蒙馆、私塾。后来由于父亲加入耶稣教天地会，以及母亲为教堂帮工，得以进入教会办的崇一学堂读书，学习国文、英文、理化、医药常识等，开始接受西方文化科学的教育。1909年，考入南京汇文书院。1911年汇文书院与其他教会学校合并成立金陵大学，陶行知升入金大文科。因受王阳明"知行合一"学说的影响，改名为"知行"。1914年以优异的成绩毕业于金陵大学，后筹借费用赴美留学，入伊利诺大学学习，1915年秋获政治硕士学位。期间，修了考夫曼教授的教育行政课，逐渐将专业兴趣由市政转到教育方面。后转入哥伦比亚大学师范学院攻读教育，师从杜威、孟禄等，1917年获该校"都市学务总监"资格文凭。旋应南京高等师范学校之聘回国，历任教员、教授、教务主任兼教育科主任，主讲教育学、教育行政、教育统计等课程。1921年参加中华教育改进社的筹措工作。次年改进社正式成立，陶行知担任主任干事。1923年夏，辞去东南大学教授职务，举家迁至北京，专任改进社总干事。8月，与朱其惠、晏阳初等人在北京发起组织中华平民教育促进会，先后赴河南、浙江推行平民教育运动。在从事平民教育的过程中，开始注意到农民问题和农村教育问题。1926年下半年，到南京附近考察乡村教育，成立乡村教育研究会。1927年春，在南京创办晓庄学校，确立生活教育理论，试图从乡村教育入手，寻找改造中国教育和社会的出路。1930年因支持晓庄学校师生参加反帝爱国游行，遭当局通缉，被迫流亡日本。1931年春回国，在上海创办"自然学园"，提倡"科学下嫁运动"。1932年，在上海郊区大场孟家木桥创办山海工学团，推行"小先生制"，普及大众教育。1936年1月，发起组织国难教育社，推行国难教育。1936年7月，赴英国伦敦参加"世界新教育"会议，会后作为国民外交使节访问亚非欧美28国，宣传抗日，以获国际社会支持。1939年7月，在重庆创办育才学校。1946年1月在重庆创办社会大学，推进民主教育运动。7月25日因健康过亏、劳累过度，突发脑溢血在上海逝世，年仅55岁。8月11日，延安举行隆重追悼会，毛泽东题写挽词："痛悼伟大的人民教育家陶行知先生千古！"

陶行知的主要著述被收于湖南教育出版社和四川教育出版社先后出版的《陶行知全集》，以及其他陶行知的《文集》、《选集》等。

二、生活教育理论

生活教育论是陶行知的教育基本理论。它的理论体系奠定于晓庄学校的办学实践中,并在后来的普及教育、国难教育、战时教育、民主教育等一系列试验中,不断加以丰富和完善。陶行知生活教育的形成,与杜威的实用主义教育学说既有联系又有区别。就其思想渊源而言,他的生活教育理论脱胎于杜威的"教育即生活"、"学校即社会"、"从做中学"的观点,但却是把杜威的学说"翻了半个筋斗",改造成"生活即教育"、"社会即学校"、"教学做合一",这是对杜威教育思想的扬弃和超越。

生活教育理论具有丰富的内容:"从定义上说,生活教育是给生活以教育,用生活来教育,为生活向前向上的需要而教育。从生活与教育的关系上说:是生活决定教育。从效力上说:教育要通过生活才能发生力量而成为真正的教育。"[①] 生活教育的理论架构包括"生活即教育"、"社会即学校"、"教学做合一",三者互相制约、密切关联。

(一)"生活即教育"

"生活即教育"是生活教育理论的核心。陶行知指出:"生活教育是生活所原有,生活所自营,生活所必需的教育。教育的根本意义是生活之变化。生活无时不变,即生活无时不含有教育的意义。"[②] 在他看来,首先,生活就是教育。教育与生活原本就是密不可分的,自有人类以来,生活即是教育。到处是生活便到

---

①② 陶行知教育文选[M].北京:教育科学出版社,1981:276,164.

处是教育,生活"范围之广实与教育等"。其次,生活决定教育。"从生活与教育的关系上说,是生活决定教育。"有生活才能有教育,过什么生活便是受什么教育。"要想受什么教育,便须过什么生活。"第三,教育能改造生活。"教育就是生活的改造。"生活教育,就是供给人生需要的教育,是教人生活的教育。因生活是社会的生活,改造了生活便是改造了社会。因此,"教育就是社会的改造"。

(二)"社会即学校"

"社会即学校"与"生活即教育"是紧密相连的教育主张,是生活教育理论的重要组成部分。陶行知认为,杜威的"学校即社会"只是把社会上、生活中的东西搬一点到学校里,学校还是与社会相隔离的"大鸟笼"。他提倡"社会即学校",就是要拆除学校与社会之间的"高墙",把笼中的小鸟放到天空中任其自由翱翔,把学校伸张到大自然、社会中去。"整个社会是生活的场所,亦即教育的场所。"在社会这所伟大的学校里,"人人可以做我们的先生,人人可以做我们的同学,随手抓来都是活书,都是学问,都是本领"。[①] 陶行知提倡"社会即学校",还着眼于使劳苦大众都有受教育的机会,有利于教育的普及。他说:"从大众的立场看,社会是大众唯一的学校,生活是大众唯一的教育。大众必须正式承认它,并且运用它来增加自己的知识,增加自己的力量,增加自己的信仰。"[②] 他提出,要普及大众教育,就必须改造传统的学校,创办将"工场、学校、社会打成一片"的新型学校。提倡"社会即学校",也在于调动一切社会力量来办教育。

[①②] 陶行知教育文选[M]. 北京:教育科学出版社,1981:165,146~147.

他说:"不运用社会的力量,便是无能的教育;不了解社会的需要,便是盲目的教育。""倘使我们认定社会就是一个伟大无比的学校,就会自然而然的运用社会的力量,以应济社会的需求。"

(三)"教学做合一"

"教学做合一"是生活教育理论的教学论,或称之为教育方法论。它脱胎于杜威的"从做中学"理论并加以某些改造。陶行知指出,"教学做合一"是:教的法子根据学的法子,学的法子根据做的法子,事怎样做就怎样学,怎样学就怎样教。"教学做合一"强调教与学都以"做"为中心,教与学都是为了"做"。关于什么是"做",陶行知认为,单纯的劳力,只是蛮干,不能算是"做";单纯的劳心,只是空想,也不能算"做"。"真正之做只是在劳力上劳心,用心以制力"。他强调"行"是知识的源泉,"亲知是一切知识的根本",强调"理论与实践之统一",其核心就是要求学生"手脑并用"、"手脑联盟",从生活实践中获得"真知"。

陶行知把生活教育的方针概括为"民主的、大众的、科学的、创造的"。所谓民主的,是指民主教育的任务:在反民主或民主不够的时代,教人民发展民主;到了政治走上民主之后,配合整个国家的创造计划,教人民依靠民主的原则,发挥个人及集体的创造力,为人民创造幸福。所谓大众的,即生活教育是大众的教育,大众自己办的教育,为大众服务的教育。所谓科学的,是因为生活教育的理论是运用科学的方法,依据客观情形不断地研究出来的,其教育内容包括自然科学和社会科学。所谓创造的,是说生活教育要探索培养人的生活创造能力,教师的成功,是创造出值得自己崇拜的人;先生之最大快乐,是创造出值得自己崇拜的学生；教育者"要创造的是真善美的活人"。[①] 这个教育方针，在总体上已与新民主主义的教育方针基本一致，反映了陶行知教育思想的正确方向。

陶行知倡导生活教育的最终目标是为民族教育寻找一条中国化和现代化的道路。所谓中国化，就是教育要适合中国国情，具有中国特色；所谓现代化，就是教育应与时俱进，具有时代特色，生活教育理论把民族精神与时代意识融为一体。从民族的主体精神着眼，中国教育要"自主"、"自立"、"自动"；从时代的发展要求来看，中国教育要"自新"、"常新"、"全新"。"如果是现代的国家，如果是现代世界的一个国家，那么他的教育，便不能不顺应着时代和世界的教育趋势，而随伴着竞进"。[②] 正是这种趋势，激励着陶行知本着民主的精神、科学的态度、实验的方法，去开创中国式的现代新教育。

三、儿童教育思想

陶行知非常重视儿童和儿童教育问题。他认为6岁以前是人格陶冶最重要的时期，是人生的基础，要把基础趁早打好。他说："凡人生需要之重要习惯、倾向、态度，多半可以在六岁以前培养成功。"[③] 同时，他认为儿童教育是教育之根本。他说："小学教育是建国之根本，幼稚教育尤为根本之根本。小学教育要普及，幼稚教育也应当普及。"[④]

---

①③ 陶行知教育文选[M].北京：教育科学出版社，1981：298，34.

② 华中师范学院教育科学研究所.陶行知全集（第一卷）[M].长沙：湖南教育出版社，1984：568.

④ 陶行知文集[M].南京：江苏人民出版社，1981：234.

陶行知认为要帮助儿童发展,首先要了解儿童,对儿童有一个正确的认识和态度。应该承认儿童的人权,要尊重儿童,承认儿童有力量,而且有创造力。其次,要"解放儿童的创造力"。他针对传统儿童教育束缚儿童的弊病,提出了著名的"创造的儿童教育"主张。他认为,"创造的儿童教育"不是说教育可以创造力量,教育不能创造什么,但它能启发和解放儿童的创造力。他认为儿童有从人类祖先继承下来的创造力,培养或摧残这种创造力的是环境,教育的作用就是要在儿童自身的基础上,过滤并运用环境的影响,以培养和加强发挥这种创造力。

认识到儿童有创造力,就要把儿童的创造力解放出来,为此,陶行知提出"争取六大解放","解放出来的力量要好好的用,用在创造上","创造新自己,创造新中国"。[①] (1) 解放小孩的头脑。要发展儿童的创造力,先要把儿童的头脑从迷信、成见、曲解、幻想中解放出来。须研制一帖药,"药的名字叫'手化脑',就是一面用手,一面要有思想",用"脑筋发号施令",发挥好大脑"天"的作用。(2) 解放小孩的双手。中国对于小孩子一直是不许动手,动手要打手心,往往由此摧残了儿童的创造力。希望保育员或先生跟爱迪生的母亲学,让孩子有动手的机会,因为"被动的力,比不上自动的力;头脑的力,比不上手脑并用的力"。[②] (3) 解放小孩的眼睛。"吾人惯于视外","志意倾向外物,已成天性","两只眼睛,便是一对天文镜"。欲养成儿

[①] 华中师范学院教育科学研究所. 陶行知全集(第三卷)[M]. 长沙:湖南教育出版社,1985:586.

[②] 华中师范学院教育科学研究所. 陶行知全集(第二卷)[M]. 长沙:湖南教育出版社,1985:587.

童的观察力和创造力，就应该"解放眼睛，敲碎有色眼镜，教大家看事实"，[①]揭真相，明至理。（4）解放小孩的嘴。小孩有问题要准许他们问，从问题解答里可以增加他们的知识。但中国一般习惯是不许多说话，为了使儿童"能谈"，"摆龙门阵，谈天，谈心，谈出真理来"，就必须"解放嘴，使大家可以享受言论自由"，特别是问的自由，充分发挥他们的创造力。（5）解放小孩的空间。"空间放大了，才能各学所需"，"才能各尽所能"。要让小孩子去接触大自然和大社会中的一切，自由地对宇宙发问，与万物为友，并且向中外古今三百六十行学习。（6）解放小孩的时间。一般学校把儿童全部时间都占据了，使儿童失去学习人生的机会，养成无意创造的倾向，到成年时，即使有时间，也不知怎样下手去发挥他的创造力了。"创造的儿童教育，首要为儿童争取时间的解放。"[②]同时，他认为教育者要"自化"，然后才能"化人"，教育者自身首先需要一个"头脑的解放"。

为了普及幼儿教育，陶行知倡导"幼稚园的下乡运动和进厂运动"。他认为女工区和农村最需要幼稚园，是幼稚园的新大陆。为使儿童受到教育，为使女工和农家妇女解除负担更好地从事生产，他主张要大力普及工厂和农村幼稚园。他针对旧中国的幼儿教育几乎被帝国主义垄断的情况，曾质问政府当局：我国现在的幼稚园十之八九为教会所办，文化侵略从根做起，防微杜渐的责任应由谁负责？他尖锐指出当时中国的幼稚园害了三种大病：外国病、花钱病、高贵病。幼稚园接触的都是外国货，用外国货花

[①] 华中师范学院教育科学研究所. 陶行知全集（第三卷）[M]. 长沙：湖南教育出版社，1985：569.

[②] 陶行知教育文选[M]. 北京：教育科学出版社，1981：308.

钱就高，费用是小学生的几倍，因此平民子弟进不起，幼稚园成了高贵子弟的专用品。为革除这三种弊病，他提出幼稚园要中国化、省钱化和平民化的主张。他提倡要建设中国的幼稚园，力求幼儿教育适合中国国情，同时吸取外国有益的经验。要建立省钱的幼稚园，打破外国偶像，训练本乡师资，因陋就简，就地取材制造幼童玩具。要建设适应平民需要的平民的幼稚园。

四、教育管理思想

（一）论民主集中制的学校管理体制

陶行知从20世纪20年代初起直到去世，先后倡导和推行了平民教育、乡村教育、科学教育、普及教育、国难教育、民主教育，创办了晓庄学校、山海工学团、育才学校、社会大学等。在长期的办学实践中，他创建了民主集中制的学校管理体制。

1927年春，陶行知在南京和平门外晓庄创办南京市试验乡村师范学校（后改名晓庄学校），试图从乡村教育入手，寻找改造中国教育和社会的出路。他拟定了《试验乡村师范学校组织大纲》、《乡村师范学校董事会章程》等，决定以董事会为学校的最高权力机构，下设执行、研究和监察三个部。执行部部长为校长，"监督全校一切进行事宜"。执行部下分设第一院（小学师范院）、第二院（幼稚师范院），院长由校长推荐，董事会聘任。两院之下各设若干中心学校，作为"训练乡村教育人才中心"。研究部设部长1人，研究员若干人，部长由校长聘任，其职责为研究本校一切改进事宜。监察部设部长1人，监察员若干人，由董事会聘请校外同志担任，其职责是"监督本校一切实施状况及经济出纳"。晓庄学校各科教师称为指导员，其他职员由学生充任，实行师生集体治校制。中心学校校长和教员，由师范生轮流担任，5人一组，任期半年。实施这项制度，有利于提高师范生的行政管理能力和教学水平。

1939年7月，陶行知在重庆创办了驰名中外的育才学校。在他主持制定的《育才学校公约草案》中规定："育才学校的教育基础为集体生活。在集体生活中，参加份子相师共学，力求进步，探讨真理，服务社会"。学校的指导员、艺友、学生、校工及"育才之友"，"在校法上是一样平等的同志"。"草案"规定，校董事会是学校最高权力机关，校长"为董事会的经常代表"，在"董事会闭幕期内代表董事会执行职责"。在校长领导下，设立教务会议，并分设：（1）指导委员会，为学校行政组织机构，总理学校一切事务；（2）学生自治会，下设校学生生活委员会、专业组生活委员会、学生自治小组，形成学生"自治体系"；（3）校风纪委员会，负责监察集体生活中师生员工遵守学校纪律。这就形成了校董事会（校长代表）领导下的校务会议民主管理体制。

陶行知把民主集中制看作是学校生活最重要的组织原则。他说："只有民主才能解放大多数人的创造力，而使大多数人之创造力发挥到最高峰。"又说："民主生活并非乱杂得没有纪律，民主要有自觉的纪律，人民只可以在民主的自觉纪律中学习做主人翁。"因此，他极力主张："学校集体生活之组织的原则是民主集中制"，"民主集中制的运用，一方面可以健全当前的集体生活，另一方面是要培养儿童参与未来民主政治之基础"。让学生在学校民主管理中学习民主，在民主生活中培养民主精神和民主作风。

（二）论学校校长的职责与条件

陶行知认为，学校校长责任重大，其工作"说得小些，他关系千百人的学业前途,说得大些,他关系国家与学术之兴衰"。①从学校管理的角度看,"校长是一个学校的灵魂,要想评论一个学校,先要评论他的校长。"既然校长对学校以至对国家对社会有着如此至关重大的作用,他就必须竭尽全力地履行自己的职责,以强烈的事业心和责任感去把学校办好。陶行知非常反对精神不专一、工作不尽心的校长。他说,"国家把整个的学校交给你,要你用整个的心去做整个的校长"。②只有这样,"才可能发展专业的精神,增进职务的效率"。

有鉴于此,陶行知认为校长的主要职责是:第一,培养在职教师,使其长进;第二,调动教师积极性,使学生尽快成长;第三,注意发现人才,敢于提拔"为百姓服务的人";第四,沟通学校与社会的联系,协调双方的力量,使学校成为"民主的温床","培养出人才的幼苗"。③而要履行这些职责,校长就应不断地提高自己,争做一流的教育家。

陶行知指出:"乡村标准的校长应当有三层资格:(一)他要有农夫的身手;(二)他要有教师的头脑;(三)他要有社会改造家的精神。"也就是说,一个合格的乡村学校校长必须集农民、教师和社会改造家的优良素质于一身。陶行知还勉励每个校长都要立志做第一流的教育家,干第一流的事业,要"敢探未发明的新理"、"敢入未开化的边疆"。他说:"敢探未发明的新理,即是创造精神;敢入未开化的边疆,即是开辟精神。创造时目光要

---

①② 华中师范学院教育科学研究所. 陶行知全集(第一卷)[M]. 长沙:湖南教育出版社,1984:606.

③ 华中师范学院教育科学研究所. 陶行知全集(第三卷)[M]. 长沙:湖南教育出版社,1985:545.

深;开辟时,目光要远。总起来说,创造、开辟都要有胆量。在教育界有胆量创造的人,即是创造的教育家;有胆量开辟的人,即是开辟的教育家,都是第一流的人物。"

五、学习能力培养思想

陶行知创立的"生活教育"理论,为后人留下了一笔宝贵的教育思想遗产,而其中关于学生学习能力培养的观点,则是这笔遗产的有机组成部分。确然,陶行知从来没有忽视"人的能力培养问题",[①] 不论是在"生活教育"理论的构建上,还是在创意迭出的教育实践活动中,陶行知对学生学习能力的培养问题都给予了高度的关注,进行了潜心的试验、探索和总结,取得了令人钦羡的成就。从他所创办和主持的晓庄师范、山海工学团、育才学校等教育机构中,更是走出了一批批优秀的劳动者、建设者、革命者和领导者。

(一)"教学做合一"与学生学习能力的培养

"教学做合一"是陶行知"生活教育"理论的方法论,是"生活即教育"思想在教学、学习、实践等问题上的具体化,因而也是学生学习能力培养的一个重要指南。陶行知对"教学做合一"的阐释是:"事情怎样做就怎样学,怎样学就怎样教;教的法子要根据学的法子,学的法子要根据做的法子。"[②] 陶行知认为,遵循"教学做合一"原则的教育,方是活的教育、好的教

---

① 中国陶行知研究会"九五"教育规划课题组. 陶行知教育思想的现代价值 [M]. 北京:华文出版社,2001:101.

② 华中师范学院教育科学研究所. 陶行知全集(第二卷)[M]. 长沙:湖南教育出版社,1985:42.

育,而"好教育必定可以给学生以能力",给他们"求学的能力",① 给他们"使命环境的能力"。②

1. "教学做"中"学"的理性定位

自留美归国司职南京高师起,陶行知就十分重视学生的学,力主改"教授法"为"教学法",先后倡导"教学合一"、"教学做合一"。在他的教育视野里,"教"、"学"、"做"三者之间,既是一个密不可分的有机整体,又有着各自独特的含义和地位。其中的"学",就大致包含两层意思:(1)就"教学做"这一联合体而言,一方面"学"是津梁要塞。陶行知说,"先生的责任不在教,而在教学,而在教学生学","教学生学有什么意思呢?就是要把教和学联络起来"。③另一方面,"做是学的中心",④ "学生拿做来学,方是实学","不在做上用工夫","学也不成学"。合观之,陶行知"教学做"中的"学",是承教之"学",也是依做之"学",是双向衔接、沟通之"学"。有了"学"这一要塞津梁,"教"与"做","教"、"做"与"学"之间才能承启贯通,"教学做"才得以"合一"而构组为生活教育理论完整、绵密、链条式的方法论。(2)就"教学做"中学生主体的使命而言,"学"有至要功用。其一,陶行知认为,在故步于传统教育窠臼的教师手上,即便其口头上重视课业,"然而学生还是在被动的地位",学生的所获与所得"是有限的"。"教学做合一"则要求"学"以"做"为中心,而"真正之做只是在劳力上劳心,用心

---

①②③ 华中师范学院教育科学研究所. 陶行知全集(第一卷)[M]. 长沙:湖南教育出版社,1984:88,192,259.

④ 华中师范学院教育科学研究所. 陶行知全集(第二卷)[M]. 长沙:湖南教育出版社,1985:43.

以制力"。要承担起这项新使命,学校教育就应该彻底消除"学生只管受教,好像是学的事体都被教的事体打消掉了"的迂陋现象,要求"学生负学习的责任",切实做到"孟子所说的'自得'","现今教育家所主张的'自动'"。其二,陶行知强调,只有学生真正会"学",掌握了"机会方法",才毋须先生"把天地间的奥妙为学生一齐发明",学生自己就"能探知识的本源,求知识的归宿,对于世界一切真理,不难取之无尽,用之无穷了",就能"用活书去生产,用活书去实验,用活书去建设,用活书去革命,用活书去树立一个比现在可爱可敬的社会",一个"众生都能各得其所"的活社会。[①]

2. "教学做合一"中学习能力的综合养成

中国第一个自己的火车头 1931 年才造出来,而此前火车在国内却已运行了几十年。对此,陶行知痛陈,"这是中国科举八股无能的铁证",强调要振衰拯弱,起疾自强,就必须对破败的八股式旧教育进行革新改造。他说:"欲求教育刷新进步,必先有试验,以养成其自得之能力。能自得,始能发明。能发明,则陈法自去,教育自新矣。""教学做合一"就是陶行知经由试验、摸索和体悟而发明的一项教育新法。该法的一个重要鹄的,就是加强学生学习能力培养在学校教育教学中的地位。陶行知指出,"各种学生对于学问上之需要有同的,有不同的;他们求学的能力,有大有小","教学做合一"就是针对学生"学习能力不齐"

---

① 华中师范学院教育科学研究所. 陶行知全集(第二卷)[M]. 长沙:湖南教育出版社,1985:417.

的现象,[①] 对症下药,因材施教,多管齐下,使能力弱的转强,强的变得更强。何以能如此呢?陶行知这样解析:"我们的一条鞭的方法就是教学做合一","教学做合一是一件事,不是三件事。我们要在做上教,在做上学。在做上教的是先生,在做上学的是学生"。[②] 就教师一方来说,先生应"教给学生解决问题的方法和改造社会的能力","要晓得受教的人在生长历程中之能力需要",以决定"教他什么和怎样教他";就学生一方来说,"教学做并不是单枪匹马的独自学",也"不是一味的呆学",而是在教师"教"的导引下,为着"做"的任务的"努力学",学生"越努力学,因此学问也越长进";而立于教与学之中心的"做的最高价值就是创造",即学习与生活上创造的能力。

(二)"五路探讨"与学生学习能力的发展

陶行知教育思想的一个重要渊源,来自祖国优秀的文化教育传统。尤为可贵的是,他勤于且善于根据教育的多方实际和发展需要来对之加以改造和创新,在阐析学生的治学途径与学习能力养成之间的关系时亦如此。根据"行是知之始"及自动自得的原则,陶行知将《中庸》对学习过程"博学、审问、慎思、明辨、笃行"的表述,进行了精巧而切要的现代转换:"体验相当于笃行;看书、求师、访友相当于博学;思考相当于审问、慎思、明辨",据此提出"体验、看书、求师、访友、思考"这"五路探

[①] 华中师范学院教育科学研究所. 陶行知全集(第七卷)[M]. 长沙:湖南教育出版社,1992:401.

[②] 华中师范学院教育科学研究所. 陶行知全集(第二卷)[M]. 长沙:湖南教育出版社,1985:42.

讨"的治学方法，[①] 并聚焦于学生治学过程中"探知"、"征知"、"悟知"能力的养成。

1. 行以探知能力

陶行知借鉴传统又不拘泥于传统，创造性地"把传统的道理颠倒过来"，把"体验"放在第一位，要求学生在积极、主动、亲身的体验中，养成"行以求知"的能力。[②] 这里所谓"行"，主要指观察、试验；所谓"知"，主要指新知识、新发明，因而这种求知能力以"探"为首要特征。陶行知说，"探觅新知识之法"有二："一曰观察……二曰试验"。一方面，学习者"观察愈力，则物感愈众，天文等学之发明，俱赖于是"，若行为怠惰、观察缺位，新知、发明便无从谈起。另一方面，"发明必资乎试验"，"试验者，发明之利器也"，"试验之法，造端于物理、生物、生理诸科学，浸假而侵入人群诸学"。"试验"缘何有此地位和功效呢？这是因为在没有先例可援和先理可依的情形下，试验可以"自设景况，产生结果，以为学理之左证也"。[③] 这种对学理的佐证，往往可以起到印验或匡正旧规、丰富和发展新律的作用，而此即为新知的探获。

2. 博学征知能力

陶行知将看书、求师、访友比设为博学，博学的过程也就是征知养能的过程，而"征求已有之旧知识，有二法。一曰交谈问

[①] 华中师范学院教育科学研究所. 陶行知全集（第三卷）[M]. 长沙：湖南教育出版社，1985：479.

[②] 华中师范学院教育科学研究所. 陶行知全集（第四卷）[M]. 长沙：湖南教育出版社，1985：586.

[③] 华中师范学院教育科学研究所. 陶行知全集（第一卷）[M]. 长沙：湖南教育出版社，1984：67.

答……二曰读书"。关于看书。陶行知说，"我们重视书籍，把它们作为帮助我们了解过去及当代文明的重要手段"，学生广泛地开卷、阅读，初而可以"培养继续读书看报和领略优良教育之基本能力"，继而可以借"自己的经验做根，以这经验所发生的知识做枝，然后别人的知识方才可以接得上去"，这就近于"遍览已知求未知"的能力了。[①] 他还认为看书应加强"文化的工具的教育"，包括语言、文字、图画、数学和逻辑等，强调"只有这种工具获得了才可以求高深的学问，才可以治繁复的事情"。可谓一语中的，道出了读书求识的常要、大要和法门。关于求师、访友。师、友即为上述"交谈问答"的对象。陶行知主张，教师闻道在先，术有专攻，因此"做学问要有先生指导"，并且"先生越多，学问越大"，[②] 裨益越广。作为教师，也应该有问必答、乐携后生，须学习托尔斯泰的博学以及他鼓励并助成学生"把学习的门打开"的智慧与胸襟。"独学而无友，则孤陋而寡闻"。在陶行知看来，访友也是博学征知的一条重要路径，包括游学式访友、聚会式访友等。但他更为注重的是在相对稳定的"友"的聚合体——学生集体中的互动和交流。陶行知断言，在知识交换上，宜"'给的能力'常和'取的能力'大略相等"，在此种情形下，学生可收益最多。而健全的学生集体即以这种情形占优，易收这种"大略相等"和"收益最多"之功。育才学校为此组构了"运用学生的集体与组织的力量训练学生治事与治学的能力"的

[①] 华中师范学院教育科学研究所. 陶行知全集（第四卷）[M]. 长沙：湖南教育出版社，1985：586.
[②] 华中师范学院教育科学研究所. 陶行知全集（第二卷）[M]. 长沙：湖南教育出版社，1985：620.

"自治体系",在订立的"育才十字诀"中专列一条"七(集)体创造",以彰显这一主旨。

3. 推想悟知能力

"学而不思则罔"。陶行知十分重视慎思、审问、明辨的功用,注重培养学生通过细密的思考推理以领悟、掌握知识的能力。他说,"见己察隐,阐奥探源,全恃学者自悟",学生在治学过程中应有"独立的思想",养成"推想、分析、会通……种种能力和态度",[①] 对疑难之点则"要运神聘智,折衷善择其间"。陶行知同时提醒学生在遇到想不通透的问题时,宜"多发些疑问,切不可武断盲从",可以根据自己的知识基础和身边同学、教员专业上的"可问性","择定一个题目从事研究,即使是一个很小的问题,也可以研究出很深刻很渊博的大道理来,于人于己都可得到切实的益处",以实现借多问、审问致豁朗、谋发展的目的。陶行知还谈到了明辨的必要:"诚有如堪舆家所言,错认半字罗经,便入蛇神牛鬼之域。此言虽近巫,可以喻真。"他建议学生在学习过程中狠下辨别、比较、推敲的工夫,如在外语学习中就应经常"把自己翻译的文字和汉译本比较看。这样继续不断的做下去,进步一定很快"。

六、影响和评价

陶行知是"五四"以后中国教育界最有影响的一位教育家。他筚路蓝缕,呕心沥血,鞠躬尽瘁,"探未发明的新理","入未开化的边疆",毕生致力于中国新教育道路的探索,对中国近现

[①] 华中师范学院教育科学研究所. 陶行知全集(第一卷)[M]. 长沙:湖南教育出版社,1984:502.

代教育的发展作出了不朽的贡献。他在长期的教育理论建构和实践活动中,坚持从中国的具体实际出发,通过批判地继承古今中外各种教育思想的精华和总结自己教育实践的经验,形成了一套颇具中国风格和特色的较为完整的教育学说。

生活教育理论是陶行知教育思想的核心,集中反映了他在教育目的、内容、方法等方面的主张,体现了他探索适合时代发展需要的教育理论的卓绝努力。陶行知创立的生活教育理论,在许多方面揭示了教育发展的客观规律,引起了一场深刻的革命。它反对"沿袭陈法"的"老八股"和"仪型他国"的"洋八股",反对压抑学生个性施行死读书、读死书、读书死的教育,其宗旨是为了提高全民族劳苦大众的文化科学水平,为劳苦大众的翻身解放和国家的富强发展服务。生活教育理论与时代俱进,与生活俱进,其特质是生活的、行动的、大众的、前进的、有历史联系的和世界的。陶行知的儿童教育思想,注重儿童的人格陶冶,强调要建设适应中国平民需要的幼稚园,以"六大解放"来激发和培养儿童珍贵的创造力。陶行知的教育管理思想,阐述了以"民主集中制"为原则的学校管理体制以及校长的地位、职责、条件和成长道路。陶行知的学习能力培养思想囊括了"说话的能力"、"求学的能力"、"共同自治的能力"、"作国民的能力"等种种较难穷尽的能力,包含了脑体因素、智力因素、非智力因素、策略因素、情境因素和知识因素这六大因素,贯彻了"统束各种情况"、培养"整个的人"的教育主旨,凸显的是一种"整体的能力观",既有透彻的理论性,又具很强的操作性,并与现代学习理论相一致。陶行知的教育思想这座现代中国教育的理论宝库,因其博大精深、动态开放,至今仍焕发出强大的影响力和蓬勃的生命力,很值得人们认真研究、潜心开发和大力弘扬,以为我国教育改革的推进和深化提供有益的理论借鉴。

【思考题】

1. 评述陶行知创立的生活教育理论。
2. 简析陶行知关于儿童教育的主张。
3. 简析陶行知关于学习能力养成的思想。
4. 评述陶行知教育思想的历史地位及其现实意义。

【拓展阅读文献】

1. 中国陶行知研究会．陶行知教育思想研究文集［M］．北京：人民教育出版社，1985．
2. 斋藤秋男．陶行知生活教育理论的形成［M］．明治图书出版公司，1987．
3. 王世杰．陶行知创造教育思想［M］．合肥：安徽教育出版社，1991．
4. 余子侠．陶行知［M］．武汉：湖北教育出版社，1999．
5. 金林祥．20世纪陶行知研究［M］．上海：上海教育出版社，2005．

第四节 杨贤江的教育思想

杨贤江是中国共产党早期的活动家和教育家，中国青年运动的领导人之一，是我国早期的马克思主义教育理论家，他为马克思主义理论在中国的传播和创立中国崭新的马克思主义教育理论体系作出了卓越的贡献。

一、生平和教育活动

杨贤江（1895~1931）字英父，笔名李浩君、曲它、姚应夫、叶公朴等，出生于浙江省余姚县一个贫苦手工业者的家庭。幼年勤奋好学，1906年进溪山初级小学，1912年考入浙江省立第一师范学校。在学期间，他刻苦学习，博览古今书籍，积极参加团体活动。1917年毕业后到南京高等师范学校任斋务助理、教育科助理等，旁听了学校的教育学、心理学等课程，并着手翻译教育论著。1919年加入少年中国学会，任南京分会书记，编辑《少年世界》、《少年社会》等刊物，1920年同李大钊、恽代英等七人当选为少年中国学会第二届评议部评议员，从此摆脱了独善其身的思想，积极投身于变革社会的实践。1921年受聘担任上海商务印书馆《学生杂志》编辑，曾发表大量短评和教育论文。1922年5月，经沈雁冰等介绍加入中国共产党。1923年8月，协助恽代英编辑《中国青年》，向青年学生介绍马克思主义，并到复旦大学心理学系学习。1924年，被选为中共上海地方兼上海区执行委员会委员，同恽代英一起分工负责学生工作，领导学生爱国运动。1925年五卅运动后，与沈雁冰等发起组织上海教职员救国同志会，参加讲演团，向学生、工人、市民进行鼓动宣传。1926年底至1927年初，他参加上海工人第三次武装起义的组织工作。

1927年3月，杨贤江赴杭州任《民国日报》编辑。"四一二"政变后，他被调到武汉国民革命军总政治部，任《革命军日报》社长。"七一五"事变后，他又辗转回到上海，转入地下工作。因形势险恶，年底受命赴日本避难，负责中共留日学生特别支部工作。在日本期间，他积极从事理论研究和翻译工作。他翻译了恩格斯《家庭、私有财产及国家的起源》，为国内提供了此书的第一个完整译本。接着，他又为上海世界书局的"ABC丛书"编写了《教育史ABC》一书。他在书中依照人类社会形态的发展变化，对各个历史时期的教育作了历史唯物主义的考察，这是中国教育史上的一部重要著作。

1929年5月，他从日本返回上海，继续坚持革命活动，参加了党领导的中央文化工作委员会（文委）的工作，参与发起组织"社会科学家联盟"。同时，他接受了文委交付的撰写教育理论书稿的任务，写成《新教育大纲》一书，于1930年2月出版。1931年，由于工作繁重，生活困苦，他积劳成疾，患肾结核症。7月赴日本就医，因医治无效，8月9日在日本长崎逝世，年仅36岁。

杨贤江是杰出的青年运动的领导人，也是中国现代马克思主义教育理论家。他短暂的一生，留下了大量著作和译作。其中《教育史ABC》是我国最早一部用历史唯物主义观点和方法研究教育历史的著作，《新教育大纲》则是我国第一本应用马克思主义观点研究教育基本理论的著作。正是这两本专著和其他一些论文，奠定了杨贤江在中国教育史上作为早期马克思主义教育理论家的历史地位。

二、关于教育本质的论述

杨贤江在中国教育史上最突出的贡献，就是他在《新教育大纲》中用历史唯物主义的观点深入地阐明了教育的本质，论述了教育与经济、教育与政治、教育与其他意识形态的关系，批判了当时流行的各种错误的教育观点。

在《新教育大纲》中，杨贤江明确指出：教育是"社会的上层建筑之一",是"观念形态的劳动领域之一"。作为观念形态劳动领域之一的教育,是使劳动者获得知识和技能,把单纯的劳动力培养成为特殊的劳动力。这是教育区别于其他社会现象的最根本的特点。他认为教育属于"劳动领域",这种属性可以通过学校来考察:"一般的学校,无论是高级,是中等,是小学,都是社会的劳动领域,为赋与劳动力以特殊资格的地方,就是使单纯的劳动力转变到特殊的劳动力的地方。"① 学校是使人们具有专门化的劳动技能的场所,学校的构造与分科(商业、工业、师范、医学等等)都是适应培养社会所需要的各种熟练劳动力而形成的。

关于教育与经济的关系,他指出,一方面,"教育这种上层建筑自是依据经济基础以形成,且跟随经济发展以变迁的"。②一个经济落后的社会,其文化教育必然是落后的,当经济发展以后,教育或迟或早总会发生变化。在另一方面,教育对社会的经济也发生影响作用。科学的进步,教育的发达,能够"支配生产的行为,改进技术的应用,而达到资本增殖的目的"。③统治阶级还通过对国民进行"教化",改变人们的精神状态,达到"改善经济生活,培养国力",促进社会经济繁荣的目的。

关于教育与政治的关系,杨贤江认为,教育与政治同属于上层建筑,两者都由经济所决定,但又有区别。他根据列宁"政治是经济的集中表现"的原理,提出教育"不仅由生产过程所决定,也由政治过程所决定"。④政治支配一般社会的精神的生活过程,教育当然不在例外。"自有历史,就没有脱离过政治关系

①②③④ 《新教育大纲》,《杨贤江教育文集》第 413、534、539、552 页。

的教育。无论哪一种的教育制度，终只是由支配阶级掌握，且是为支配阶级服务的。"① 同时，教育对政治也有影响作用。在政治变革未完成的国家，一切文化教育斗争"都当视为动员大众到政治斗争之媒介"；对于政治变革已完成的国家，"仍需有政治的教育"，以便利用教育促进新社会的建设。

作为上层建筑的教育，与法律、宗教、艺术、哲学等观念形态也有所不同，教育"不像别的精神生产各有各的内容，而是以其他的各项精神生产的内容为内容的"。② 例如学校里的课程内容，都离不开当时社会的一般的科学、哲学、艺术等等内容，教育还要受其他各项精神生产的制约。这是教育与其他上层建筑的另一个区别。

针对当时"御用学者"淡化、掩盖阶级社会中教育的阶级性与对立性，曲解教育本质的情况，杨贤江予以了批驳。

1. 批"教育神圣"说

持"教育神圣"说者的主要根据为：教育是"觉世牖民"、"精神修养"、"清苦廉洁"、"高贵超俗"的事业。杨贤江指出，教育是否为"觉世牖民"的事业，不凭人们的主观意愿，揆诸史实，便知"大谬不然"。"在封建时代，支配阶级对庶民是不施教育的，而且当时的所谓教育，也只限于'道德'教育。"因此，封建时代的教育，只有"愚民"，没有"牖民"；只有"囿世"，没有"觉世"。资本主义社会的教育呢？出于发展机器大生产的需要，资本主义社会要对国民实施普遍的义务教育，然而，"一言以蔽之，国民义务教育的本身，其结局只替资本主义制度的主人公（资产阶级）服务而已"，绝非为了国民自身的幸福。"至于

---

①② 《新教育大纲》，《杨贤江教育文集》第 461~462、418 页。

说'精神修养',也非事实。教育只是一种造成供支配阶级利用的工具之手段。"当然,"教育事业绝不是清廉的,也不是高超的,说它为'神圣',只是迷信罢了"。杨贤江严正地表示:认教育为神圣者,颂扬教育之神圣者,不特表明他之无知与迷信,也是证明他的"学者良心"之受阶级支配的利用与麻醉。①

2. 批"教育清高"说

清高之论,一方面是说教育事业清苦,一方面是说教育事业高贵。杨贤江驳斥道,教育事业之"苦",确是事实,但"清"则未必。"许多做教员的,硬撑了股骨,才保住一只养家活命的饭碗",怎能不苦?然而教育界为政客、学阀所把持的局面,"又何尝与一般认为龌龊腐败的政界及卑鄙狡猾的商界有所差异?"而"教育之所以俨然高贵起来,无非由于支配阶级的利用手段与御用学者之自高声价"罢了。因此,"教育清高"的论调,一是隔绝了政治,二是隔绝了劳动,三是给不得志于政治舞台的政客以一个暂安身的机会,其结果,"愈受清高的教育,当愈是'洁身自好',愈可使统治阶级高枕无忧"。②

3. 批"教育中正"说

迷信此种主张者认为:教育站在"公正"的立场,采取中和的态度,不偏私,不极端。其依据为:"对于主义派别,在教育的本分上以为是不许有所执着的;对政治问题以为是不容有所主张的;同样对于各家学说的研究也要无'我见',而最称特色的是把理论与实践'分家'。"另外,教育机会均等也是重要的立论依据。杨贤江以大量事实揭露了此种主张"中正其名,偏私其

---

①② 《新教育大纲》,《杨贤江教育文集》第443~453页。

实"的实质。① 学制上的"双轨",使得"富家子与贫家子从受教育的第一天起,便须分道扬镳";教育取向上以"三民主义"为皈依,教育经费由当权者规定,教科书、课程设置、教师人选经过他们审定,哪有"中正"可言?

4. 批"教育独立"说

"教育独立"说具体体现为教育行政独立、教育经费独立、教育远离宗教、教育脱离政潮等,核心观念是教育离政治而独立。杨贤江从历史、现状、中外以及阶级社会里教育的变质等层面进行了详尽的考察。"自有历史以来,凡确立支配阶级政权的地方,竟可以说没有一项事情,不受政治的支配。教育一向是愚民的工具。"辛亥革命后袁世凯恢复尊孔读经之举,同样是"教育不能超越政治势力的实例"。杨贤江指出,"无论是古代的中外各国以及近代的资本主义的文明诸国,教育之不能超脱政治影响"是必然的,即使是当时的社会主义苏联,它的教育也是政治的。所以,"在教育本质(指阶级社会的)的及行政系统上,其所以不能独立之理由,只因教育不过是维持政权的一个工具"。②

总之,那些主张"都是掩盖教育的本来面目,而具欺蒙麻醉的作用的"。

与此同时,杨贤江对当时教育界存在的对教育"往往抱一种不相应的过分的估量"所导致的错误的教育效能观展开了批判。

1. 驳"教育万能论"

相信"教育万能论"者认为,现代教育是"科学的教育"、"民众的教育",这种教育不是过去的愚民的贵族的教育可比。现

---

①② 《新教育大纲》,《杨贤江教育文集》第 453~457 页。

代社会中的诸多文明利器,均可以说是教育的产物。所以教育虽非万能,也近于万能了。杨贤江驳斥道,在阶级社会里,"所谓'科学的教育',根本不能对无财者发生影响;所谓'全民的教育',就本来没有这回事"。①

2. 驳"教育救国论"

"教育救国论"者倡导以道德教育、爱国教育、职业教育来"救国"、"建国"。杨贤江认为,道德、爱国必须有一定的物质基础,"殊不知道到民穷财尽,大家没有饭吃,快要饿死的时代,还有什么道德好讲",②空谈"爱国"又有何意义呢?而"靠职业教育能救国,简直是笑话"!因为,当时国计民生的艰窘,最主要的根源在于帝国主义经济侵略。

3. 驳"先教育后革命论"

"先教育后革命论"的基本观点是:要革命先得教育人民,人民不懂得革命,没有能力革命,革命就不能成功。杨贤江指出,在阶级社会里,根本就不能指望"在这种阶级教育中来推翻支配阶级教育的教育,以实施革命的教育,普遍地养成革命的人才","支配阶级绝不容许在它的统治下面发生了于它不利的教育"。因此,这种主张无异于叫大家走上合法运动之路,走上取消主义之路。"这不仅是'后革命',简直是'不要革命'、'放弃革命'。"③

总之,杨贤江是要求当时的教育服务于新民主主义革命。

---

①②③ 《新教育大纲》,《杨贤江教育文集》第 462~466、468~469 页。

三、关于教育的起源与进化

在教育起源问题上,杨贤江认为,教育既非起源于人性,也非教育者的先觉意识,更非天命使然,而是"起于人类实际生活需要"。"教育的发生就植根于当时当地的人民实际生活的需要;它是帮助人营谋社会生活的一种手段。"[1] 教育最初的作用主要用以维持人类的生活,到私有制产生,人类进入阶级社会后,情况才发生了变化。教育除了向下一代传授物质生产和精神生活的经验外,又增加了作为"支配工具"的目的,这是教育本质的"变质"。

为了揭示教育的产生和进化的规律,杨贤江分别论述了各个历史时期的教育。他指出,原始社会的教育"无阶级性,无尊重私产、拥护支配权的内容,教育与劳动不分,是每个人,无论男女,都有受教育的权利与义务的"。[2] 当人类进入奴隶社会,教育便发生了重大变革。由于私有制的产生、阶级的出现,教育的本质发生了变化,成为阶级性的教育。杨贤江概括了自奴隶社会以后的阶级社会教育的五大特征,即"教育与劳动分家"、"教育权跟着所有权走"、"专为了支配阶级的利益"、"两重教育权(即支配阶级的'学校教育'和被支配阶级的'行动教育')的对立"、"男女教育的不平等"。[3] 当人类历史进入到"以土地所有为中心"的封建社会,教育也随之有很大变化。欧洲中世纪的教育,一是基督教的教育,一是武士教育。教育的目的,前者在拥护教义,后者在尽忠国王,"总之皆不出乎宗教的道德范围"。而

---

[1][2][3] 《新教育大纲》,《杨贤江教育文集》第413~414、492、424~438页。

"中国封建社会的教育,更明确地可以说是贵族专有的教育,是重礼乐的教育,是养成支配人才的教育"。①

杨贤江指出,资本主义社会教育与封建社会教育有两大差别:"第一,封建时代对庶民不施教育,资本主义时代要对国民实施义务教育。第二,封建时代的教育,差不多只是道德教育,资本主义时代的教育却推广范围而以传达日常生活上的知识技能为目的。"②但资本主义社会的教育,仍然具有阶级教育的"五大特征"。此外还加上两个特征:一是"商品化",二是"独占化"。

杨贤江认为,随着社会的发展,继资本主义社会而起的必将是社会主义社会。但是到达这个社会之前,必须经过一个无产阶级专政的过渡时期。这一时期的教育也是有阶级性的,但教育权跟政权一起不在资本家手中,而是在无产阶级手中,是"以养成无产阶级的忠实斗士,且由此以准备将来的无产阶级社会为目的"。③他预言,那时的教育将要建立在高度生产水平和文化水平基础上,恢复教育无阶级性,为全社会服务的本质。

四、"全人生指导"的青年教育思想

引导青年树立正确的人生观,主张对青年一代进行"全人生指导",使他们在德智体诸方面都得到和谐发展,是杨贤江教育思想的又一重要内容。

杨贤江认为,青年期是人一生发展的关键时期,"凡德性之涵养,知识之启收,身体之发育,均于此短促之十余年,培其

---

①②③ 《新教育大纲》,《杨贤江教育文集》第 424~438、506、532 页。

根，建其基"。① 为此，他在《学生杂志》、《中国青年》等刊物上发表了一系列文章，集中表达了对青年"全人生指导"的思想。所谓"全人生指导"，就是对青年的理想、道德、身体、知识、艺术乃至就业、婚姻、择友、生活习惯等都要全面关心，把青年培养成为"中国社会改进上适用的人才"。

"全人生指导"的核心是教育青年树立正确的人生观。杨贤江认为，人生观是对人类生存的价值和意义的看法，青年的成长，首先对人生要"有个确定的观念"。确立人生观必须"从青年的需要，时代的趋势和中国的现状三方面来研究考虑"。② 他强调说："人生的目的，在对于全体人类有贡献，来促进人生的幸福。"③ 他要求青年树立积极努力、奋发向上的人生观，要青年促进人生的幸福，对整个人类有所贡献。

杨贤江认为青年一代必须在德性、知识、身体三个方面"圆满发达"，成为一个"完成的人"。他十分重视青年的道德修养，要求通过参加青年运动、政治改造和社会服务等实践活动来培养新的道德观念。他强调学习是青年的权利和义务，青年要成为完满发达的人，必须读书求知。一方面通过学校教育，系统地学习知识技能；另一方面注意社会实践，因为在社会上做任何事业，都能增长智能，养成良好习惯。杨贤江指出，健康的身体，是人们工作、学习和从事一切事业的物质基础。健康的目标是："体格强壮，忍耐劳苦，精神充足，办事敏捷，并能使人感到愉快而

---

① 《我之学校生活》，《杨贤江教育文集》第6页。
② 《现在中国青年的生活态度》，《学生杂志》第11卷第3号。
③ 《论个人改造》，《学生杂志》第7卷第5号。

有奋发敢为的气概。"① 青年人要具有健康的身体,首先要参加体育运动,其次讲求卫生,以此造成强健完美的体格和体质。他还提倡青年要陶冶艺术的修养,过多趣的生活,因为要"保持活泼的生机,必须有艺术的栽培"。② 努力培养文学趣味和艺术欣赏能力,青年才能过多趣的生活。

五、杨贤江的历史影响与教育贡献

"杨贤江的一生,是革命家兼教育家的一生。"③ 与其说他在探讨教育问题,毋宁说是举起马克思主义唯物史观这面大旗,为新民主主义革命造舆论、作宣传。因为,不论是他对教育本质的揭示、教育本质之变质的剖析,还是对教育起源的论证,抑或对当时流行的不合事实的教育观(如教育神圣说、教育清高说、教育中正说、教育独立说)以及教育效能论(如教育万能论、教育救国论、先教育后革命论)的批判,其矛头最终都指向现存的少数人占据生产资料的阶级社会,"暴露"阶级社会对教育的"异化":"教育这部机器早被强盗偷去了;强盗为了自己的利益,不为了受教育者的利益,在占有着它,运用着它。"④ 旨在引导广大教育工作者、热血青年以及民众明辨是非:只有首先推翻现存的不合理的制度,才能为复归教育本质,发挥其应有效能提供真正的保障。当代学者指出:"他所以详尽地论述了教育的本质及其变质,逐一分析了当时有影响的某些教育思潮,就是要引导教

---

① 《莫忘了体育》,《学生杂志》第11卷第6号。
② 《青年的艺术感》,《学生杂志》第8卷第6号。
③ 沈灌群,毛礼锐. 中国教育家评传(第三卷)[M]. 上海:上海教育出版社,1989:475.
④ 《新教育大纲》,《杨贤江教育文集》第410页。

育工作者和青年学生，正确地认识教育的意义和职能，积极投入改革社会的政治斗争与经济斗争。"① 易言之，杨贤江是密切联系当时的中国革命思考当时的中国教育问题的。

正是杨贤江率先运用马克思主义的教育理论和唯物史观，参阅苏联教育改革的经验与国际教育运动趋势，对 20 世纪 20 年代末中国社会多重观念、思想、文化并存的局面作了条分缕析，正确解释了教育的本质，说明了教育的作用，辟除了对教育的迷信，纠正了对教育的误解，披露了阶级社会里教育的"实然"，昭示了教育发展的"应然"，为建立中国的马克思主义教育理论体系奠定了基础，从而无可争辩地确立了他作为中国无产阶级教育理论先驱者的光辉地位。他在《新教育大纲》的绪论及序言中说，《新教育大纲》是要解剖并说明教育方面的"新的见地，新的事实"，其"新"，不是赶时髦的"新"，乃是说新义的"新"。"这儿，至少有些未经中国人道过的新说，未经中国人指摘过的事实；你若已在或有志于在教育阵地上工作的青年，你便可从这儿得到一点新武器；即使你并不一定志愿在教育阵地上工作的青年，你也可以由此得到不少的新见解。"② 当代学者不约而同地指证：《新教育大纲》"是一本在我国最早系统地用马克思主义的理论结合中国实际，阐明教育理论的著作"，③ 是"第一部系统地用马克思主义观点研究教育现象、探索教育规律、阐明教育理

---

① 陈景磐．中国近现代教育家传［M］．北京：北京师范大学出版社，1987，第 404～405 页。
② 《新教育大纲》，《杨贤江教育文集》第 410、406 页。
③ 董纯才：《杨贤江教育文集》序，第 2 页。

论的著作"。① 杨贤江的教育理论体系,不仅在革命根据地,甚至在国统区也产生了深远影响,于今亦不乏借鉴意义。

【思考题】

1. 简述杨贤江关于"教育本质"的基本观点。
2. 评述杨贤江关于"全人生指导"的青年教育观。
3. 评述杨贤江在中国现代教育思想史上的贡献。

【拓展阅读文献】

1. 任钟印.杨贤江全集[C].郑州:河南教育出版社,1995.
2. 金立人.杨贤江传记[M].北京:光明日报出版社,2005.
3. 杨贤江教育思想研究会.杨贤江纪念集[M].北京:光明日报出版社,2005.
4. 潘懋元.马克思主义教育理论家杨贤江[M].北京:光明日报出版社,2005.

---

① 潘懋元.马克思主义教育理论家杨贤江[M].北京:光明日报出版社,2005:156~157.

第四章
外国古代教育家及其教育思想

第一节 苏格拉底的教育思想

一、生平与教育实践

苏格拉底（Socrates，公元前469～前399）是古希腊伟大的哲学家和教育家。苏格拉底与他的学生柏拉图及柏拉图的学生亚里士多德并称"希腊三贤"。苏格拉底是一位个性鲜明、褒贬不一、充满传奇色彩的历史人物。他出生于雅典的一个平民家庭，父亲是雕刻匠，母亲是接生婆。他的出生和成长是在雅典的鼎盛时期。在浓厚的文化氛围中，苏格拉底受到了良好的教育。青年时期的苏格拉底与当时雅典的学者名流已有较多交往，在交往中，他显露出了自己的才智，声誉渐起。

苏格拉底一生经历了雅典民主制度由盛到衰的过程。在他青少年时代，雅典的民主制度蒸蒸日上，盛极一时。由于伯里克利的改革，过去只有上层贵族能享受到的权利，现在一般公民也能享受到。像苏格拉底的父亲这样的手工业者也有参加选举和担任公职的权利。希波战争的胜利，使雅典成了整个希腊世界的盟主，迅速繁荣富足起来。这时雅典工商业发达，文化艺术达到当时最高的水平。但是繁荣背后也隐藏着危机。伴随着雅典的富足，雅典社会的骄傲自满、奢侈淫逸、见利忘义、道德败坏的现象也日益凸现。民主制度逐渐变质，国家政权被一些争权夺利和平庸无能的人所掌握，民主徒有形式。这样，经过一段时期的繁荣之后，雅典逐渐走向衰落。

作为雅典城邦的公民，苏格拉底曾直接参加过伯罗奔尼撒战争，经历过三次战役。作战中，他英勇果敢，吃苦耐劳，多次冒着生命危险拯救同伴。在行军作战中，他也比别人更能忍受饥寒，纵然是冰天雪地，他也能赤脚在冰上行走。

苏格拉底热爱祖国雅典，热爱雅典的人民，眼看着雅典城邦日益衰落，民风日下，他十分悲痛，决心用自己毕生的精力来挽救祖国的命运。他认为，造成雅典所面临的巨大危机的根源，是道德和人性的堕落，因此，拯救社会的根本出路就在于改善灵魂和人的本性，引导人们追求和认识道德的善，而当前最迫切的问题是怎样教育青年成为一个好的公民。

为了提高雅典人的道德水平和造就治国人才，苏格拉底潜心研究哲学并积极从事教育工作，把主要精力放在了教育公众上，特别是对青年的教育上。从30岁开始，苏格拉底一生的大部分时间都在从事教育工作，历时近40年。苏格拉底是个有神论者，他把教育青年当作自己的使命,并把它理解为神所赐予的神圣职责。他曾说:"我相信,在我们国家里再没有什么比我对神的服务是更大的好事了。因为我所做的事情只是到处去劝说你们,无论老少,不要只考虑你们个人和财产,首要的事是要关心灵魂的最大改善。我告诉你们,金钱不能带来美德,而只有美德才会带来金钱和其它一切好事,包括公共的和私人的好事。这就是我的教义。"①

苏格拉底一生从未创办过自己的学校,但他却是一个真正的、希腊传统意义上的民众教师。在长期的教育工作过程中,苏格拉底的教学没有固定的场所,也没有固定的对象。广场、庙宇、街头、商店、作坊、体育馆等等,都是他施教的处所。青年人、老年人,有钱人、穷人,农民、手艺人,贵族、平民,都是他施教的对象。不论是谁,只要向他求教,他都热情施教。当时雅典的另一个职业教师阶层——智者,他们的教学是收取学费的。苏格拉底虽然有时也被人们称为智者,但他的教学是不收取学费的,他把教学理解为神所赐予的工作,他是为城邦的利益而教人,认为这样崇高而神圣的工作收取学费是可耻的。正因如此,苏格拉底一生都很清贫。

由于苏格拉底坚持真理、主持正义,经常批评雅典统治阶层的腐败,甚至批评一些最高领导人,因而遭到他们的忌恨。在他70岁的时候,他被雅典的统治者以"不敬神"、"腐蚀青年"为罪名判处死刑。他的学生和朋友们多次劝他逃离雅典,并为他安排了万无一失的逃跑计划,但他坚决拒绝。他认为,尽管加给他

---

① 吴式颖,任钟印.外国教育思想通史(第二卷)[M].长沙:湖南教育出版社,2002:162.

的罪名纯属诬陷，但他既是雅典的公民，就应该遵守雅典的法律。行刑的那天，来看望他的学生和亲友都十分悲痛，而他却镇定自若，谈笑依旧，最后从行刑官手里接过毒酒，一饮而尽，从容赴死。

苏格拉底没有任何著作，他的思想体现在与别人的对话过程中。今天我们只能通过他的学生柏拉图和色诺芬的著作来了解他的生平和思想，这一点颇像我国古代伟大的哲学家、教育家孔子，一生"述而不作"。

二、论哲学的中心问题——认识你自己

苏格拉底认为天上和地上事物的生存和毁灭都是神特意安排的，而研究自然就会冒犯神。既然自然界不能成为哲学的对象，就应当集中精力研究伦理道德问题。苏格拉底宣称，世界万物都是神按照自己的目的创造的，所以万事万物才各有自己的用处。神无处不在，指挥一切，管理一切。人的一切都是神安排的。因此，他劝导人们敬神。

西方哲学史往往将古代希腊哲学史划分为前苏格拉底哲学和后苏格拉底哲学。苏格拉底之前的哲学家大多是自然哲学家，主要研究宇宙的本源是什么，世界是由什么构成的等问题。[1] 苏格拉底认为，哲学家们把精力完全放在推断宇宙是怎样产生的上面是愚蠢的，因为我们对于人事所知道得都还很少。而作为人，首先要研究的是人本身，是人事，哲学的任务首先要把人作为对象。尤其是处在社会变迁、社会呈现着动荡不安之际，研究宇宙

---

[1] 赵祥麟. 外国教育家评传 [M]. 上海：上海教育出版社，2003：35.

的本原这类问题对拯救国家没有什么现实意义，人们有责任研究的是人本身的事情。

为此，苏格拉底转而研究人类本身，即研究人类的伦理问题，如什么是正义，什么是非正义；什么是勇敢，什么是怯懦；什么是诚实，什么是虚伪；什么是智慧，知识是怎样得来的；什么是国家，具有什么品质的人才能治理好国家，治国人才应该如何培养，等等。

他提出要像神的教导那样去"认识你自己"，并把这句格言作为哲学所要解决的主要问题。"认识你自己"的意思是劝勉人要反躬自问、自省，要自知，劝人要有自知之明，要谦虚谨慎，不要忘乎所以。苏格拉底不仅从伦理上发扬了这种道德品质，而且把它当作一条哲学原理、一条哲学应走的道路。苏格拉底把"自我"、"自我意识"提到了哲学的首要位置，他首先发现了人的精神的力量，发现了人的能动性。更为重要的是，他揭示了人的理性、心灵的重要地位，把心灵、理性看作是人之所以为人的根据，是人的本质所在，因此人应该凭着心灵、理智去行动，这就是"认识你自己"的基本含义。苏格拉底借用德尔斐神庙的这句格言作为哲学所要解决的主要问题，从而扭转了希腊哲学的方向。后人称苏格拉底的哲学为"伦理哲学"。他为哲学研究开创了一个新的领域，使哲学"从天上回到了人间"，在哲学史上具有伟大的意义。

三、论教育的任务与内容

苏格拉底认为，教育的任务就是培养美德、探求知识以及增进健康。首要的是培养人的美德，教人学会做人，成为有德行的人。具体说来，就是培养人们具有智慧、正义、勇敢、节制等四种美德。苏格拉底是以"美德即知识"的观点来阐释人应具有这些道德品质的,由于知识是人们通过后天的学习获得的,所以,人的德行是教育的结果。

为了培养治国人才,苏格拉底认为,人们应该学习与掌握广博而实用的知识。他劝勉那些热望担任公职的人学习专业知识;要求军事将领学习军事知识,掌握"将兵术",并且认为军事将领应该是一个足智多谋的人;要求人们学习测地学和天文学。在他看来,青年人要想担任城邦国家的职务,必须学习和探求知识,治国者必须具有广博的知识。苏格拉底曾这样说:"在所有的事情上,凡受到尊敬和赞扬的人都是那些知识最广博的人,而受人谴责和轻视的人,都是那些最无知的人。"[1]

最后,他主张教人锻炼身体。他认为,健康的身体无论在平时还是在战时,对体力活动和思维活动都是十分重要的,而健康的身体不是天生的,只有通过锻炼才能使人身体强壮。苏格拉底从人的日常生活以及人的思维和记忆活动出发论述了锻炼身体的重要性。在谈论体育锻炼问题时,他指出:"人们所做的一切事情都是需要用身体的。"所以,一定要锻炼身体,使自己的身体"保持最良好的状态"。他还强调指出,在战时,身体健康就更重要了。总之,只有体魄健康的人,才能完成应该做的一切事情。此外,从人的思维与记忆活动来看,身体健康也是非常重要的。苏格拉底指出,有许多人由于身体不好,因而产生健忘、忧郁、易怒,以至把已获得的知识丧失殆尽。在他看来,只有健康的身体,才有健全的理智。他曾对安提丰说:"你岂不知道,那些天

---

[1] 吴式颖,任钟印.外国教育思想通史(第二卷)[M].长沙:湖南教育出版社,2002:176.

生体质脆弱的人，只要锻炼身体，就会在他们所锻炼的地方强壮起来，比那些忽视锻炼的人更能轻而易举的经受住疲劳吗？"苏格拉底自己就非常重视身体健康，并通过体育锻炼具有了忍饥耐寒的能力。①

苏格拉底对培养美德、探求知识以及增进健康的论述，实际上体现了他关于德育、智育和体育的思想。可以说，这是古希腊人主张对人进行全面和谐发展教育的萌芽。亚里士多德继承与发展了这种思想，后世的教育家都继续探讨与阐释了这个问题。

四、论美德即知识

苏格拉底认为研究哲学的目的是为了帮助人认识普遍真理，培养道德，引导人们去过道德的生活。正确的行为来自正确的思想，正确的思想来自知识，所以正义和美德就是知识，有知识就有幸福，即所谓的知德合一。苏格拉底所谓的知识，指的是认识公共福利和普遍的道德规范例如仁慈、明智、谨慎、正直、勇敢、克制等，而不是指对个别、特殊和偶然事物的了解。美德是对仁慈、明智、谨慎、正直、勇敢、克制等这些品质的概括和抽象，因此不仅是个别人应当去追求的，也是大家应当追求并且应当共同遵守的道德规范。

在论及美德与知识的关系时，苏格拉底提出了一个著名的命题："美德即知识"。"美德即知识"是苏格拉底伦理学的最重要的命题，也可以说是苏格拉底道德教育思想的核心。在他看来，人的行为的善恶，主要取决于他是否具有有关的知识。人只有知

---

① 单中惠. 西方教育思想史 [M]. 太原：山西人民出版社，2001：98.

道什么是善、什么是恶,才能趋善避恶。

苏格拉底认为美德即知识,有知识的人才能为善。所以,各行各业乃至国家政权应由经过训练的有知识有才干的人来管理,反对以抽签选举法实行民主。这样的观点是为了对雅典当时的制度补偏救弊,使国家制度得到改善。苏格拉底的这一观点在一定程度上反映了社会发展的趋势和要求。

"美德即知识"揭示了教育和道德的关系,即教育的目的就是去挖掘、发展人的美德和善性。美德和善可以通过教育、通过学习各种知识而获得。美德是善的,针对人来讲,善就是节制、勇敢、正义等。学习和掌握各种知识的过程就是美德的获得和完善的过程。不过,他所说的知识并非是人类的全部知识,而是指的一种理性的普遍的知识,即伦理道德方面的知识。苏格拉底认为各种自然知识是不可靠的,只有人与人之间的有关知识才是最可靠、最有用的。美德还包括对父母的孝道,兄弟之间的友爱,朋友之间的友谊、信任等,这些也都靠教育来完成。

苏格拉底的命题中也包含了"知识就是美德"这层含义。因此无知的人就是不道德的、可耻的。人们应承认自己的无知,从而抓住一切可能的机会去获取知识,成为一个道德高尚的人。苏格拉底认为人有天赋的差异,但是都应接受教育而获取知识、完善美德。他自己就经常抓住一切机会向年轻人讲述善的知识——正义、勇敢、信任、友谊、节俭等。

从"美德即知识"的观点出发,苏格拉底提出了"德行可教"的主张。他认为,既然道德不是出自于人的天性,而是以知识或智慧为基础,那么,德行是可教的。通过传授知识、发展智慧,就可以培养有道德的人。因此,在他看来,知识教育是道德教育的主要途径。

在苏格拉底时代，提出知德统一、德行可教的主张，有重大意义。他的这种主张不仅否定了当时盛行于希腊的道德天赋的观念，而且赋予道德以一种普遍的基础。由于强调知识与道德之间的内在联系，肯定了知识的传授与道德教育之间直接相关，同时，由于认识到道德的知识基础，也就为道德教育的进行找到了一条重要的途径。

五、论政治家的培养

苏格拉底主张通过教育来培养治国人才。苏格拉底生活在雅典由盛而衰的转变关头。伯里克利死后，雅典由于没有好的领导人，民主制度变成了极端民主化，变成了无政府主义，连国家领导人都用抓阄或抽签的办法选出来。苏格拉底对此十分痛心。他认为治国人才必须受过良好的教育，主张政治专业化，治理城邦的权力应当掌握在一部分有专业政治知识且品质高尚的人手中，而不是把权力分散在没有政治知识的普通公民手中。

苏格拉底认为，政治是专门知识，政治家应该是智德兼备的专业家，因此应该全力培养和鼓励那些真正有才干、熟悉政务的人去从事政治。苏格拉底坚信只有好的舵手才能把雅典这条迷失方向的船领出困境，逃离厄运。他进而指出：治理城邦是"最伟大的工作"，"最美妙的本领和最伟大的技艺"，治理国家的政治家应具有"帝王之才"。政治技艺绝不是一种自然禀赋，"如果说，没有多大价值的工艺不必经过有本领的师傅的指导就会自己精通这一见解是荒谬的，那么，把像治理城邦这样伟大的工作，

第四章 外国古代教育家及其教育思想

认为人们会自然而然地做出来，那就更加荒谬了。"①

那么，政治家应该如何获得这些治理国家的本领呢？他强调政治家本身应受良好的教育与训练，刻苦学习本领，尤其是学习美德方面的知识。在苏格拉底看来，像其他任何职业一样，政治也是一门技术，它需要天赋，也需要学习实践。无论出身如何，所有希望从事政治行业的人，都必须努力学习各种有关政治的知识。苏格拉底这样说道，"青年人，一个人想在城邦里担任将领的责任而忽略学习业务的机会，实在是件可耻的事情，这样的人应当受到城邦的惩罚远比一个没有学习雕刻而想签订合同为城邦雕像的人所受的惩罚要多。因为在战争的危急时期，整个城邦都被交在将领的手中，如果他成功，整个城邦将会获得很大益处，如果他失败，整个城邦将遭受极大的损失。因此，一个希望被选派担任这样职务的人，如果忽略学习这样的业务，又怎能不受到应有的惩罚呢？""不管一个人领导什么，只要他自己知道自己所要学的是什么，而且能够达到这种要求，他就是一个好领导，不管他领导的是一个歌舞团也好，是一个家庭、城邦或军队也好。管理个人事情和管理公共事务只是在大小方面有差异而在本质上是相似的，凡是知道怎样用人的人，无论是私人事情还是公共事务都能管理好，而那些不知道用人的人在两方面都要失败。"②

苏格拉底培养政治家的思想反映了当时古希腊政治专业化、知识化的发展趋势，他把政治看成是一门与其他行业不同的、并非人人都能掌握的专业技术。他反对熟悉某一特殊技艺的人对其

---

① 吴式颖，任钟印. 外国教育思想通史（第二卷）[M]. 长沙：湖南教育出版社，2002：175.

② 色诺芬. 回忆苏格拉底 [M]. 北京：商务印书馆，1984：96.

他行业指手画脚，并把这种态度迁移到政治问题上。正因为如此，他在《普罗泰戈拉篇》中说："公民大众在诸如建筑、造船等问题上要请教专家，那些没有专业知识或经验的人往往要被轰下台，但是到了政府事务时，他们却准备听取任何人的意见，无论他是建筑师、铁匠、商人、船夫，还是穷人或者富人，出身好的人或不好的人。"言下之意，苏格拉底对雅典公民人人都可以在公民大会上讨论各种重大问题，并拥有同样重要的投票权的做法表示反对。苏格拉底反复劝告他那些想做政治家的学生：一个统治者对国家事务没有精确的知识，他就既不可能对国家有好处，也不可能给自己带来光荣。他强调在政治问题上，一个人必须有真才实学，否则后果不堪设想。苏格拉底劝戒他的学生不要夸耀，凡是想要有所表现的人，都应当努力让自己真正成为他所想要表现的那样的人。如果自己不是那样的人，而冒充为那样的人，一定会给自己带来麻烦和讪笑，而且还会给国家带来耻辱和损害。

整个雅典时代的教育的根本问题，就是如何培养适合时代需要的政治领袖人物。在这个问题上，又分成两派：一是以伊索克拉底为代表的修辞教育论者，其培养目标是演说家；另一派就是以苏格拉底为代表的以培养政治家为目标的哲学教育论者。苏格拉底喜欢和青年交往，他在雅典的街头巷尾、竞技场所高谈阔论时，周围常常簇拥着许多青年子弟。如何教育青年培养他们的美德是他的谈话主题。他想用它的哲学塑造青年一代，在他们身上寄托他的理想。当智者安提丰问苏格拉底自己为什么不从政时，他坦白地表明心迹："安提丰，是我独自一人参与政治，还是我专心致志培养尽可能多的人参与政治能起更大作用呢？"因此，不参政的苏格拉底实际上深深地介入了政治，他的活动起了现实的政治影响,他将复兴雅典的希望寄托在青年一代身上。他对青年的影响日益增大,自然触犯那些不学无术、无德无能的政治权贵,招致他被指控为"败坏青年",以至于被判死刑。

六、苏格拉底的"问答法"

苏格拉底在向人传授知识时不是强制别人接受,而是以师生共同谈话、共同探讨问题从而获得知识为特征。他通过长期的教学实践,形成了自己的一套独特的教学方法,人们称之为"苏格拉底方法",他本人则称之为"产婆术"。他母亲是产婆,他借此比喻他的教学方法。他母亲的产婆术是为婴儿接生,而他的"产婆术"教学法则是为思想接生,是要引导人们产生正确的思想。"苏格拉底方法"自始至终是以师生问答的形式进行的,所以又叫"问答法"。苏格拉底在教学生获得某种概念时,不是把这种概念直接告诉学生,而是先向学生提出问题,让学生回答;如果学生回答错了,他也不直接纠正,而是提出另外的问题引导学生思考,从而一步一步得出正确的结论。

他受当接生婆的母亲的影响和启发,认为教师仅仅是知识的助产士而已。因为人的头脑中已存有各种知识,教师的作用就在于启发学生把这些知识发掘出来。实质上,他是用各种问题去诘问学生,学生回答不上来,便处于尴尬境地,感到自己很无知,从而产生学习和拥有真理的愿望,去思考各种普遍的问题。他在教育学生时,首先摆出一副很无知的样子,向学生请教一个问题,然后顺着学生的思路一步步地发问;当学生有了迷惑时,他并不急于告知答案而是举出一些实例,引导和启发学生从中得出正确的结论。后人将这种方法概括为四个步骤:讥讽、助产术、归纳和下定义。

在色诺芬的《回忆苏格拉底》中，记述了苏格拉底如何用质问的方法引导非常向往获得政府职位的青年格老孔承认自己完全没有担任所向往职位的必要知识。[①]

苏格拉底：格老孔，你是立定志向想做我们城邦的领袖吗？

格老孔：我的确是这样想，苏格拉底。

苏格拉底：那好极了，如果人间真有什么好事的话，这又是一桩好事了。因为很显然，如果你的目的能实现，你想要什么就会得到什么，你将能够帮助你的朋友，为你的家庭扬名，为你的祖国争光，你的名声会传遍城邦，然后会传遍希腊，你将来无论到哪里去，都会受到人们的敬仰。

格老孔听到这番话感到很高兴，于是欣然留了下来。

苏格拉底接着说道：看来很显然，格老孔，如果你想要受到人们的尊敬，你就必须对城邦有所贡献。

"完全是这样。"格老孔回答道。

"我以神明的名义请求你，不要向我们隐瞒，而是要告诉我们你打算怎样开始对城邦做出有益的事来，"苏格拉底说。

格老孔开始沉默不作声。苏格拉底于是接着说道："譬如，当你要促使一个朋友的家庭兴旺的时候，你就会想方设法使它更加富裕起来，你是不是也想方设法使城邦富裕起来呢？"

"当然。"格老孔回答。

"如果它的税收更加充足起来，是不是就会更加富裕一些呢？"

"很可能是这样。"

"那么，请你告诉我，"苏格拉底说，"目前城邦的税收是从

---

① 色诺芬. 回忆苏格拉底 [M]. 北京：商务印书馆，1984：109.

哪些方面来的，总数共有多少？为了使不足的得以补足，使缺少的可以得到新的来源的弥补，毫无疑问，你对这些问题一定都考虑过了。"

"说实在的，对于这些问题，我还没有考虑过，"格老孔回答。

"如果你在这方面疏忽了，"苏格拉底说道，"那么，请你对我们讲一讲城邦的支出吧。因为很显然，你一定打算把那些开支过大的项目加以削减。"

"老实说，我还没来得及考虑这个问题。"格老孔回答道。

"那么，"苏格拉底说道，"我们只有把使城邦富裕的问题暂时搁一搁了，因为连支出和收入都不知道，又怎么能把这些事情照管好呢？"

"不过，苏格拉底，"格老孔说道，"我们可以牺牲敌人来使城邦富裕起来。"

"的确是这样，如果我们比敌人强大的话，但是，如果我们比敌人软弱，就会连自己所有的都丢光。"

"你说的是实话。"格老孔回答。

"因此，"苏格拉底说道，"凡考虑应当同谁作战的人，就必须知道城邦的力量和对方的力量。"

"你说得对。"格老孔说。

"那么，"苏格拉底说，"就请你对我们讲一讲城邦陆军和海军的力量，然后再讲一讲敌人的力量吧。"

"不，我不能单凭记忆告诉你。"

"如果你已经把它们记下来了，就请你把笔记带来吧，因为我很喜欢听一听。"

"老实说，这是办不到的，因为我还没有记呢。"格老孔回答。

"那么,"苏格拉底说道,"我们就把考虑作战的事业搁一搁吧……"

苏格拉底的"产婆术"是西方启发式教学的开端,对后世影响很大,直到今天,问答法仍然是一种重要的教学方法。卢梭、布鲁纳等人提倡的"发现法",也明显受到苏格拉底方法的启发。这种方法以学生为主体,注意调动学生的主动性和积极性,促使他们独立地思考问题,可锻炼学生的思维能力,并使学生自觉地多方面地思考人与人之间的普遍原则,从而辩证地、具体地看待问题而非绝对地、笼统地对某个问题下结论。

不过,这种教育观其实质是天赋观念的一种反映。这种方法对于低龄儿童并不适用,仅适用于已经掌握了一定基础知识并拥有一定实践经验的学生,对于青年人树立正确的人生观及道德观大有益处。这种方法也并不适用于所有的学科,主要适用于道德教育。

七、影响和评价

思想家对后世的影响,一是取决于其思想的深度和所达到的理论高度;一是决定于其崇高的人格力量,感召后世,千古垂范。苏格拉底在这二者上,可以说都是无与伦比、为他人所难以企及的。在希腊哲学史上,苏格拉底是由智者派时期转化到体系化时期的核心人物,是希腊哲学发展的纪元性人物。苏格拉底的哲学思想在西方哲学史上有着重要地位。

苏格拉底不仅是一位哲学家,也是一位教育家、伟大的爱国者及勇敢的社会改革家。他把哲学家的沉思与教育家的责任结合在一起,审视和指导现实生活,提出了许多重要的哲学和教育问题，在教育的目的、内容和方法上，都提出了自己的主张。他认为，教育对一个人的成长非常重要，此外，无论是天资比较聪明的人还是天资比较愚钝的人，如果他们决心要获得值得称道的成就，都必须勤学苦练才行。

苏格拉底贬低感性认识，重视理性认识；主张不能轻信感官，要用心灵的眼睛寻求存在的真理。苏格拉底自称为知识的"接生婆"。苏格拉底在与人讨论各种问题时，谈话双方一问一答，苏格拉底佯装自己一无所知，让学生充分发表意见，然后用反诘的方式，使学生陷入自相矛盾的窘境，从而促使其积极思索，然后再利用各种有关事物进行启发和诱导，使学生一步步地接近正确的结论。这种方法通过揭示讨论对象自身的矛盾，使对方逐渐修正自己的意见，从而导出逼近"真理"的认识。这种所谓的"助产术"是一种归纳法，即通过归纳形成普遍概念。亚里士多德对苏格拉底方法给予高度评价。他说："有两样东西完全可以归功于苏格拉底，这就是归纳论证和一般定义。这两样东西都是科学的出发点。"①

问答法是苏格拉底与人讨论哲学的方法，也是他的教学方法。问答法的优点是不将现成的结论强加于对方，而是通过不断提问诱导对方认识并承认自己的错误，自然而然地达到正确的结论。问和答的双方是在平等的基础上讨论，受教的一方必须独立思考，不能生吞活剥地背诵别人的结论。但是，问答法不是万能的教学方法，它只能在一定的条件下和适度的范围内运用。罗素指出："只要所争论的是逻辑的事情而不是事实的事情，那么讨论就是发现真理的一种好方法。……但是当其目的是要发现新事

---

① 西方哲学原著选读（上卷）[M].北京：商务印书馆，1999：58.

实的时候，这种方法便完全行不通了。"苏格拉底问答法的运用需要符合以下三方面的条件。[①] 第一，受教者必须有探究真理、追求知识的愿望和热情，否则问答法不可能达到预期的目的。第二，受教者必须就所讨论的问题已经积累了一定的事实和知识，否则问答便无从进行。第三，教育对象是已经有了一定的知识基础和推理能力的人，这种方法不能机械地用于幼年儿童。对于幼年儿童，多数情况下还应以系统讲授为主，只能以问答法为辅助方法之一。

政治家的培养、美德即知识、精神助产术，这相互联系的三个方面就是苏格拉底教育思想的主体。苏格拉底在思考特定时间和空间条件下的政治、道德和教育状况时，提出了一系列具有普遍意义的问题，他的教育思想是对古典时代雅典社会、政治和教育状况的深入反思而形成的，通过他的思想，后人可以了解古典时代希腊人对教育问题思考的基本状况。苏格拉底的睿智不仅在于他直接引发了柏拉图和亚里士多德的思考，而且长久地影响着不同时代和不同民族的教育探索。[②]

【思考题】
1. 简述"美德即知识"的含义。
2. 谈谈你对苏格拉底的"产婆术"教学方法的认识。
3. 简述苏格拉底在教育思想史上的贡献。

[①] 赵祥麟. 外国教育家评传 [M]. 上海：上海教育出版社，2003：57.

[②] 吴式颖，任钟印. 外国教育思想通史（第二卷）[M]. 湖南教育出版社，2002：211.

【拓展阅读文献】

1. 刘以焕，王凤贤. 苏格拉底 [M]. 北京：辽海出版社，1998.
2. 张世英，赵敦华. 苏格拉底 [M]. 北京：中华书局，2002.
3. 中野幸次. 苏格拉底 [M]. 骆重宾，译. 北京：新华出版社，1988.
4. 柏拉图. 苏格拉底的最后日子 [M]. 余灵灵，罗林平，译. 北京：三联书店，1988.
5. 叶秀山. 苏格拉底及其哲学思想 [M]. 北京：新华出版社，1986.

第二节 柏拉图的教育思想

一、生平与教育实践

柏拉图（Plato，约公元前 427～前 347）是苏格拉底的学生、亚里士多德的老师。于公元前 427 年 5 月 7 日出生在雅典附近的伊齐那岛。他的家庭背景是贵族式的。他的父亲阿里斯通（Ariston）和母亲珀里克提俄涅（Perictione）都出自名门望族。父亲的谱系可以上溯到雅典最后一位君王科德鲁斯（Codrus）。母亲出自梭伦（Solon）家族。柏拉图属于梭伦的第六代后裔。

柏拉图原名阿里斯托克勒（Aristocles），意为"美好"。据说，他的体育老师见他体魄强健，前额宽阔，就把他叫做柏拉图。在希腊文中，"Plato"的意思就是"宽广"、"博大精深"。柏拉图的父亲去世后，他母亲跟一个伯里克利（Pericles）政府中的著名人物派利兰贝斯（Pyrilampes）结婚。柏拉图从小在继父家里度过，受到了良好的教育。通过这样的门第，他进入了当时雅典高贵人物的生活圈子。

苏格拉底是柏拉图家族的一位老朋友，柏拉图自孩童时代起就已经认识他了。苏格拉底被处死之后，柏拉图遵从老师的教导外出游历。公元前399年开始，他先后到西西里、南意大利、埃及等地方游历，在游历中考察了各地的政治、法律、宗教等制度，研究了数学、天文、力学、音乐等理论和各种哲学学派的学说。并与毕达哥拉斯学派的学者建立了深厚的联系，后者对他产生了影响。柏拉图和毕达哥拉斯学派在以下主要观点方面是共同的：视数学为万物的本质，宇宙二元论——真实（理念）世界和由影子组成的可见世界，灵魂的轮回和不朽，对理论科学感兴趣，提倡宗教神秘主义和道德禁欲主义等。

公元前387年，柏拉图回到雅典后，便创建了一所学校，称为学园（the Academy）。之所以被称为学园是因为学校位于雅典西北部附近的一个小树林里，而这片土地与传奇英雄阿卡得摩斯（Academus）有关，因此学校便取名为"阿卡德米"（Academy，即学园）。它的组织结构以南部意大利的毕达哥拉斯学校为模式。阿卡德米是中世纪以后发展起来的大学的前身。作为一所学校，它存在了九百多年，比它之前或之后的任何同类机构都要长久。公元529年，它终于被查士丁尼大帝关闭，因为这种古典传统的存在冒犯了他的基督教原则。以后西方各国的主要学术研究院都沿袭它的名称叫Academy。

阿卡德米的种种学习大致类似于毕达哥拉斯学派的传统科目。算术、几何学、天文学、地理学、动物学和植物学构成了课程的基本内容，此外，政治教育是主要课程，每天还进行体操训练。可能因为与毕达哥拉斯学派的紧密联系，阿卡德米着重强调了数学。据说在通往学院的入口处有一块铭文，要求那些不喜欢这些学科的人不要入学。学生们要花十年的时间接受这些学科的训练。教学以讲座和讨论为主。

这一漫长教导过程的目的就是要把人们的思想从经验世界的纷纭变化转向世界背后永恒不变的架构上来，用柏拉图的话说，就是从形成转向存在。

然而这些学科并不是独立存在的，它们最终都要服从于辩证法的原则，对这些原则的研究正是教育真正的显著特点。

学园的办学目的是为了训练人们按照理性进行独立思考。亚里士多德既是阿卡德米的首批学生之一，也是其中最著名的学生。他在那里住了差不多20年之久，直到他的老师柏拉图去世。

学园的创立是柏拉图一生最重要的功绩之一。柏拉图的后半生除了短期去过西西里以外都在这里度过，他的大多数著作，包括涉及教育问题的主要著作《理想国》（*The Republic*）、《法律篇》（*The Laws*），都是在这里写成的。可以说，柏拉图的学园在西方开创了学术自由的传统，是希腊世界最重要的思想库和人才库。

公元前347年，柏拉图在参加一次婚礼宴会时无疾而终，享年80岁，葬于他耗费了半生才华的学园。

二、论理念和善

受巴门尼德和毕达哥拉斯学派二元论思想的影响，柏拉图认为，世界是由两个根本不同的部分构成：理念的部分和我们能用感官感知的事物的部分。

理念不存在于时空，既不会产生也不会消失，它们是恒久不变的。对理念的这种本体论认识很重要，因为这有助于说明普遍的伦理－政治规范：善，是如何可能的；善——伦理－政治规范存在于理念形式中。由于理念是不变的，作为理念的善同样是不变的，不管人们是否遵循它、认识它。

换句话说，柏拉图借助理念和善来表明道德和政治有稳固的基础，这个基础完全独立于人们的意见和习俗。因此理念论可以说为伦理－政治的规范和价值确保了一个绝对和普遍有效的基础。从理念论的观点，我们得出如下两分法：理念——不变之物（伦理－政治的善），可感事物——可变之物（各种习俗和意见）。

下面我们通过举例方式来具体理解一下柏拉图的理念、善以及可感事物。

例一：如果我们问"什么是善行"？不难给出一个实例，说救一个掉进冰湖快要淹死的人，这样的行为是善行。该行为善在什么地方？是你冲到冰上，还是拿个梯子架在冰上，还是收起梯子呢？我们无法指出或看见善，它不是我们能用感官感知的事物，但我们仍能确切知道这个行为是善的。这为什么？根据柏拉图的观点，我们能知道这个行为是善的，是因为我们已经有了一个关于善行的理念，这个理念使我们能把这个行为理解为善。

例二：我们也许会问：什么是概念？这是一个有争议的哲学问题。在这里我们简要地说：当我们谈到约翰的马，我们谈论的是一匹可以指出的个别的马，是时空中可感知的现象。相反，如果我们一般地谈论马，那可以说谈论的是马这个概念。对这个概念，不同语言有不同的叫法：Pferd，hest，cheval，hestur 等。柏拉图坚持认为概念——如马这个概念，或我们用 Pferd，hest 等指称的意思——是独立存在的，个别对象置于这些概念之下。这里说的个别对象，是马这个种的样本。柏拉图把这样理解的概念称为理念。如果谈论的是名叫黑美人和秘书的马,那我们清楚地知道谈论的是什么,就是黑美人和秘书这两匹马,我们能够指出和触摸到。如果我们用意义理论说,语句只有在指称存在的事物时才有意义,那么马这个词必然指称某物。既然我们无法用感官感知这一"事物",那它一定是不可感知的事物,也就是马的理念。因此,马的理念必然存在,即使我们无法在时空中感知它。

以上的论证使理念论看上去合理,它阐明了柏拉图为什么把世界分为理念世界和可感世界两部分的原因。但柏拉图不认为理念世界和可感世界处于同等地位,他认为理念世界更有价值:理念是理想。这个观点,使柏拉图哲学给予人们极大精神鼓舞,如对浪漫主义时期的诗人。既然理念是理想,那我们就应该努力去获得。柏拉图认为对这些理想的渴望是植根于我们内心的。这就是柏拉图式的爱(Eros):对真、善、美不断地渴望。

对人类来说,可感世界和理念世界之间不存在固定的、不可逾越的障碍。人们生活在两个世界间的内在张力中。在可感世界中人们知道一些行为要好于另一些行为。在可感世界中闪现的善的理念使我们能够获得对善的理念的暂时的、不完全的洞见。当我们更清楚地洞见善的理念时,我们也就更能区分可感世界的善恶了。同时,当我们试图更好地理解在可感世界遇到的善恶时,我们也就更能设想善的理念了。这样在设想理念(理论)和经验感觉世界(实践)中,有一个不断交替(辩证)的过程。这一认识过程可以同时提高我们对善的理念和对善的生活的洞见。

这样,哲学变得既普通——就它与永恒的理念相关而言——又具体——就它与我们的生活情境相关而言。哲学同时是知识和教育。这是一个不间断的教育过程,上朝理念(光线),下朝可感事物（影子世界）。因此，我们不能像通常认为的那样，简单地称柏拉图是为真理而寻求真理。真理的获得，部分是通过对理念和对此时此刻生活情境之间的来回洞见；一个对理念已获得充足洞见的人会转而用这一洞见去照亮生活。哲学家不只是如居士隐士般对理念冥思苦想，他们也用这一洞见去指导社会。

三、论教育与社会分层

苏格拉底认为，在某种意义上，美德即知识——知道美好的事，就会做美好的事，而且美德可以通过某种方式习得。

柏拉图对苏格拉底的这个命题进行补充，他把正当的知识看作是关于善的理念的知识。但柏拉图不像苏格拉底那样相信人们能获得关于美德的知识。这也是从理念论得出的结论：因为理念是很难被理解的。要获得对理念的知识需要具备良好的理智能力和训练培养。因此大多数人无法获得对理念的充足洞见，也就无法靠自己主动地去拥有美德和过幸福的善的生活。结果，必然是那些能洞见理念并且有德性的少数人引导其他大多数人走上正确之路。

对人们知善能力的这种怀疑，也可以看作是柏拉图对他所经历的雅典民主制瓦解的一种反应：他认为人民不能自我领导，他们没有充足的美德和才能，必须由"专家"执政并确保团结和忠诚。可以说，雅典民主的基石是相信人民的能力，而柏拉图把自己置于这种信念的对立面。

概要地说，柏拉图认为在一个健康的城邦中，权力应该掌握在胜任者手中，不是掌握在人民手中，或是无能和不公正的专制统治者手中。通过建立一个普遍的教育体系，使每个人有同等学习的机会和在城邦中各司其职、各尽所能，就能实现这个理想。

柏拉图在《理想国》中论述了他对教育作用的认识，具体包括：

教育属国家管辖之事，是国家的事业，要平等对待所有儿童，不管他们的出身和性别。

儿童3岁时就应当进入附设于神庙的儿童游戏场，接受相当于今天的学前教育。

10岁到20岁左右男女儿童要分别进入国家开办的学校接受教育，这一阶段属于普通教育，所有儿童都可以参加。对年轻人来说，学习的目标是有一个强壮和协调性好的身体，对美的鉴赏力，具有服从、自我牺牲和忠诚的素养。

柏拉图认为年轻人在20岁以前生活在感觉、身体兴趣、习惯和常规的世界中，到他们20岁时，理智开始苏醒，开始转向"晨曦到大明"的境界。也就是说，20岁的年轻人开始从具体事物的世界转到抽象思维——概念的世界。

鉴于此，柏拉图认为，要从20岁的年轻人中挑选其中最优秀的学生学习其他科目（特别是数学），一直学到30岁。然后再次进行挑选，让其中最优秀者再学习5年哲学，直到35岁。然后让他们在世间学习管理实际事务，学15年。在他们50岁时——经过40年的完整学习、训练和经验后，这些精心挑选的最优秀者——"哲学王"就成为国家的领袖。现在他们已经获得了对善的理念、对事实知识和实际经验的洞见。因此在柏拉图看来，这些人绝对有能力和美德。他们就被授予了统治社会其他人的权力。

在第一次选拔中淘汰下来的人成为工匠、体力劳动者和商人，第二次选拔中淘汰下来的人成为管理者和士兵。因此，从教育体系中产生出三个社会阶级。第一个阶级是统治者，他们有能力和权威,第二个阶级是参与管理和军事防御的人,第三个阶级是生产社会所需产品的人:(1)统治者,(2)管理者/士兵,(3)生产者。这里假设了人是不同的。教育体系的功能是仔细区分不同种类的人,并将其置于社会中属于他们的位置上。柏拉图隐喻地说,一些人是金子做的,一些人是银子做的,还有些人是铁和铜做的。一个人应归入这三类人中的哪一类,不是决定于他的血统和财产,而是决定于他的天赋和在教育、实践锻炼中表现出来的才德。金质的人的儿子,如果生来只含有银子或铜或铁,应归入军人或手工业者、农民中去。银质或铜、铁质的人的儿子,如果含有金子,则应成为哲学家、统治者。柏拉图还比较了三个阶级的三种社会职能和三种美德:

阶级/职业	职能	美德
统治者(哲学家)	统治	智慧
管理者(武士)	管理	勇敢
生产者(劳动者)	生产	节制

柏拉图认为人的天赋不一样,不是每个人都能当政治领导者。他认为国家的教育和培养能保证每个男人和女人在社会中找到适合自己的位置,在社会中发挥他们最能胜任的职能。有智慧天赋的人统治国家,勇敢的人保卫国家,节制的人生产食物和其他社会所需物品。当每个人都从事最适合自己的工作,并且所有社会职能都能得到最好发挥时(在柏拉图看来),社会就是合乎正义的:上面提到的三种美德和谐相处,就产生了正义的美德。正义是与共同体相关的美德:它是指其他三种美德的和谐相处——智慧、勇敢、节制。

柏拉图的四大德目:智慧、勇敢、节制和正义,就这样产生了。统治国家的哲学王应该最有智慧,守卫国家的军人应该最为勇敢,而从事劳动生产的人则以"节制"欲望为其美德。当这三个社会阶级各守其职时,他们就都具备了自己所应有的德行,整个国家/社会就实现了"正义"、"公正"。

值得注意的是,这个理想社会不只是出于理论和道德需要的考虑。一个正义的社会也是一个满足相互需要的社会:智慧者思考,勇敢者保卫,节制者生产。既然不同的人有不同的能力(美德)和不同的社会职能,那就互为补充,每个人都参与提供自然需要物,柏拉图认为这些需要物是城邦自然所需。但柏拉图又认为一些工作在职业性质上比另一些优越。思考高于管理,管理又高于生产。这些性质不同的工作是根据个人能力的高低划分的,因此个人的能力也相应地具有质上的差别。在一个良好社会中,每个人从事着他最胜任的工作,这意味着高等工作和高等能力相符,中等工作和中等能力相符。一个人在社会中所处的位置差别是以禀赋差别为基础的。对柏拉图来说,社会差别既以道德为依据,也以能力为依据。各阶级间和他们职能之间的和谐相处,是正义国家的特点。因此,劳动分工和社会分层预设了最重要的政治美德:正义。

总之,柏拉图构建的理想教育体系,可以概括为:

第一,同时提倡公共教育和精英教育:包括,(1) 教育是国家的事业:儿童在20岁之前接受的教育是公共教育,没有选拔;(2) 教育具有选拔作用,最终达到社会分层:儿童在20岁之后接受的教育是选拔性质的教育,依据儿童天赋和能力的不同分别被选拔从事不同的职业,完成社会分层。只有最有天赋和能力的"哲学王"才能成为国家的统治者。

第二,以培养"哲学王"为其最高目的:哲学王应该是国家的统治者,统治者同样应该是哲学王。

第三,理想的社会有三个阶层、四种美德:分别是统治者、管理者、生产者和智慧、勇敢、节制、正义。只要三个等级各安其位,各从其事,在上者治国有方,在下者不犯上作乱,就能协调一致,达到正义。而使各等级协调一致,实现了正义,国家也就完成了主要职能。这便是柏拉图理想国的核心问题。

四、论教育阶段

(一)论学前教育

柏拉图十分重视学前教育。他认为,学前教育应该尽早开始。因为"一个人从小所受的教育把他往哪里引导,却能决定他后来往哪里走"。特别是"在幼小柔嫩的阶段,最容易接受陶冶,你要把他塑成什么模式,就能成什么模式"。[1]

学前教育的主要内容是讲故事、做游戏和简易的音乐、[2]唱歌活动。柏拉图主张对教学内容(如歌词、曲调和故事等)要经过严格的审查,禁止不健康的东西对孩子的影响,以便通过让幼儿听故事而逐渐形成自我克制和勇敢等美德。为此,他提出儿童最初听到的应该是最优美高尚的故事。他还要求把组织幼儿的游戏与道德教育结合起来,养成他们服从的美德以及守纪律的习惯。他说:"幼年人所参加的游戏应使它更纳入轨道:如果游戏中缺乏纪律,儿童与之同化,要求他们长大后成为严肃而守法的

---

[1] 柏拉图.理想国[M].郭斌和,张竹明,译.北京:商务印书馆,1986:71.

[2] 古代希腊重要的文化生活是听民间艺人弹着竖琴演说史诗故事。故"音乐"一词包括音乐、文学等义,相当现在的"文化"一词。

人是不可能了。"①

柏拉图也很注意对幼儿进行简易的音乐教育。在他看来，"一个儿童从小受到好的教育，节奏与和谐浸入了他的心灵深处，在那里牢牢地生了根，他就会变得温文有礼；如果受了坏的教育，结果就会相反。"②

在学前教育中，柏拉图主张采用模仿的方法。他指出，幼儿"从小也就只应模仿他们适宜模仿的人物"，并认为幼年时开始模仿，久而久之，最后成为习惯，习惯成为第二天性。

(二) 论普通教育

柏拉图认为，7至18岁的儿童应接受普通教育。他主张7至12岁的儿童应进入文法学校学习，主要学习阅读，掌握从字母到简易的诗文；学习计算，能区别奇数和偶数，能测量简易的长、宽、深度等。12至16岁的少年应同时进入音乐学校和体操学校学习，主要学习音乐和体育。他强调说，"用体操来训练身体，用音乐来陶冶心灵"。③柏拉图所说的体育，内容是很广泛的，包括骑马、弓箭、掷弹、标枪、角力、体操、军事训练以及舞蹈等。不过，从柏拉图的课程论思想来看，他特别重视音乐，认为"音乐教育是至高无上的"。他所说的音乐，内容是十分丰富而繁杂的，包括文学、诗歌、歌曲、故事、神话等。他主张学习音乐的目的在于培养理性、勇敢、公正等美德。他要求严格审查文学、诗歌、歌曲的内容，以便使"我们未来的护国者不致在

---

① 华东师范大学教育系，浙江大学教育系，编. 西方古代教育论著选 [M]. 北京：人民教育出版社，2001：38.

②③ 柏拉图. 理想国 [M]. 郭斌和，张竹明，译. 北京：商务印书馆，1986：108，70.

不道德的环境中成长起来,好像把羊放在毒草地区,每天在那里吃草,久而久之,不知不觉地在它们的心灵中积累了一大堆的毒素"。如果文学、诗歌、歌曲的内容能展现"优美品质"的话,那么,"我们的年轻人……眼睛所看到的、耳朵所听到的好艺术作品,随处都是,使他们如坐春风,如沾化雨,潜移默化,不知不觉之间受到熏陶,从童年时代,就和优美、理智融合为一"。[①]

柏拉图主张男女教育平等。在柏拉图看来,人类首先是精神存在物,但也是理智和政治的存在物。所以,在他的人类观中,生物的东西并不占中心地位。他不赞同根据生理差别来划分劳动和阶级。他强调说:"在治理邦国时,女子之为女子,或男子之为男子,没有特殊的职能,本性里的天资是一样分散于两性间的,所有男子的事业也是妇女的。""护国者和他们的妻子应有同样的事业。"[②] 基于这样的认识,柏拉图主张无论男女都应教以音乐和体育。因为只有男女受一样的教育,男女才能担负一样的责任。

(三) 论高等教育

按照柏拉图的教育构想,少年儿童接受过普通教育之后,要经过一定的筛选。在筛选中,柏拉图把人分为三个等级,声称这三个等级的人是神用金、银、铜铁做成的。那些身含铜铁质的儿童都会被淘汰掉,只有身含金、银质的儿童才会被挑选上并继续接受高一级教育。这种教育就是在"埃弗比"学习。18 至 20 岁

[①] 柏拉图. 理想国 [M]. 郭斌和,张竹明,译. 北京:商务印书馆,1986:107.
[②] 华东师范大学教育系,浙江大学教育系,编. 西方古代教育论著选 [M]. 北京:人民教育出版社,2001:46.

的青年主要是接受军事训练和体育锻炼,培养勇敢的美德,使自己成为一个英勇善战的军人。此外,还要学习自然科学知识,尤其是算术、几何、天文、音乐等四门课程(即"四艺")。这一阶段学习到20岁就结束了。

20岁以后,他们中的绝大多数人已经接受过严格的军事训练并且具有勇敢的精神,于是,就被编入军队,并以此为终生职业。只有极少数经过又一次筛选的才智优异的青年能接受以后10年的教育,继续学习算术、几何、天文和音乐理论。这些学科知识不只是具有实用价值,更重要的是有助于激发青年的思维能力,发展他们的智慧,使他们的心灵接近真理。

到30岁时,这些人中的大多数被分配去担任政府的官吏,其中极少数出类拔萃,"身上加了黄金"的人能再继续深造5年,精研辩证法。柏拉图认为,前一个阶段所学习的算术、几何、天文和音乐理论只是为学好辩证法做准备的。辩证法作为一个哲学体系,它是最高深的学问。只有学好辩证法,才能正确理解理念世界。同时,在这个阶段中,还要继续学习"四艺",是为了培养哲学家——未来的最高统治者。

到35岁时,最后阶段的学习结束了。但按柏拉图的意见,还要用15年的时间,让那些才华出众的人进行实际锻炼。例如,让他们"负责指挥战争",以及做"适合青年人干的公务",并在执行各种公务中接受考验,看他们能否在各种诱惑面前坚定不移,"是否会畏缩、出轨"。只有接受高深辩证法教育并通过最后考验的人,才能成为"哲学王"。柏拉图全部教育思想体系的归宿就是要培养这种"哲学王",即国家的最高统治者,这样他所追求的"政治权力与聪明才智合而为一"[①]的目标也就达到了。

柏拉图赋予数学以崇高的地位。他认为数学是从感性世界到理性世界、从具体到抽象的唯一桥梁。数学对物质世界很有用,一个人用它可以计算、衡量距离和容量、写帐、记录物质和金钱。这是数学的物质或基本方面。另外,人用数学学习进行抽象思维,如用数学处理纯圆、$2+2=4$、分类理论和不分类理论、方程式和负数等。所有这些在物质世界都找不到。数学使人进入两个世界——感性的世界和理性的世界。当一个人学习数学,开始他是在感觉经验世界,逐渐地他就转移到精神世界。数学发展了年轻人的普遍概念,这种普遍概念可以应用到很多情况和能从有限的物质世界中解放出来。精神可以自由地飞向神,回忆起那些在生前知道的后来忘掉的纯粹概念。柏拉图认为这些忘掉的纯粹概念要经过学习数学才能重新记忆起来。

五、学习就是回忆

柏拉图给自己的认识论蒙上一层神秘主义的迷雾。他认为从感性的个别的事物中不能得到真知识,只有通过感性事物引起思维,认识共相,才能达到对真理的把握。基于柏拉图的这种认识,以及柏拉图在学园中所采取的教学方式,我们可以总结出柏拉图对学习的认识:学习并不是一个发布知识的过程,教师不应当仅仅是传授知识,而是要引导学生学会独立思考。也就是说,教师的作用就是一种引导,引导学生自己领会知识。

然而学会独立思考并不是一下子就能达到的能力。它必须靠

---

① 柏拉图.理想国[M].郭斌和,张竹明,译.北京:商务印书馆,1986:215.

第四章 外国古代教育家及其教育思想

本人的努力,而且还要有良师的帮助,以便指导这种努力。这就是我们今天大学里的那种有指导的研究方法。可以说,学园所起的恰当作用就是要达到这样的程度,即培养独立思考的习惯和摆脱当前成见与偏见的探索精神。如果一所大学完不成这样的任务,那么它就降到了只会灌输的水平。

由此可见,教育就是在教师指导下学会独立思考。苏格拉底和柏拉图强烈反对诡辩家的缘由之一就是因为诡辩家们只是提供一些有用的知识,他们的教导,如果能够被称为教导的话,也是肤浅的。他们或许能够在某些方面指导别人对不同情形作出适当反应,但这种知识堆砌是没有基础的,也是未经验证的。当然,这也并不意味着一个真正的教师就能使每一个学生获得成功。事实上,教育过程的一个显著特征就是它必须要有师生双方的共同努力。

在《美诺篇》(Meno)中,学习的过程被叫做"回忆",也就是对先前知道的、而后又被忘却的存在事物的回忆。具体地说,当灵魂进入肉体后,由于受肉体的遮蔽而暂时忘记了关于理念的知识,所以需要经过一段时间的"学习"才能重新获得知识。而所谓"学习",在柏拉图看来无非就是"回忆"。在柏拉图看来,如果我们在进行感觉之前没有关于相等本身、美本身、善本身、公正本身之类的知识,我们何以能够比较事物的彼此相等,何以能够判断什么东西是美的、善的或公正的呢?因此,我们在生下来之前就已经有了关于事物"本身"或"绝对本质"之类的知识,出生后却因为受到肉体的遮蔽而暂时遗忘了,而由于感觉经验的刺激又重新回忆起来。这种重新回忆需要前面所说的教师与学生之间的共同努力,即教师和学生相互作用、影响,才产生了真正的学习过程。在这个意义上,学习可以被描述为某种

159

辨证的过程，这也正是"学习"一词的希腊文原义所在。

教育的过程就是引导通往知识的过程，因此也是引向善的过程。这样，无知就可以被视为自由道路上的某个阶段，生活的自由方式正是通过知识与洞察力来实现的。

另外，柏拉图认为教育可以在两个水平上进行：一个在身体上，一个在理智上。身体是比较低级的阶段，它可以训练，养成习惯，被控制。理智是比较高级的阶段，必须自由以发展智慧。训练身体可以用强迫的方式进行。所有公民、儿童都要被迫发展自我克制和勇敢的美德。但理智不能强迫。如果用强迫的手段，就会破坏理智的精神。柏拉图说："身体的训练用强迫对身体并无害，但是对知识，要用强迫的手段，则在精神上将无所得。"

六、影响与评价

柏拉图在古希腊哲学史上的地位是无可置疑的。他承前启后，把苏格拉底的思想发扬光大，同时又以自己的思想深刻影响了亚里士多德。正如罗素所评价的："很少有别的哲学家（即使有，也很罕见）达到过他的广度和深度，也没有任何人超过他。任何意欲从事哲学探索的人如果忽视了他，都是不明智的。"[1]

《理想国》一书是西方教育思想宝库中的瑰宝。柏拉图在该书中提出的许多教育思想，例如建立完整的教育体系、教育是国家的事业、教育就是训练身体和陶冶心灵以及关于"四艺"课程（指算术、几何、天文、音乐 4 门课程）的论述等，对后世教育产生了持久而深刻的影响。

---

[1] 罗素．西方的智慧［M］．崔权醴，译．北京：文化艺术出版社，2004：66．

柏拉图的教育思想对后来欧洲的中等教育和高等教育的发展有着广泛的影响。他所创立的4门学科（"四艺"）与智者派创立的3门学科（"三艺"）一起成为了现代西方课程的源头。另外，西方许多教育思想家的著作里都可以看到柏拉图教育思想的影子。法国教育家卢梭曾这样写道："《理想国》这本著作，并不像那些仅凭书名判断的人的想像的是一本政治的书籍；它是一篇最好的教育论文，像这样的教育论文，还从来没有写过啊。"

柏拉图提出了灵魂不死的说法，宣扬先天观念和遗传决定论的观点和等级制度，并拟定了界限分明、等级森严的等级教育制度。作为一个哲学家，他很重视教育在人的发展方面的培养、训练作用，重视教育与哲学的直接联系，重视教育与政治生活的联系，重视各种学科在培养各种人才方面的实际作用，重视基本知识在初等学校教学中的意义和作用。

柏拉图最早阐述了幼儿教育的地位及其重要性，重视游戏、讲故事、唱歌等活动在幼儿教育方面的地位和作用，最早提出理智、情感、意志、心灵等心理学上的问题及其在教育理论上的运用，这些也应该给予肯定的评价。

柏拉图的"哲学王"的理想在今天已经被人们当作一种空想的乌托邦而抛弃了，他自己也把他的"理想国"当作一种不可实现的乌托邦来看待。但是他按照严格的理性来设计人类社会的合理结构这种做法却一直是后世各种社会政治哲学频繁效仿的。

【思考题】

1. 柏拉图的教育实践给予你什么样的启发？
2. 柏拉图是怎样看待教育的作用的？
3. 思考柏拉图的哲学思想与教育思想之间的关系。

【拓展阅读文献】

1. 柏拉图. 理想国 [M]. 北京：商务印书馆，2002.
2. 王晓朝. 柏拉图全集 [M]. 北京：人民出版社，2002.
3. G. 希尔贝克，N. 伊耶. 西方哲学史 [M]. 童世骏，郁振华，刘进，译. 上海：上海译文出版社，2004.
4. 叶秀山，傅乐安，编. 西方著名哲学家评传 [M]. 济南：山东人民出版社，1984.
5. 邓晓芒，赵林. 西方哲学史 [M]. 北京：高等教育出版社，2005.

第三节 亚里士多德的教育思想

一、生平和教育实践

亚里士多德（Aristotle，约公元前384～前322）是古希腊著名的哲学家、科学家和教育家，西方文化史上一位百科全书式的学者，对当时尚未分类的学科如哲学、政治学、物理学、伦理学、逻辑学、心理学、美学、诗学和修辞学等都有精深的研究，被称为古希腊哲学与自然科学的集大成者。马克思称其为"古代最伟大的思想家"，[①] 恩格斯认为他是"古代最博学的人物"。[②] 在教育方面，亚里士多德也有诸多建树，是古希腊最重要的教育思想家之一，在西方教育思想发展史上具有举足轻重的地位。

[①] 马克思. 资本论（第一卷）[M]. 北京：人民出版社，1972：43.
[②] 恩格斯. 反杜林论 [M] // 马克思恩格斯全集（第3卷）. 北京：人民教育出版社，1972：59.

公元前 384 年，亚里士多德出生于色雷斯地区的斯塔吉拉城（现名为斯塔夫罗斯），这座城市是希腊的一个殖民地，与正在兴起的马其顿相邻。父亲是马其顿王的御医，医术高明，对科学、哲学也颇感兴趣，在亚里士多德幼年时去世。受父亲的影响，亚里士多德的早期教育与医学有密切关系。幼年时的医学熏陶和实践训练，开启了他早期的智慧与能力，使亚里士多德自幼养成了注重事实、尊重经验的作风。这对于他以后形成的哲学和教育思想，产生了直接的影响。

公元前 366 年，亚里士多德 18 岁时，被他的监护人普洛克西诺送到古希腊文化教育的中心——雅典，并进入阿卡德米（学园）学习，师从柏拉图。亚里士多德在这里学习并从事教学工作长达 20 年，深受柏拉图思想的熏陶。阿卡德米是一个自由思想的园地，当时又正处于古希腊思想最为活跃的时期，学术讨论和争辩是自由而激烈的。长期生活在这种环境中的亚里士多德自然学到了各种知识。他好学多问，才华横溢，成绩突出，柏拉图夸他是"学园之灵"。第欧根尼·拉而修曾说："亚里士多德是柏拉图最有天才的学生。"但是，一个天才是绝不会完全生活在另一个天才的身影之下的，能够最好说明亚里士多德与柏拉图师生关系的还是那句话："吾爱吾师，吾尤爱真理。"这个短语确实能够表达亚里士多德自由思想的精神：尊重真理而不盲目崇拜权威。

公元前 347 年，柏拉图逝世，斯彪西波主持学园事务。亚里士多德与他在学术观点上存在重大分歧，便离开了雅典，开始了他的漫游生涯。公元前 343 年，亚里士多德应马其顿王腓力二世之召，去当王子亚历山大（Alexandrus）的私人教师。这个经历为他实现把君主培养成哲学王的思想提供了难得的机会，他把柏拉图尊重理性和哲人治国的思想撒播在亚历山大年轻的心灵里。

亚历山大继位后，一方面凭借武力统治天下，一方面积极传播希腊文化，开创了"希腊化时代"，这与亚里士多德的教导有密切关系。公元前339年，亚里士多德离开马其顿的宫廷，回到自己的故乡斯塔吉拉城。漫游加深了亚里士多德的阅历，也增长了见识，积累了大量的素材，他的思想见解也逐渐成熟。

公元前335年，亚历山大攻克雅典，亚里士多德重返雅典。次年，他在城外吕克昂的阿波罗神庙附近的运动场里另立讲坛，创立"吕克昂"学园（Lyceum），在这里从事教学和研究工作达十三年之久。由于亚里士多德经常和学生在学园附近的林荫道上一边散步一边讨论问题，后人称亚里士多德和他的追随者为"逍遥学派"（Peripaterics）。吕克昂形成了和柏拉图的学园大不相同的学风。它更注重实际，研究问题更注重提出疑难，注重多方面收集材料、尝试和探索。吕克昂时期可以说是亚里士多德学术活动的鼎盛时期。此时他的学术观点已经基本成熟，专心研究各种学术问题并有丰富的收获，写下了许多著作。他还编写了大量的讲义或教学提纲，如今只有这部分作品保存还比较完整。

公元前323年，亚历山大在军旅中病逝。雅典随后发生了反马其顿的运动，亚里士多德便成为政治打击的对象。他和苏格拉底一样，被控以"渎神罪"，不得不逃离雅典，次年因病去世，终年63岁。

亚里士多德是位孜孜不倦的寻求科学、追求真理的伟大思想家，是古代西方最博学、最深邃的思想巨擘。他在许多学科领域都写下了开创的或重要的著作，留下了丰厚的文化遗产。其著述涉及当时尚未分类的诸多科学部门，主要有《工具论》、《形而上学》、《物理学》、《伦理学》、《诗学》、《政治学》和《逻辑学》等，与教育问题相关的著作包括《政治学》、《伦理学》、《论灵魂》等。

二、教育思想的理论基础

在西方教育发展史上，亚里士多德具有举足轻重的地位。他在其丰富的哲学、心理学、伦理学、政治学基础上提出的教育理论是古代希腊教育理论的最高成就，是西方教育思想发展的重要阶段。

（一）哲学观点

亚里士多德基本上是一个唯心主义者，但在许多重要的哲学问题上，徘徊于唯物主义与唯心主义之间。

1. 实体论

亚里士多德站在唯物论的立场提出关于实体的问题。他不同意柏拉图的唯心主义理念论，认为哲学研究的对象是"being"，即"存在"或"实体"，而实体又有第一性实体和第二性实体之分。前者指客观存在的个别事物，如松树；后者指第一性实体的属和种，如"树"。实际上讲的是个别和一般的问题。他认为，第一性实体是最主要、最基本的东西，它无论在定义上还是在认识程序上都是第一的。这显然是唯物主义的观点。他认为柏拉图关于万物是理念的摹本的看法是没有根据的；相反，理念不过是万物的摹本。列宁曾指出："亚里士多德对柏拉图的'理念'的批判，是对唯心主义的批判。"[1] 但是，亚里士多德没有真正弄清个别与一般的辩证关系，把两者绝对化了，甚至还认为存在着一种非物质的永恒不变的第三实体，其实就是神。所以说，他最

---

① 列宁. 哲学笔记 [M] // 列宁全集（第38卷）. 北京：人民出版社，1972：313.

终又陷入了唯心主义。

2. 四因说

在批评柏拉图理念论的同时，亚里士多德创立了他自己的"四因说"。他认为，一切事物的产生、运动和发展都不外四种原因的作用：质料因、动力因、形式因和目的因。质料因，即事物构成的根基；动力因，即运动自何处来；形式因，即事物何以是的原因；目的因，即事物何所为的原因。试以一座大理石雕像为例。石材是质料，雕刻师的工作产生动力，造成一尊阿波罗神是它的形式，目的即雕像本身的完成。他认为，形式不能离开质料而自存，但质料必须具有某种形式才有意义。在亚里士多德看来，形式既是质料追求的目的，又是推动它的力量，所以四因可以归结为二因：质料因和形式因。这样，亚里士多德把质料和形式看成构成事物的不可分割的两个方面，这与柏拉图只从理念（即形式）来说明事物的唯心主义不同，含有合理的唯物主义思想。然而，他把"质料"看作消极被动的，而把"形式"看作积极能动的。同时，他在说明事物发展的动力问题时，又认为"神"是一切运动的源泉，最终导致了唯心主义。

（二）灵魂论

如同把事物看成是由质料和形式共同构成的一样，亚里士多德认为人是由身体和灵魂两个缺一不可的部分组成的。他把灵魂按照高低等级的差别依次分为三类：营养灵魂（或植物灵魂）、感觉灵魂（或动物灵魂）、理性灵魂（或人类灵魂）。其中，较高级的灵魂包含有较低级灵魂的作用，而低级灵魂则不具备高级灵魂的作用。营养灵魂是最低级的灵魂形式，表现为吸收营养和发育等生理方面。感觉灵魂是动物所具有的比较高级的灵魂形式，主要表现为本能、情感、欲望等心理方面。理性灵魂是最高级的灵魂形式，主要表现为判断、理解，这是人类的灵魂形式。人类灵魂的作用是理性和思维能力，比其他灵魂有更大的优越性。与柏拉图不同的是，他不把肉体看成灵魂的监狱，而是看作灵魂发展的必要条件。它们处于非常和谐之中，它们都要求发展，只有通过教育才能使之充分发展起来。

另外，亚里士多德认为理性灵魂的内容从感觉中来，仍是外部世界的反映。但同时也强调认识必须由个别上升到一般，才能达到真正的智慧，上升到理性认识的高度。按照他的观点，感性认识只反映客观事物的外表，不能及其本身，只有通过理性认识才能了解事物的原因，认识事物的普遍性和本质，即事物的纯形式，这种纯形式存在于人们自身之中。亚里士多德由于不理解感性认识到理性认识的过渡，割裂了两者的辩证关系，把客观事物仅仅看作是感性认识的对象，认为理性认识的对象存在于心灵之中，最终还是走上了同柏拉图一样的道路。

（三）政治学

亚里士多德有句名言，即"人天生是政治的动物"。他认为，人是万物之灵，他们为了过自足而且至善的生活，必须结为城邦（希腊人普遍的国家形式），游离于城邦之外的如不是神灵，就一定是野兽。他认为"人类"生活的最完善的形式是城邦制国家，在这种国家里应该实行法制而不是人治。他对各种政治体制（主要是希腊的）作过比较研究，举出君主、贵族、共和、僭主、寡头和平民六种政体，详细地分析了它们的利弊。他显然不赞成"哲学王"的统治。即使是少数贵族的统治，在他看来，也难免会流于腐败。寡头政体是代表富人利益的，它与贵族政体（有德者执政）常不易区分。对于平民政体，亚里士多德并不一概地予以排斥，甚至说过多数不易腐败的话。但他对激进民主派抱着根深蒂固的成见，痛斥"平民领袖"（如雅典的克列昂等）假民主之名以遂行其私欲，是一批蛊惑人心的政客。比较地说，他是中意于共和政体的。其原因是，在政治上，亚里士多德代表中等奴隶主阶级的利益，他认为最好的政治体制是由中产阶级来执掌政权。因为由它来掌权，既可以免除党派之争，使奴隶主阶级内部安定团结，也可以使公民们都有充分的财产，过小康的生活，享受幸福。他在好多问题上强调"中庸"、"适度"，反对过分和不及，这都是他政治观点的反映。

（四）伦理学

亚里士多德认为，伦理学研究的中心是幸福和至善问题。按照他的分析，快乐、荣誉、财产都是人追求的目的，它们的实现会给人一定的满足。但是，这些并不是人追求的最终目的，不能使人得到充分的满足。所以，不能把取得暂时的快乐、荣誉和财产当作幸福，与幸福相比，它们只能是实现幸福的手段。既然幸福是人的行为所追求的最终目的，那么，幸福也就是至善。

在亚里士多德看来，实现人的幸福需要三个必备的条件，即身体、财富和德性。在这三个条件中，最重要的就是德性或美德。一个人的行为是否符合德性，就要看他的欲望和情感是否服从理智的控制。只有使欲望和情感处于理智的控制之下，人的行为才会是一种道德的行为，才会做到勇敢、节制、慷慨、谦虚、诚实、温和等等。

在理智指导下，人的行为既不会"过度"，也不会"不足"，而只能在两极之间选择"适中"。一般说来，愉快和痛苦等感觉，都可以过度或不足，这两种情况都是不好的。但是，在适当的时候，对适当的事物和适当的人，由适当的动机和以适当的方式来感受这些感觉，还是适中的，也是最好的。例如，畏首畏尾就会成为懦夫，无畏蛮干就会成为莽汉，只有适中才是勇敢的美德。同样，纵情恣乐是放荡，忌避一切快乐是麻木不仁，只有适中才是节制的美德。

当然，并不是一切行为和情感都有适中。如恶意、无耻等情感，偷盗、谋杀等行为，它们本身在任何情况下都是恶的，根本就不存在适中可以选择。同样，本身就是德性的行为也不存在过度和不足的问题，如节制、勇敢就是这样。

三、城邦教育论

亚里士多德十分重视教育与政治的紧密关系，高度重视教育在国家政治中的作用，认为教育是城邦要务，唯有教育才能使城邦公民团结统一。只有把每个个人都培养成为善良的公民，才能维护现存的政治制度。亚里士多德说："没有人会怀疑立法者应首先注意少年人的教育，因为忽视教育就会危害政制。"[1] 政治的优劣不仅取决于组成城邦的阶级及其政体的形式，而且还取决于城邦是否具有美德。城邦的善取决于组成城邦的人的善，而人要成为善人，则有赖于教育。为此，他劝告国家的领导者重视教育，把教育看作国家政权建设的一个方面。后人把他的这部分教育思想归结为城邦教育论，主要体现在以下几个方面。

首先，亚里士多德认为城邦应有统一的教育制度。他反对把教育作为家庭和私人事物，主张由国家统一创办和掌管教育。亚里士多德对于当时雅典私立学校盛行、国家不管教育的情况极为不满，提出为了训练人们的才能，为了培养人们的德行，全城邦

---

[1] 亚里士多德. 政治学 [M]. 吴寿彭, 译. 北京：商务印书馆，1997：42.

的公民"应该受到同一的教育",共同达到"一个目的"。"教育应该是公共的而不是私人的;不要像现在这样,每人只分别地照顾自己的儿童,给予自以为最合适于他们的教育。"[1]

其次,亚里士多德提出了教育应成为宣传"法治"、对人们进行"法治教育的工具"的思想。他把城邦实施"法治"与公共教育联系起来,使公民守法、遵守纪律,这是城邦稳定的条件。他认为国家的法律是根据理性来制定的,而各种法律的具体内容必须使全体公民理解,儿童和公民教育应符合于政体所依据的精神和宗旨。只有这样,社会秩序才能安定。"法律所以能见成效,全靠公民的服从,而遵守法律的习惯须经长期的培养。"[2]培养这种自觉守法的习惯正是教育的主要任务之一。

再次,亚里士多德主张把教育纳入法制化轨道,国家要用法制的手段规定统一的教育制度,保障全体公民享受同等的教育。这是古希腊"教育立法"思想的萌芽。在亚里士多德看来,城邦的政治生活、商业、教育都是根据理性来制定法律的,城邦的公民遵守法律的规定办事,社会生活、社会教育就能顺利展开,城邦就易于治理好。这里需要指出的是,他所说的"全体公民"并不包括奴隶,他认为奴隶没有受教育的权利。

另外,亚里士多德还论述了政治与道德教育的关系。他认为教育培养良好公民的目的在于保障城邦的幸福。每个公民要适应社会,要学会控制情绪,变得有节制、勇敢、宽宏大量、公正。他说,最重要的是要根据城邦的政治体制的要求对公民进行品德教育。因为公民既为他所属政治体系中的一员,他的品德就应该

---

[1][2] 亚里士多德. 政治学 [M]. 吴寿彭,译. 北京:商务印书馆,1997:407,81.

符合这个政治体系。当然，亚里士多德所说的这种德行的培养权利是专属于统治者阶层的。

四、和谐教育论

亚里士多德认为人具有植物的、动物的和理性的三种灵魂。相应的，教育也应当由三个范畴组成：体育、德育、智育。人的发展应当是三种灵魂的和谐发展，也就是体育、德育、智育的和谐发展。其中体育是基础，应在最早的时候进行；德育旨在把人的各种感觉、欲望引向良好的轨道，形成美好的德行；智育（包含了美育），其任务在于使人的理性和精神力量得到最充分的发展，这是教育的最为重要的目标和任务。亚里士多德认为人的发展应当是体、德、智、美各方面的全面和谐地发展。

（一）体育

亚里士多德非常重视体育。在他看来，健康的身体是城邦公民开展政治活动、参加战争的基本条件。因为受过体育训练和军事训练的人，身体健壮，能够担负起社会职业分工范围内的各项具体任务，尤其具有很强的作战能力。因此，必须加强青少年的体育锻炼，培养他们具有崇武精神和坚强意志。这种思想虽然与当时雅典争夺海上霸权相联系，但同时也与奴隶主阶级为了维护自己的统治，采用暴力手段镇压奴隶反抗有关系。

他还特别指出，对儿童的训练不宜过度，一定要与他们的身体状况相适应，以免损害儿童的体格和妨碍他们的生长。在谈到体育训练的内容时，他特别注意对儿童进行体操练习。因为这些操练是比较柔和的，可以避免实际军事演练中粗劣的膳食、痛苦的劳作对儿童身心成长的损害。另外，为了儿童的健康，应尽力讲求饮食的营养全面，在体育训练中选择适当的方法，因材施教。

亚里士多德还主张对儿童进行体育理性训练。他认为体育训练必须提出进一步的更高的要求，不能仅仅停留在身强力壮，必须深入到内在的精神、理智享受。也就是说，体育不仅促进人身体的发展，而且应促进人的心智、道德水平的全面提高，引导人接近最高精神境界，接近善本身。他把这种接近人内在灵魂的美称为理性享受，即体育的理性价值。

（二）德育

德育是亚里士多德和谐教育思想的重要内容。他指出人类行动的最高目的是达到所追求的善或至善。既然灵魂可分为理性和非理性两部分，相应的，德行也分为两种。一种是理智方面的美德，是以知识和智慧的形式表现出来的，是由教育和训练实现的；另一种是道德方面的美德，是以制约情感和欲望的习惯表现出来的，是习惯的结果。他一方面肯定了知识和理智对于人的美德的重要性，同时强调在生活实践中经过训练养成的习惯的重要性。在他看来，知识、理智对于人的德行是必要条件，但不是唯一条件，还必须有实际的训练，养成在行动中正确选择的习惯，才能真正全面地完善道德。他所主张的是在道德教育中必须坚持知和行的统一。

在人的德行形成问题上，亚里士多德反对柏拉图的"回忆说"和"先天知识论"，强调人的德行是后天形成的，所以注重培养儿童习惯。他确定道德教育有三个源泉：天性、习惯和理智。优良道德品质的形成，必须利用天性，使之得到适当发展，最终趋于理智的高度。而道德习惯和活动的培养，则是形成优良道德品质最重要的条件。他还认为，对善行的模仿是形成儿童良好品德最有效的方法。为此，他要求成年人要注意修身，用自己的善行去影响青少年。

中庸原则是亚里士多德德育思想的一个重要方面。他视中庸为调试过度与不足之间的一种合理而有效的方法,幸福的获得就体现在遵循中庸原则的选择与行动中。他认为美好的德行就是"中庸之道"。"善德就在行于中庸——(适宜于绝大多数人的)最好的生活方式就应该是行于中庸,行于每个人都达到的中庸。"① 他认为道德教育的目的在于通过实际活动和反复练习,逐渐养成具有"中庸"、"适度"、"公正"、"节制"和"勇敢"的美好德行。

如前所述,亚里士多德是重视人类理性功能的。他认为人们要养成善德,就必须以理性为指导,求得二者之间的和谐统一。在他看来,人是"社会的动物",更是"理性的动物",人只有在对理性世界的追求中才能实现自己的最高本质,达到一种纯真至善至美的理性自由境界。

(三) 智育

在有关智育的探讨中,亚里士多德强调感知与直观在人的认识中的作用。按照他的看法,人要了解事物的本质,首先要从感知开始。但他并没有因此而忽视理性的作用。

亚里士多德认为智力教育缘于人类求知的本性,而智力教育的目的则在于将来的实际效用,主张应教会儿童那些必需的和在生活中有用的东西。他指出,通常学习的科目有阅读、体操、音乐、绘画等,因为这些科目在生活中是有多种用途的,如处理家事、从事政治生活等。受雅典教育思想的影响,亚里士多德将应

---

① 亚里士多德. 政治学 [M]. 吴寿彭,译. 北京:商务印书馆,1997:204.

属于智育部分的文学作品和诗歌的阅读、欣赏、吟唱等都划归到音乐教育里面。从他在《物理学》所讨论的内容看，他对于算术、几何、天文学、生物学的知识是十分重视的，还收集了许多地图、标本，以供教学之用。这与他在吕克昂学园里重视哲学与自然科学的研究与传授是分不开的。当然，亚里士多德也指出，智力教育的内容当然还应该包括掌握真理、发展思维的能力，通过对事物的直观感受，逐步深入到理性的思考，从而掌握事物的内在本质，获得理性知识。只有按照这样的认识顺序，才能真正掌握知识。其实，亚里士多德的理念实质仍是柏拉图的那种理念论。

（四）美育

亚里士多德强调美育在人和谐发展中的重大意义，尤其强调音乐教育对人的理性的培养和发展的巨大作用。他从希腊奴隶主的审美意识出发，规定了学校美育的任务就是要培养儿童判别美及创造美的能力，使他们懂得娱乐和享受，更好地度过闲暇。在亚里士多德看来，音乐不仅是实施美育的最有效的手段，而且它还担负着智育的部分职能，并且又是实施道德教育不可缺少的内容。音乐教育是和谐发展教育的核心。他认为，音乐是形成人的性格的一种重要的力量，它不但适宜于在少年时期学习，而且在各个年龄阶段都需要学习。音乐教育的目的，不是为了未来从事这种职业，也不是为了竞技，而是为了教育，为了心灵的净化，为了理智的享受和用于度过闲暇。他认为只有音乐教育，才能更好地实现教育的最终目的，发展理智灵魂。他还把学科的功用分为实用和文雅两种。因此，音乐教育与智育不同，属于文雅学科。亚里士多德尤重文雅教育，重视理智享受和文雅活动，较为轻视职业培训和实际工作。

应该强调指出的是，在选择音乐教材的问题上，亚里士多德强调乐器及旋律、韵调的选择，主张应选取适于青少年年龄特点的伦理性曲调。音乐教学不仅要使儿童学会欣赏音乐，具有评判能力，而且还要具备演奏能力。但是，他认为青年人学习音乐应有一定的限度，不应进入职业家竞赛的范围。因为以音乐为职业者所用的乐器和以追求职业为目的的音乐，不是自由人分内的事，而是演奏者赚钱的手段。

此外，亚里士多德还描述了绘画对于审美教育的意义。他认为，儿童在绘画中舒展自己内在的想象和情感，通过绘画把自己对周围事物的认识表达出来，他们的审美情趣和修养由此就可以得到培养。

五、年龄发展阶段说

在西方教育史上，亚里士多德首次提出并论证了教育要适应儿童自然天性发展的思想，并以之确定了教育的年龄分期，对各年龄阶段教育的要求、组织、内容和方法等具体措施提出具体意见，要求成人应根据儿童年龄特征对其进行教育。他认为人不同于其他动物，身心具有做人的某种特性。因而只有遵循这种特性，教育才能卓有成效。出生前的教育主要是胎教。亚里士多德还提出了生育年龄问题，并认为一家2、3个孩子最为合适。他把一个人从出生到21岁期间受教育的年龄按每7年为一个自然阶段划分为三个时期：从初生到7岁为第一个时期，从7岁到14岁（青春期）为第二个时期，从14岁到21岁为第三个时期。

第一个时期，即7岁前，相当于学龄前幼儿教育阶段。亚里士多德认为婴幼儿阶段的教育，应顺其自然，以儿童身体的自然发育成长为主。认为婴儿出生后的抚育方式对其体力发展有很大影响。主张母亲要亲自抚养婴儿，亲自哺乳，让幼儿吃"含乳分最多的食物"，注意饮食营养。根据幼儿好动的特点，循序渐进地组织其进行锻炼。反对 5 岁前教任何功课，也不强迫从事任何劳作。他还主张通过游戏以及忍受寒冷的锻炼来促进身体活动，保护脆弱的肢体免受损害。教师和父母应对儿童的活动进行指导，作出安排。活动量也要适中，防止他们疲劳。他之所以注意儿童早期的身体锻炼，是基于"自由民"子女将来要"善于参战"、立法者必须按照自己的意志形成初生幼儿体格的思想。5 到 7 岁，即可开始课业学习，但不宜过重，以免妨碍身体发育。这一时期，应以培养良好的习惯为主要任务，要保证儿童有充分的活动和游戏。要多听有益的故事和神话，尤要注意儿童教养情况，留心使他们尽可能少地沾染各种不良习气，避免接触下流形象和语言，因为这一时期儿童最容易受外界影响。而良好习惯的养成就在于日常言行举止，只要他们经常接触好人好事，并且身体力行，反复练习，久而久之，就会形成良好品格。

第二个时期，即 7 岁到 14 岁，相当于初级阶段的学校教育。亚里士多德认为这一时期是儿童进入"正规的集体教育"的阶段，是受教育的最关键时期，也是奠定基础的时期。这一时期教育的任务是以情感道德教育为主，使动物灵魂得到良好发展。儿童自 7 岁起，就必须送到国家办的学校学习，使其体、德、智、美等方面都得到和谐发展，更要求接受良好文雅教育，为将来过好理性生活、获得理智的闲暇享受做准备。这时期对儿童进行教学的任务是，让他们掌握读写、算术的实用知识和技能，并且要对他们进行体操的训练和音乐教育。青少年期通常学习的科目有 4 种：阅读、书写、体育锻炼、音乐、绘画。

第三个时期，是 14 岁到 21 岁，青年教育阶段。由于《政治学》未有完卷，此期教育的具体情况人们只能依据亚里士多德教育思想的发展脉络和其教学实践作出相应的推测。依据亚里士多德的灵魂论，这段的教育在于发展学生的理智灵魂，以智力教育为主。估计这时期的学校设有算术、几何、天文、音乐理论、文法、文学、诗歌、修辞学、伦理学以及宇宙学和哲学等科目，而对思辨科学和哲学尤为注重。

六、影响和评价

亚里士多德是古希腊又一位伟大的教育思想家。其教育思想，既师承柏拉图，又有独创性的发展。他丰富的教育思想和理念在许多方面开创了西方教育思想传统的先河，并对此后几千年欧洲乃至世界各国的教育实践和教育思想的发展产生了深远的影响。

亚里士多德教育思想的核心是把伦理道德与教育相互融合，把教育目的与人生目的相互融合。在他看来，人所追求的最高境界是幸福，幸福的人也就是有德行的人。他认为，教育的根本目的就是获得闲暇。作为教育目的的闲暇，就是人自己有致力于重要事物的自由。教育应引导人们实现其终极目标，即思维基础上的理性生活，这是教育根本宗旨所在。亚里士多德自由教育理论的提出，奠定了西方教育思想的一个重要传统，对后世影响深远。

他提出的教育须依靠并适应自然、发展儿童天性中的潜在能力的思想，开启了后代资产阶级"遵循自然"教育思想之先河。这既是一个教学适应自然的良好开端，也是把教学理论建立在人类自身发展和教育发展规律之上的初步尝试。而且他还最早依据儿童发展顺序作了划分教育年龄阶段的尝试。此后，在西方教育发展的各个时期，历代教育思想家虽对教育适应自然的认识和阐释的角度不一致，但总体而言，都吸收借鉴了亚里士多德的思想，并加以发展，形成了近代自然主义教育的两种类型：客观自然主义和主观自然主义。可以说这种教育思想传统经过近代自然主义、现代进步主义教育运动和新教育运动，一直延续到今天，成为西方教育的一个重要特征。

亚里士多德根据人是由身体（肉体）和心灵两个不可分割的部分所组成的理论，在西方教育史上第一个从理论上论证了身心和谐发展教育的问题，提出了体、德、智、美和谐发展的教育思想。从历史的角度看，希腊人虽然早就在智育、德育、体育这几个方面进行了长期的实践，但在亚里士多德以前还没有哪位思想家对灵魂及其教育进行过如此明确的划分。这种全面和谐发展的教育理论，更是对后来西方乃至世界各地的教育理论和教育实践的发展具有重要的指导意义。另外，他把课程分为有用和自由两类的"自由教育"思想支配欧美中等和高等教育达两千年之久，在西方教育史上具有重要的历史地位。

【思考题】

1. 分析评价亚里士多德的和谐发展教育思想及其心理学基础。
2. 简析亚里士多德的儿童发展年龄阶段说。
3. 评析亚里士多德在西方教育史上的地位。

【拓展阅读文献】

1. 亚里士多德．政治学［M］．颜一，秦典华，译．北京：中国人民大学出版社，2003．

2. 苗力田，编．亚里士多德选集（伦理学卷）［M］．北京：中国人民大学出版社，1999．

3. 亚里士多德全集［M］．北京：中国人民大学出版社，1990．

4. 托马斯·阿奎那（Thomas Aquinas）．亚里士多德十讲［M］．苏隆，编译．北京：中国言实出版社，2003．

第五章
外国近代教育家及其教育思想

第一节 卢梭的教育思想

一、生平及实践

卢梭（Jean Jacques Rousseau，1712～1778）是18世纪法国启蒙思想运动的杰出思想家、教育家，法国大革命的思想先驱，启蒙运动的卓越代表之一。卢梭的教育论著《爱弥尔》影响深远，其他作品如《新爱洛伊丝》、《忏悔录》、《人类不平等的起源》、《社会契约论》等都曾经在当时的社会激起了巨大的反响。

卢梭一生颠沛流离，动荡不安。1712年6月28日卢梭出生在瑞士日内瓦，母亲早逝。其父是个钟表匠,也是一个熟读古希腊和古罗马的作品且酷爱自由、思想先进的爱国者。卢梭小时候常和父亲一起阅读小说和历史书籍,有的时候竟彻夜不眠。在父亲的影响下,7岁的卢梭就将家里的书籍遍览无余。他还外出借书阅读,如勒苏厄尔的《教会与帝国历史》、包许埃的《世界通史讲话》、普鲁塔克的《名人传》、那尼的《威尼斯历史》、莫里哀的几部剧本等等,他都阅读过。这是他的童年中仅有的一小段快乐时光。10岁时,父亲伊萨克(Issac)因为与人决斗而逃离日内瓦,从此卢梭失去了家庭的呵护。卢梭年幼时没有受过长期系统的教育,只在1722年,由舅舅送到一个乡村牧师兰贝塞尔(Lambercier)那里受了2年教育,学习了拉丁文、绘画和数学等。那儿的大好风光,陶冶了卢梭爱好自然之心,奠定了他"归于自然"和讴歌性善论的基础。这便是他最初的也是唯一较正规的学习。13岁的卢梭开始学习法律,曾在马斯隆先生手下学当律师书记;后又改向雕刻师学艺,出于对工作的单调和对匠师虐待的不满,他16岁时离城出走。

卢梭的飘泊生活便开始于这一年即1728年。他曾到过瑞士和法国许多地方,当过仆役、书记、音乐师和家庭教师。一次他流浪到日内瓦近郊,经人介绍认识了华伦夫人。在她的资助下,卢梭来到意大利的都灵,并结识盖姆的萨瓦神父,此人便是《爱弥尔》中"一个萨瓦牧师自白"中的牧师原型。在此期间,卢梭还拜读了不少哲学、文学、科学的名著,自修了几何学、代数学、历史、地理、天文学、生理学等科学知识,学习了洛克的《教育漫话》,这为他奠定了广博的知识基础。1740年,他有幸在里昂修道院长马布里家当家庭教师。1742年去巴黎,一年后,他接受法国驻威尼斯公使蒙旦的秘书职务,前往意大利。1745

年，卢梭返回巴黎，结识了许多进步人士，如唯物主义者爱尔维修和狄德罗等人，并成为百科全书派的成员，参与了《百科全书》的撰写工作，后因意见分歧与百科全书派决裂。

1749年是卢梭生平中一个重大转折点。他响应第戎（Dijon）学院的征文活动，写了《科学与艺术的进步能使道德改善还是使道德堕落》并获头奖。在这篇文章中，他勇敢地抨击了当时社会上不平等的现象，并且反对贵族和不劳而食的僧侣，反对封建文化。他力图证明科学和艺术的进步败坏了社会的道德和风气。1754年，卢梭发表了《人类不平等的起源》一文，阐明了社会不平等的起源是私有财产，提出了自由和平等是不可剥夺的"天赋人权"的思想。1756年，44岁的卢梭接受朋友的馈赠———座环境优美的乡村小房子，开始了他的隐居生活。1761年在他的隐居生活期间，他出版了文学巨著《新爱洛伊丝》。这部小说和他后来的作品《忏悔录》，开创了欧洲浪漫主义文学的先河。

1762年出版了他的《社会契约论》，集中论述了国家起源问题，并提出凡是不符合人民利益的政权都是非法的，要求建立新的社会的思想。同一年，他又发表了儿童教育经典名著《爱弥尔》一书。在这部教育名著中，他抨击了封建教育和经院主义学校，系统地阐述了培养资产阶级社会新人的途径和方法。全书基本上是以半小说体、半论文体的形式来号召推翻君主和封建社会的檄文。由于《爱弥尔》一书所宣扬的自然神论以及性善论等观点都触及到了教会、政府、贵族和僧侣的利益，揭露并批判了天主教会和封建专制制度的黑暗、愚昧和丑恶，因此卢梭遭到了当局的迫害。《爱弥尔》问世不久即1762年6月，教会和巴黎高等法院下令逮捕卢梭并焚烧《爱弥尔》。这一年已50岁的卢梭，被迫开始了流放生涯。他连夜逃往日内瓦,但在日内瓦市他也遭到同样的遭遇,他不得不被迫逃到伯尔尼,接着他又被驱逐出境。后来卢梭受到德国国王弗里德里希的怜悯,允许他在其领地纳沙泰尔（Neuchate）附近的德莫底埃居住,不幸的是当地牧师也试图挑动暴徒谋杀他。于是1766年,在英国哲学家休谟的邀请下,卢梭转道英国并且住了下来,但因长期遭受迫害遂得了狂想症,后因怀疑休谟也试图迫害他,又独自一人逃回法国。1770年卢梭完成自传《忏悔录》,1776年他又完成了《卢梭和让·雅克对话录》,同年开始写最后一部作品《一个孤独的散步者的梦想》,但未完成便于1778年7月2日,因大脑浮肿病而与世长辞。

卢梭的教育理论对后人的影响很大,但他的教育实践并不长,卢梭自己说"我曾担任教导儿童的工作数星期之久"。[①] 卢梭于1740年漂泊到里昂,做了学者孔狄亚克之弟马布里的家庭教师,教授马布里的两个孩子。卢梭任家庭教师期间,根据洛克的教育观点试图去教两个孩子学习多样知识。但当时马布里的长子仅8岁,卢梭碰了壁,他的教育生涯不到一年即以失败告终。这简短的教育实践引起了卢梭对教育问题的浓厚兴趣,从此他观察思考,遂于1762年完成了他构思20年、撰写3年的教育名著《爱弥儿》。

二、论自然教育的目的——培养自然人

卢梭认为自然教育的主要目标是培养"自然人"。因为人的天性是善良的,率性发展而不为社会桎梏一定会成为身体健康、

---

① 卢梭. 爱弥尔[M]. 李平沤,译. 北京：商务印书馆,1983：86.

心智发达、良心畅旺、能力强胜的自然人，并且自然人是能适应社会各种客观发展变化需要的人。在《爱弥儿》中，卢梭讲道："从我的门下出去，我承认，他既不是文官，也不是武人，也并不是僧侣；他首先是人……一个人应该怎样做人，他就知道怎样做人，他在紧急关头，而且不论对谁，都能尽到做人的本分；命运无法使他改变地位，他将始终处在他的位置上。"① 这是针对旧教育培养目标的弊病而提出的。卢梭所说的自然人，不是自然状态中的野蛮人，也不是非要回到山林的遁世派或厌世派，而是社会状态中即现社会中的社会人。他认为虽然他想把爱弥儿培养成一个自然的人，但绝不是要使他成为一个野蛮人，绝不是要把他赶到森林中去。

卢梭眼中的自然人和公民是两个不同的概念。自然人完全是为他自己而生活的；他是数的单位，是绝对的统一体，只同他自己和他的同胞才有联系。公民只不过是一个分数的单位，是依赖于分母的，它的价值在于它同总体，即同社会的关系。他一再重申，一个理想的社会是善于培养公民的，是善于把人培养成忠于祖国、把国家利益看作高于一切的爱国者的。但他又认为在当时的社会条件下，在既无"国家"又无"公民"可言的条件下，只能培养"自然人"。因此他认为生活在社会中的自然人，也是一种"抽象的人"，即不具有固定的社会地位和社会职业的人。但他相信无论社会多么动荡，自然人都能坚持做自己的本分："我的目的是：只要他处在社会生活的漩涡中，不至于被种种欲念或人的偏见拖进漩涡里去就行了；只要他能够用自己的眼睛去看，

---

① 卢梭.爱弥儿（上卷）[M].李平沤，译.北京：人民教育出版社，2001：9.

用他自己的心去想,而且,除了他自己的理智之外,不为任何其他的权威所控制就行了。"① 这就是卢梭所培养的自然人,其实质也就是卢梭理想的社会中具有公民品格的人。

因此,卢梭所阐述的自然教育的目的就是:在专制政体中,以培养"自然人"为目的,教育的任务就是使人取得"人品",教育的目的就是使人知道如何做人,在任何情况下,都能坚持做人的本分。

三、性善论与尊重儿童天性

卢梭赞同17世纪以来资产阶级思想家洛克等人关于"自然状态"和"社会契约"的主张,认为在国家出现以前的自然状态下,人人都是自由平等的,并且生而具有不可剥夺的天赋人权,但后来由于出现了私有财产,才产生了不平等的现象。"出自造物主之手的东西都是好的,而一到了人的手里,就全变坏了",②可见卢梭的哲学观是天性哲学。他认为人的天性是善的、自然的,顺任天性成长而不加破坏,才能使人生幸福,社会自由康乐。因此,卢梭大声疾呼,一切要"归于自然"。这一要求运用于教育,便形成了自然主义的教育理论——率性发展。教育的任务就是应该使儿童"归于自然",弃恶扬善,恢复其天性。这就要求教育脱离"文明"社会的樊笼而顺应人的自然天性,使之在自然中率性发展。

卢梭的性善论是对天主教义鼓吹的原罪论的反叛。原罪论肯定人的天性恶劣,肯定压制天性和君主专制的合理性。卢梭的性

---

①② 卢梭. 爱弥尔(第四卷)[M]. 李平沤,译. 北京:商务印书馆,1978:360,94~95.

善论对其进行反驳，认为上帝赋予人自由、理性和良心，因而人的天性是善良的。卢梭极力主张教育应以天性为师，提倡解放人性改革教育，要求教育要造就天性所造成的人，而不是人所造成的人。性善论构成了卢梭自然教育思想的理论基础。

卢梭认为尊重儿童的天性是自然教育的出发点。卢梭这样谈及自然教育"……谨慎的人啊，对大自然多多地探索一下吧，你必须好好地了解你的学生之后，才能对他说第一句话，先让他的性格的种子自由自在地表现出来，不要对它任何束缚，以便全面地详细地观察它"。[①] 所以自然教育观认为应改变以教师、成人、书本为中心的传统模式，顺应儿童善良的天性发展，呼吁教育应以儿童为中心，教师要研究、发现、了解、尊敬和关怀儿童，并且要根据儿童的各年龄段及身心特征、不同儿童个体的特点来进行教育指导。因此他把未成年者的成长分为四个阶段，提出了教育阶段论，即不同的教育应在不同的阶段中循序渐进，依次实施，亦即不同年龄段实施不同的教育。这个思想现在看来仍旧有进步意义。教育应按照儿童的某一年龄所达到的生理、心智水平而划分不同的教育阶段，这个观点也为后来的教育者所认同。皮亚杰在儿童认识阶段论上所取得的成果也证明卢梭的这个观点是正确的。

众所周知，社会的客观需要是教育的归宿点，儿童的身心发展是教育的出发点，在这两者之间，构成了教育过程。但是长期以来，人们总是关注以社会和成人的需要确立教育的目的，儿童被置于消极被动的地位。而在近代教育中，尊重人权、尊重儿童

[①] 卢梭. 爱弥尔（第二卷）[M]. 李平沤，译. 北京：商务印书馆，1983：97.

的天性和儿童的主观能动性的呼声越来越高涨。卢梭处于这个时期，他的教育卓见把教育引入了尊重儿童的天性和主观能动性的新轨道。

卢梭在他的教育巨著《爱弥尔》中，还详细阐述了人类教育的三个来源，认为这种教育，或是受之于自然，或是受之于人，或是受之于物。我们的才能和器官的内在的发展，是自然的教育；别人教我们如何利用这种发展，是人的教育；我们对影响我们的事物获得良好的经验，是事物的教育。[①]

在天性、人事和事物这三个来源中，天性就是人的善良禀赋，人事指教导者的启发培养，事物指教育环境。在卢梭的眼中，只有这三者协作才能产生最好的教育效果。在这三种教育中，自然的教育是人所不能控制的，环境可由人部分地加以控制，教导完全可以由人力控制。因此必须使物的教育和人的教育配合自然的教育，以自然教育为主轴，使人的教育和物的教育围绕它而旋转。他认为，只有人力能控制的因素服从不能控制的因素，尽力地使这三者趋同于自然的目标，即人的"原始的倾向"或称为"天性"（即"内在的自然"），才是最好的教育，因此他断言要永远以本能作为教育的指引。

卢梭的这一论述，涉及到了影响人发展的三个因素——遗传、教育和环境。根据他的说法，只有在人遗传的基础上，施以人的教育和环境的教育，将这几个主要因素综合作用于人，才是对人最好的教育。

[①] 戴本博. 外国教育通史[M]. 北京：人民教育出版社，1990：140.

四、论自然教育的方法

卢梭自然教育的方法主要体现于在儿童发展的不同年龄段针对不同的教育内容提倡不同的教育方法。

在体育教育方面,卢梭强调锻炼主义,反对家庭的娇生惯养,提倡儿童在困难和风险中接受考验,促进身体发育;并希望孩子通过锻炼能像习惯陆地生活一样适应水中生活。卢梭对感官教育极为重视,他主张儿童适应各种感觉的特点而接受不同方式的教育,不断地联系巩固各种感觉的特点和功能。比如,要儿童用触觉来矫正视觉所得来的印象,让他们明确视觉和触觉的不同功能。

在智育方面,首先,卢梭强调从活动中学习。卢梭首先主张儿童应在各种活动中进行学习,教师在活动中教,反对教育者对儿童的灌输,反对教师单纯的知识讲授,教师应为儿童提供场景,让其可以通过观察获得直接经验,主动地进行学习。教师的任务不再是灌输知识,而主要是教学生学习的方法,所以要求教师在教学时,应注意儿童的学习兴趣、动机和需要在学习中的重要作用,特别是要重视对儿童独立思考问题的能力和独立判断能力的培养。卢梭首创性地提出培养学生智力的方法——"发现法",但强调使用此方法一定要在儿童经验的基础上实施,通过亲身实践活动,发现真理,教师要真正成为学生学习的指导者和启发者。

其次,卢梭还主张在实际教学中实施直观性教学,例如"就地球讲地球"、"就太阳讲太阳"的方法,主要是通过儿童的活动,积极主动地观察周围事物,获得关于地球、天文的初步知识。他甚至极端地认为不要使用模型、仪器,因为这些教具会扰乱学生学习的注意力，并反复强调对实际事物的观察才是最主要的。他认为儿童应该在学习中成长，强调儿童要通过实际活动和实物接触来观察探索，教师应及时启发诱导儿童使其获得真正的有用的知识，鼓励儿童在真实世界中学习。

在职业教育方面，卢梭也强调从活动中学习。他提倡儿童到工厂或师傅的作坊进行操练，在严格要求下养成高水平的技艺。卢梭强调，儿童通过手工劳动，不但可以学到技术，又可以锻炼身体、开发智力，做到手脑并用，这样儿童才可以成长为一个自食其力、具有独立判断能力的人。

在德育方面，卢梭提出了几个著名的德育方法，最著名的算是"自然后果法"。卢梭反对滥施打罚，要求利用自然惩戒的方法来矫正儿童的错误过失。对于孩子的教育，应该是在教育者控制下的自由，让儿童听命于自然法则，服从大自然的命令，从经验中得出教训。儿童犯错误后，不必直接制止或处罚他，应让他从个人经验中获得教训，悟及个人行为的后果，从而改正错误。他还举例说，孩子打破了邻居家窗上的玻璃，你不必马上给他安装新的，而要爱弥尔晚上在这个窗户底下休息，让他日夜受到寒风的吹打，宁可让他着凉，也不可养成他的坏脾气。这就是著名的"自然后果的教育"，这个方法强调儿童应少受人为的限制，应多受事物的限制。

卢梭还提倡示范的教育方法。卢梭认为由于2~12岁的儿童没有道德概念，但具有模仿的本能，应让他们模仿善良的行为，并应该结合具体事例对其进行道德教育。他特别强调父母、教师在道德教育上的示范和影响作用，每位教育者要以身作则，注意自己的言行举止，始终牢记自己在教育儿童中的示范作用，通过人格感化儿童，从而使道德教育潜移默化。尤其在谈到儿童道德品质的培养时,他讲道:"我不厌其烦地一再说明这一点:要以行动而不以言语去教育青年。"①

同时,卢梭还反复强调道德教育中"行"的重要性,认为真正的教育不在于口训而在于实行。他主张用真实的事物和善良的行为来教育青年,通过实践过程掌握有用的知识和塑造高尚的品格。

五、论儿童发展的年龄阶段

卢梭的自然教育要求教育者要正确看待儿童,给儿童充分的自由。与我国教育家孔子一样,卢梭也强调教育要遵循因材施教、循序渐进,教师应根据不同儿童的年龄和个性特征进行教育。他从儿童身心发展规律的角度,从"归于自然"的理论出发,提出了著名的教育阶段论,即教育应根据儿童不同年龄时期的身心特点来实施,重视儿童成长的阶段性和顺序性。他把儿童的成长分为四个年龄阶段:婴孩期、幼儿期、少年期和青年期,并根据各个年龄阶段身心发展的特征规定了应实施的教育内容和任务。

1. 婴孩期(0~2岁儿童)

保育和体育教育的阶段,应以身体养护为主。这个时期的婴孩具有无限的教育发展潜能,身体柔韧,善于活动,最适合接受锻炼。他认为一个人的教育是同他的生命一起开始的。婴儿从出生的那一天起,就开始从大自然中受到教育,这主要指体育教育。在卢梭看来,身体的发育永远是走在心灵发育之前的,因此

---

① 卢梭. 爱弥尔[M]. 李平沤,译. 北京:商务印书馆,1978:354.

一个人应该在婴儿时期获得身体上自然的发展,解除身上一切的桎梏,锻炼性格,促进身体健康。同时他还认为一切邪恶都是由于衰弱的身体而产生的,健康的身体是优良品德的基础,儿童的身体健康是理性发达的基础,因而主张这一阶段的教育应以身体的养护和锻炼为主,通过合理的饮食、睡眠和游戏,养成健康的体魄,为儿童一生的幸福打下基础。

关于儿童的保育,他主张婴儿由母亲哺乳,并由父母亲自己养育,反对当时法国上流社会父母忽视自己的责任,把孩子交给保姆养育的做法,他认为这样不利于儿童健康成长。同时,对于儿童的衣着、食物、睡眠的要求都应合于自然,反对孩子的养育者对孩子娇生惯养、过分保护,不能像"有些人用各式各样的东西把儿童围起来,预防他受到任何伤害,以至他在长大后一有痛苦便不能对付,既没有勇气,也没有经验,只要刺痛一下便以为就要死了,看见自己流一滴血就昏倒过去",结果一点抵抗灾难的本领都没有。[1] 他还强调儿童在顺应自然的同时必须积极锻炼,才能养成抵抗疾病的能力,去除对医药治疗的信赖,即让受教育者到生活中去磨练自己,在磨练中舒展天性,永远保持自己。

针对这个阶段的教育他还提出了一些具体的建议,如不要溺爱儿童,绝不能纵容儿童以撒娇发脾气来命令成人;要经常给孩子沐浴,逐渐改变水的温度,从温到冷,使他的身体得到锻炼;多使儿童认识周围的事物,设法把视觉触觉联系起来,让儿童学习认识空间;不要强迫或加速儿童语言的发展,应顺其自然。这

---

[1] 卢梭.爱弥尔[M].李平沤,译.北京:商务印书馆,1983:70.

些建议对我们现在仍有借鉴意义。[①]

2. 幼儿期（2～12岁的儿童）

感官教育阶段，应以感觉训练为主。由于所有一切都是通过人的感官而进入人的头脑的，所以人的最初的理解是一种感性的理解，正是有了这种感性的理解作基础，理智的理解才得以形成，即外部感觉器官的发展是智力教育的前提。但卢梭认为儿童的理智发展是一件最困难和出现较晚的事情，在2～12岁，有一个"理智睡眠期"。因此，本阶段教育的主要任务是发展儿童的感觉器官，因为感官是知识的门户，但不应进行智育，只有先发展感觉能力，才能培养儿童独立获取知识的能力和判断能力，为以后的智育打好基础。卢梭的这种见解并不正确，但他对感觉器官的教育的重视和由此而提出的教育方法，却是非常正确的。

他的感觉教育最重要的一点就是"锻炼感官"——锻炼儿童的视、听、味、嗅、触等各个感觉器官，儿童的活动时间越多，就越能锻炼自己的感官，他就会变得越加聪明。在各种感觉锻炼中，他特别强调触觉的锻炼，他相信从触觉得来的材料，比其他感觉更为可靠。同时他也强调儿童可以通过学习制图、写生画及做各项游戏来练习视觉，通过谈话、唱歌等形式锻炼听觉。

卢梭明确提出2～12岁儿童还不能理解道德观念，对其应采取示范的方式进行教育；对于孩子的错误，他提出了著名的"自然后果法"。

他在论述这一阶段对儿童的教育时，一再重申要让儿童在游戏等活动中了解周围的事物，教师要对儿童周围的事物进行选

---

① 罗炳之. 外国教育史（上册）[M]. 南京：江苏人民教育出版社，1962：156.

择，使儿童避免接触他所不能理解的东西，以便学会他现在及将来有用的知识。卢梭认为在这阶段不能急于给儿童灌输知识，在2~12岁要把时间白白放过去，让儿童自然成长，这才是最重要的和最有用的教育法则。

卢梭主张在此阶段对儿童的教育实际上是消极教育思想，主要为了避免儿童产生偏见和谬误，防止他染上恶习、沾上罪恶，这点并没有错，但他把这一阶段称为"理智睡眠期"，却是不恰当的。

3. 少年期（12~15岁的少年）

智育教育阶段，应以知识教育为主。卢梭认为，12~15岁是人的少年期，也"是生命最珍贵的时期"。在这个阶段，儿童的身体强壮，感觉能力得到了发展，这为他接受智育创造了条件，这是发展儿童思考力和学习各种知识的最佳时期。

他认为学习的知识必须是有用的、真实的和易于理解的，因此对于如何选择适合儿童的科学知识提出了三个选择的标准：一是学以致用，二是行以求知，三是培养智力和能力。卢梭排斥当时在学校占统治地位的神学课程和人文学科，在他的课程表上，他只提倡地理、天文、物理、化学、农业和手工业生产劳动以及读、写、算的基本知识，从而适应儿童本能的自然求知欲望，启发心灵，增加智慧，促使天性的发展。

卢梭反对百科全书式的教学，因为他认为"人的智慧是有限的；一个人不仅不能知道所有的一切事物，甚至连别人已知的那一点点事物他也不可能完全都知道"。[1] 所以他强调教学应以增

---

[1] 卢梭. 爱弥尔[M]. 李平沤，译. 北京：商务印书馆，1983：214.

进儿童生活效用为主，儿童只应学习"有益的东西"。什么知识是儿童自己认为是有用的知识呢？在卢梭看来，大自然就是一部有用、真实和易于理解的大书。为此他明确提出以世界为唯一的书本，以事实为唯一的教训。他认为儿童应该学习的是实物而不是书本，他轻视书本知识，认为当时的书本知识只能教儿童谈论实际上不知道的东西。他强调的是读书必须给人带来真正的知识，养成实际的能力。

在这一阶段，卢梭也比较重视劳动和劳动教育，这就涉及到卢梭的职业教育观。卢梭认为劳动是每个人的社会义务，只有靠自己劳动生活的人，才是真正自由的人。他认为教育的最大秘诀是使身体锻炼和思想锻炼互相调剂，同时他认为，儿童在劳动中除了身体、智力的训练，也可培养他作为公民的良好品德。卢梭对如何选择职业提出了建议：选择手工业的标准第一是实用而有兴趣的；第二是要符合学者的性别和年龄特征；第三是要能发展智慧，不做单调的、愚钝的工作，要做多变化的、能发展智力的工作；第四是能增进健康卫生，对健康无损害的工作。① 据此分析，卢梭认为细木工最符合上述条件。

卢梭教育儿童重视劳动和劳动教育，培养儿童对劳动人民的感情，在当时是非常进步的思想；这一观点对当时"上流社会"鄙视劳动及劳动人民的错误观念给予了有力的抨击。

4. 青年期（15～20 岁的青年）

道德教育阶段，应以道德教育、宗教教育和性教育为内容。卢梭认为这是个"暴风雨和热情的时期"，道德教育从此阶段

---

① 罗炳之. 外国教育史（上册）[M]. 南京：江苏人民教育出版社，1962：160.

开始。

在卢梭的眼中，15岁以前的儿童是不能理解任何抽象的道德概念，不懂得人与人之间的关系，还不能认识善与恶，不能理解人类的责任、服从、命令、义务等概念的。但当儿童进入青年期，即从15岁到20岁的"极关紧要的时刻"，他才开始理解社会的关系，才能渐渐理解道德的意义，他的心灵开始产生许多愿望、情感和意向，对他们加以引导，进行道德教育就显得十分重要了，这个时期的道德教育主要是培养善良的情感、正确的判断和良好的意志。

博爱的教育是卢梭道德教育的重要内容。卢梭说："在我们灵魂的深处生来就有一种正义和道德的原则；尽管我们有自己的准则，但我们在判断我们和他人行为是好或是坏的时候，都要以这个原则为依据，所以我们把这个原则称为良心。"[①]

由于人性是善的，生而就有的良心使我们求善避恶，出自本能地爱自己，即自爱，这便是卢梭道德观的出发点和基础。人性是善的，人有良心，因而人能自爱和爱人。他主张把自爱之心扩大到爱别人以至爱人类。他主张要培养儿童善良的情感，就应让孩子到各种疗养院、医院、监狱去观察，教育孩子不要藐视不幸者的痛苦，因为我们随时都有可能陷入类似的境地。

卢梭道德教育中也包括自然主义色彩的宗教教育。他要求人们认为上帝是存在的，但他又反对宗教迷信，声明自己所提倡的只是对自然宗教的信仰。他是自然神论者，他要求青少年接受宗教教育，但不是让他们盲目信仰上帝或讲求礼拜仪式，而是叫人

[①] 卢梭. 爱弥尔（第四卷）[M]. 李平沤，译. 北京：商务印书馆，1978：414.

领略大自然的形成变化的微妙,从而知道神的智慧。实际上,这种智慧是宇宙运行规律的别名。

在此阶段,除了道德教育,还要继续进行文化知识的学习。卢梭的看法是,青年 15 岁以后,就有了自己的判断力,可以学习人文科学了。卢梭以历史为例。他认为当时的有的历史著作和历史教科书并不能客观地反映人类历史,有的带有史学家的主观色彩,有的取材不严谨,有的加上了作者的评语,这都会影响阅读者的观点。因此卢梭强调青年期的儿童有了自己的判断力之后才能阅读历史书籍。这个阶段青年有了一定理解力就可以学习寓言了,还有语言如法文和拉丁文,文学、诗要学,特别是古希腊罗马的文学和诗歌。

在此阶段卢梭还提到了青年期的性教育。从这个阶段初,人就进入了青春期,这是一个人由孩子向成人转变的关键时期,对于此阶段的教育,应特别小心谨慎。他主张对青少年性成熟时期以适当的性道德和性知识的教育,使青少年对"性"的自然发展有一个正确的认识,从而能够"行为端正"。卢梭既反对禁欲主义,又反对纵欲主义,主张顺应自然发展,既不盲目抑制,也不妄加激动。他认为对于这阶段的青年,要用正确的教育,使他们的性的感觉迟钝,防止刺激儿童的性的发动。他建议让青年参加剧烈的运动,这可以堵塞关于性的好奇和欲念;要经常让青年做些新的容易引起他的兴趣的劳动,使他的头脑都处于活动状态。卢梭批评了旧教育在性的问题上一味欺瞒儿童的做法,认为这样反而会引起儿童好奇心和促使儿童去学习不正当的性知识。

由此看来,上述教育思想是卢梭针对男子教育的理论体系,与针对不同性别他所提出的教育思想是截然不同的。

六、影响和评价

卢梭是划时代的教育思想家,教育上的"哥白尼"。[①] 他对封建教育给予了沉重的攻击,明确指出了当时教育的积弊,有力地表达了时代精神。他提出的尊重儿童的天性和自由,重视儿童身心发展的自然成长过程,尊重儿童的个性发展特征,根据不同的儿童个体的需要、兴趣和能力来实施教育的观点,将儿童置于教育的中心,在教育史上是个里程碑。

卢梭教育思想的影响:在整个教育史上,卢梭提出的性善论与原罪论抗衡,社会契约伦与封建压迫相较量,自然神论与基督教教义相抵抗。在当时的反宗教、反封建的洪流中,他的自然教育理论起到了不可替代的作用。

首先,卢梭的自然教育理论,对世界各国教育哲学和教育科学的发展都或多或少有所影响。英国教育史学者克梯斯在《教育思想简史》中说:"我们必须承认卢梭是个博览群书之士……他对教育课题的影响,比任何十八世纪的著作家,甚至也可说比之任何个别的思想家,产生了更为深远的影响。"人们公认,不研究《爱弥尔》就不能理解康德、裴斯泰洛奇、巴西多、福禄贝尔和任何一位19世纪的教育家。卢梭对于20世纪的美国教育家杜威,还有德国的教育家凯欣斯特纳的影响也很大。

《爱弥尔》使康德获得了关于人的尊严和价值的观念。卢梭关于人性善的思想以及儿童早期的生理应得到自由发展的主张,得到康德的认同。康德也自称他以前只尊重知识的探索,卢梭使

[①] 戴本博. 外国教育史(中)[M]. 北京:人民教育出版社,1990:168.

他消除偏见，教他尊重人性，以至最后他受《爱弥尔》的启发而重视教育，并进入哥尼斯堡大学讲授教育学。

其次，他的自然教育思想对后人教育实践的影响很大。裴斯泰洛奇受《爱弥尔》的影响，认为人生来就是好的，腐败的社会影响使他变坏。他主张改革学校，在瑞士进行实验，按自然的法则教育儿童。福禄贝尔受到卢梭自由教育的影响，创办了幼儿园，让儿童在自由的环境中运动、游戏、唱歌、做手工。巴西多在德国创立了泛爱学校，试行教育改革。鲍尔生曾说过："巴西多和裴斯泰洛奇是两个应用卢梭的教育思想于实践的人"，"裴斯泰洛奇教学方法的主导思想和卢梭的思想是一致的。他们都认为教育人的唯一途径要靠激发受教育者的本人的力量；发展人的天性和提高人的天赋以使人尽其才，则除去依凭实践和练习以外，没有别的办法。"

卢梭的教育思想在美国体现较多，如在活动中学习、职业教育的实用主义思想等，都有卢梭自然教育理论的痕迹。因为美国的实用主义教育学和卢梭的自然教育有紧密的血缘关系，19世纪的美国学者杜威就是卢梭的思想赞成者，在他的巨著《民主主义与教育》中，曾多次引证卢梭关于尊重儿童天性的理论。在日本，从大正（1912～1925）末起，《爱弥尔》曾先后印行过20版，是日本岩波文库中最受欢迎的一种书，可见其影响之大。而丹麦哲学家霍莆定认为，《爱弥尔》是"儿童"的宪章，许多人把《爱弥尔》看成为教学论发展史上的丰碑无疑是非常恰当的。

再次，卢梭的教学方法在教育界的影响也很大。卢梭提出的从做中学、发现法学习、直观教学以及自然后果法等一系列体育、智育、德育和劳动教育的方法，对于目前全世界儿童教育都有很大影响。卢梭所推崇的根据学生的不同年龄段和不同学生的个性来实施教育，类同于我国孔子的因材施教，在各国的个别教学中有明显体现。

对卢梭教育思想的评价：二百多年来，人们对卢梭的教育思想褒贬不一，有人说其教育理论和方法不切合实际，又批评他缺乏实际的教育经验。但总体上讲，他的整个教育思想积极方面居多。首先，他积极肯定教育的效能，重视教育在社会改造中的作用。他认为教育是人类发展不可缺少的因素。他比喻说植物由于栽培而成长，人由于教育而成为人。这也是17世纪的捷克教育家夸美纽斯、英国哲学家洛克对教育的态度的继续。卢梭以他犀利的笔锋引起了社会对教育的重视。其次，卢梭尊重儿童身心发育的特点对儿童进行教育，这在教育史上是一个里程碑。在他的教育体系中，集中表现出对儿童的热爱，对儿童个性的尊重。教育者在根据儿童的天性进行教育时，反对矫揉造作、死记硬背，在教学过程中注重发展儿童学习的自觉性和创造性。同时他注重对儿童进行劳动教育，培养对劳动的热爱和对劳动人民的热爱。这在当时社会中是极为先进的思想。

卢梭教育思想中的矛盾性和局限性：我们不能否认卢梭在教育上的巨大贡献，但也要看到他的教育思想体系中仍存在着一定的局限性。首先，卢梭的自然教育理论的核心"归于自然"，是有局限性的。教育的发展不但要适应儿童身心的发展需要，也要根据社会的需要。卢梭认为天性至上，把教育视为自然生长是不正确的。实际上，人的天性之成为善或者恶，全要靠教育的培养。倘若教育听凭儿童的自然发展，就可能造成放任自流的结果。卢梭认为儿童的发展全为自然施力所左右，是比较片面的理解，抹煞了社会生活条件对人的发展所起的作用。其次，他把自然人和公民截然对立起来。卢梭在《爱弥尔》中培养的是自然人,并把自然人与公民对立起来,同时在《爱弥尔》中他也只谈家庭教育,未谈学校教育,尤其是未谈由国家设置和政府管理的教育。他在《爱弥尔》中曾劝告教师说:"你为情势所迫不得不或者压制天性或者反抗社会,你必须就人和公民二者选择其一,决不能同时培养公民又培养人。"由此看来,《爱弥尔》是鼓吹家庭教育而否定学校作用的。而在《爱弥尔》出版11年后,他在给波兰政府草定的《关于波兰政府机构的几点构想》中,承认自然人和公民也有相通之处。他说,人应该首先顺性发展,成为自然人;然后再在首先是自然人的条件下,成为表里如一的真正公民。[1] 再者,卢梭的思想中有些"过"的地方值得注意。如在提到儿童教育时,过分重视儿童的生活经验,而忽视了对人类文化遗产的学习;过分重视儿童的分年龄段的学习,将学习阶段人为地割裂开来,忽视了知识学习的系统性和连贯性;过分重视儿童的不同性别的学习,忽视了对女子教育的全面性;过分重视儿童的兴趣,忽视了传统基础知识的学习。

综上所述,卢梭的教育思想中有正确的一方面,也存在一些不足之处。我们要批判地学习他的教育思想,继续加以研究,绝不应该妄加肯定或完全否定。

【思考题】

1. 试分析卢梭的性善论和教育遵循儿童天性的思想。
2. 为什么说卢梭是新旧教育的分水岭?
3. 联系我国目前的教育状况,你认为卢梭的哪些教育思想

---

[1] 滕大春.卢梭教育思想述评[M].北京:人民教育出版社,1984:177~178.

值得借鉴?

【拓展阅读文献】

1. 罗兰.卢梭的生平和著作［M］.王子野,译.北京:生活·读书·新知三联书店,1993.

2. 卢梭.忏悔录［M］.盛华东,译.北京:华文出版社,2003.

3. 于凤梧.卢梭思想概论［M］.北京:北京师范大学出版社,1986.

4. 祖霞.卢梭的平等教育［M］.长沙:湖南少年儿童出版社,2006.

5. 卢梭.打开自然之书:卢梭如是说［M］.高瑞泉,选编.上海:上海文艺出版社,1994.

第二节 裴斯泰洛齐的教育思想

一、生平与实践

约翰·亨利赫·裴斯泰洛齐(Johann Heinrich Pestalozzi,1746~1827)是享誉世界的瑞士教育家、教育改革家。他把毕生的精力都投入到贫苦儿童的教育事业中去,是一位拥有博大胸怀的教育实践者。同时他对当时的教育改革和新教育理论的建立作出了卓越的贡献。他在农村教育方面也有自己的理想和实践。

裴斯泰洛齐于1746年出生于瑞士的苏黎世(Zurich)。随着欧洲资本主义的兴起与发展,包括瑞士在内的很多国家的人民受到了来自封建主和新型资产阶级的双重压迫和剥削。社会贫富分化加剧，处于社会底层的人们过着奴隶般的生活。裴斯泰洛齐童年时期大部分时间都是在乡下度过的，从小就亲眼目睹了社会下层人的穷困潦倒的生活。农村孩子面黄肌瘦、衣衫褴褛的苦难形象，深深地印刻在他幼小的心灵中，也让这个纯真的孩子树立了"长大后一定要帮助穷人"的人生目标。

裴斯泰洛齐5岁的时候，父亲就英年早逝。他由善良的母亲苏珊娜（Susanna）和一位忠心耿耿的女仆巴贝利（Babeili）抚养成人。母亲的母爱和女仆的无私奉献对他影响很深，他在很小的时候就表现出了无私和乐于助人的优秀品质。

接受完中等教育之后，裴斯泰洛齐进入加诺林诺学院学习语言学和哲学，受到了具有人本主义倾向的学者如约翰·雅各布·波德默尔等的影响，产生了民主主义思想。另外值得一提的是，在此过程中，他接触到了卢梭的《爱弥尔》和《社会契约论》。卢梭的著作对他产生了深远的影响，并且强化了他的民主主义倾向。在就学期间，他加入了苏黎世青年革命团体——"皮革工人赫尔维弟协会"（又称"爱国者协会"）。1767年，这个团体遭到取缔，他和其他成员都被短期拘捕，大学学业因而也无法完成。后受卢梭的"重农主义"和"回到自然"的口号的影响，他决心去实现通过教育改善农村穷苦人民的生活境况的理想。

1767年，在友人的资助下，裴斯泰洛齐借钱在家乡买下了一个庄园——新庄，他打算把新庄办成一个示范性的农庄。1774年，他在新庄办了一个孤儿院，收留了50多名流浪儿。他让孤儿们参与劳动，与孤儿们同吃同住，并在劳动之余教授读写算知识，对这些儿童给予了父亲般的爱。在这里，裴斯泰洛齐把教育和生产劳动很好地结合了起来。新庄孤儿院的经济来源主要是来自孤儿们的劳动所得，但这些收入十分有限，孤儿院入不敷出，不得不因为资金不足于 1780 年破产。这次教育事件最终以失败告终，但裴斯泰洛齐并没有因此放慢自己教育革新的脚步，而是吸取了之前的经验，寻求机会再次为穷苦大众的儿童服务。

1798 年，瑞士的资产阶级革命爆发，建立了瑞士共和国。当时在斯坦兹（Stanz）城因战争留下了很多孤儿，新政府委派裴斯泰洛齐在一所修道院，收容了 80 名年龄在 5～10 岁的孤儿。他满腔热血投身这一工作。他以慈父般的情感和态度来对待这些孤儿，热情地教育和关心他们。他以惊人的毅力，把这些来自不同背景、有着不同兴趣习惯的孩子们教育、团结成"和睦融洽的家庭"。为了在短时间内对这些孩子进行教化，他根据孩子们的心理特征，提倡要素教育，把知识简化成儿童最容易接受的要素。在很短的时间内，裴斯泰洛齐就在这家修道院取得了卓越的成就。但是这座修道院后来要改建成为军医院，所以不得不停办。这给他这个热爱穷苦儿童教育事业的人带来了巨大的痛苦。

1799 年，他到布各多夫（Burgdorf）城担任一所市立幼儿学校的教师，继续进行低年级教学方法的试验工作。次年，他在布各多夫创设了一所附设有师范部的寄宿中学，邀请了一些志同道合者共同从事教学方法改革，采用直观教学法。学校成绩显著，声誉很高。1805 年，学校迁往伊佛东，改名为伊佛东学院。裴斯泰洛齐在这所学校一直工作到 1825 年。在这期间，这所学校声名远播，世界各地的许多教育家和教育工作者都慕名而来，学习裴斯泰洛齐在教育方面的成功经验。著名的教育家福禄贝尔和赫尔巴特早年也来这里参观和学习过。

1827 年 2 月 17 日，裴斯泰洛齐逝世于布鲁克，享年 81 岁。一位伟大的教育家就像巨星般地陨落了。人们在他的墓碑上铭刻着这样的颂词：

> 涅伊霍夫贫民的救星,
> 斯坦兹孤儿之父,
> 布各多夫初等学校的创始人,
> 伊佛东人类教育家……
> 一切为人,毫不利己。

除了教育实践之外,裴斯泰洛齐在教育理论上也有所创新。他所提倡的教育心理学口号对后世教育心理学的蓬勃发展指出了一条道路,也为后世学者研究教育提供了一个崭新的视角。另外,裴斯泰洛齐提出要素教育思想,为教育实践者提供了教学方法的蓝本。这种连家庭妇女也能够掌握的教学方法在当时备受欢迎,即便是在当今,也仍然有其合理的因素和存在的价值。

裴斯泰洛齐一生著述颇多,最负盛名的当属《林哈德与葛笃德》,这部书的书名之前也被翻译成《贤伉俪》。它的体裁是小说,是一部著名的社会政治和教育文艺著作,这部小说的出版使他得到了很高的声誉。另外,在布各多夫和伊佛东的办学期间,他陆续出版了《葛笃德怎样教育自己的子女》、《父母必读》、《观察入门》、《数学通论》等著作。1825年,他回到了自己的家乡新庄。在这里,他写成了一部回忆性的著作《天鹅之歌》。在此期间,他还撰写了《生命归宿》,反思和总结了他一生的教育工作、教育思想和教育经验。

二、论爱的教育

裴斯泰洛齐教育思想的核心便是教育爱。他的教育爱贯穿他所有的教育实践和著作当中。教育是一种情怀,正是因为裴斯泰洛齐的这种博大的情怀,才会有那么多优秀的教育实践和深刻的教育理论问世。这也是裴斯泰洛齐一生最令人感动和钦佩的地方。

裴斯泰洛齐的教育爱一方面来自他童年时期母亲和女仆所给予的爱，另一方面来自对社会现实的深刻认识。裴斯泰洛齐生活的时代，许多穷人都处在水深火热之中，他对贫苦人民抱有强烈的同情心，长期思索这些问题的根源，并试图要解决这些问题。他把教育作为改良社会的基点。

他把自己的爱奉献给了劳苦大众的儿童。这些儿童是被社会所忽视、冷落以及鄙视的对象。裴斯泰洛齐对当时的国民教育制度的等级性深恶痛绝，他无情地揭露了当时政府教育所暴露的弊端。当时的教育权利仅仅掌握在少数人的手中，广大的劳动者根本没有受教育的权利，教育极其不平等。"根据我对欧洲学校教育的分析，这种教育好像是一座三层楼房。第三层金碧辉煌，建筑技术精湛，但是只有少数人居住着；在第二层住着许多人，但这一层没有楼梯，要是有了楼梯，这一层的人是能够体面地爬到第三层的。如果他们一旦心血来潮，想凭一股蛮力向楼梯爬去，则要留神，他们的胳膊和大腿会给人打断。最低一层里住着许多人，他们虽然和住在上两层的人同样获得阳光和洁净的空气，在这方面享受着相同的权利，但是他们不得不留在没有窗户的黑暗陋室中，而且绝不可抬头窥视从上面两层发出的亮光，否则他们就会被人挖去双眼。"[①] 在这一段话中，裴斯泰洛齐生动地指出了当时教育制度的专制和残酷。裴斯泰洛齐认为劳苦大众的儿童更需要爱，这些孩子如果不接受良好的教育，长大成人之后，就可能成为社会的累赘或毒瘤；那些上层阶级的儿童，平时就备受

---

① 阿图尔·布律迈尔，主编. 裴斯泰洛齐选集（第二卷）[M]. 戴行福，等，译. 北京：教育科学出版社，1996：333.

爱护，无需再添加教育爱。真正需要教育爱的是劳苦大众的儿童。

怀着这颗拳拳的爱心，裴斯泰洛齐展开了不屈不挠的教育实践，为劳苦大众儿童寻求更好的教育和环境。他在斯坦兹孤儿院工作的时候，常常是和孤儿们同吃同住，用自己的双手供给儿童们身体和心灵的一切需要。儿童们从他那里得到了必要的帮助、安慰以及知识。他将自己的热情比作春天的太阳，要融化劳苦大众儿童心灵那块冰冻的大地，改变孩子们的状况。

在裴斯泰洛齐的著作《林哈德与葛笃德》中，他笔下的格吕菲校长就是裴斯泰洛齐的化身。格吕菲校长在学校为孩子们修剪手指甲、理发，帮助孩子们整理一切生活内务，使孩子们保持秩序，他对孩子们的爱护受到了乡亲们的好评。裴斯泰洛齐通过对这个人物的刻画，体现了自己对孩子们的爱。事实上，在斯坦兹孤儿院的时候，他自己说他一直都陪伴在孩子们的身边，不论他们是生病的时候还是健康的状态。每天晚上，他最后一个睡觉；每天早上，他第一个起身。以上一切都说明了裴斯泰洛齐对孩子们的教育爱。

通过裴斯泰洛齐的努力，这些来自不同背景的穷苦大众的儿童感受到了家庭的温暖，孤儿中建立了在亲兄弟和亲姐妹间所少有的和平友好和真诚的关系。裴斯泰洛齐热爱儿童、尊重儿童、热爱教育事业，他为这些孩子无私地奉献着自己的爱心，这是一种高尚的师德的体现，也是教育史上的典范。在他晚年的时候，他提到"人的教育，整个人民的教育，尤其是穷人的教育，在我脑海中萦回……恳请你们参与我开创的大众教育和贫民教育事业！更好地论证大众教育和贫民教育吧！我恳请你们在我百年之后继续我的事业,保证我的事业延续下去。"① 裴斯泰洛齐的教育爱值得每个教师学习和发扬。

三、论家庭教育

家庭教育是裴斯泰洛齐认为的教育中重要的环节。他提出和论证了家庭教育的重要性。他把家庭教育看作是自然教育的原型、社会教育的榜样,认为家庭教育是教育的基础。

孩子最初是在家庭中成长的,如果能在家庭中尽早地受到良好的教育,之后的教育也就容易收到成效。父母是孩子的第一任教师,在成功的家庭教育中,父母扮演重要的角色。首先,父母必须要对孩子生活的环境进行一定的控制,排除一些不必要的影响;再者,他们要尽量去激发孩子们的爱和活动的能力。在家庭教育的氛围中,父母应当不怕艰难,富有耐心,甚至不惜作出自我牺牲。由于在裴斯泰洛齐个人的成长经历中,母亲的影响巨大,因此裴斯泰洛齐特别重视母亲在家庭教育中的作用。他指出,母亲的影响比其他任何人都更重要、更有力量。对于孩子来说,他们也最需要母亲的爱,否则他们的爱和信任的感情就得不到发展,他们的整个发展过程就会受到危害。所以,裴斯泰洛齐始终强调家庭教育应当以最纯洁的形式出现,就是人的教育中所能想象到的最高尚的因素。成功的教育总是建立在理想的家庭生活和父母的力量的基础之上。家庭是培养儿童爱的情感的良好道德的场所,在这种氛围之下,儿童的感情和能力得以发展。

母亲在家庭教育中的角色是如此重要,因此接受良好的教育

---

① 夏之莲,译.裴斯泰洛齐教育论著选[M].北京:人民教育出版社,1992:204.

是必需的。因为只有受过良好的教育的母亲才能对子女进行良好的教育。裴斯泰洛齐把教育母亲看作是教师的最重要的责任。他对母亲进行两方面的指导：一为语言上的教化，争取母亲们为崇高的教育事业奉献自己；二为教育的实际指导。为此，他还为母亲们写了不少书，如《献给孩子们》、《孩子的直观和说话培养指南》、《致格瑞弗斯信札》，等等。

裴斯泰洛齐强调家庭教育在儿童成长过程中的重要作用，但是在他所生活的年代，许多穷苦大众的儿童无家可归，根本感受不到家庭的温暖。因此裴斯泰洛齐在自己的教育实践中，注重在学校和孤儿院培养家庭的气息。他主持的斯坦兹孤儿院和布各多夫学校，始终体现了家庭精神。有一次，一个农民家长来到布各多夫学校，惊奇地对裴斯泰洛齐说他看到的不是一所学校，而是一个家庭。裴斯泰洛齐听了之后十分开心，并声称这是他所得到的最好的荣誉。他主张把学校的道德教育和纪律教育建立在家庭生活关系的基础之上。在小规模的学校中，裴斯泰洛齐所倡导的家庭式的氛围施展得游刃有余，但是随着学校规模的扩大，这种情况难以维系。

四、论教育心理化

裴斯泰洛齐是教育史上最早提出"教育心理化"口号，并将其付诸实践的教育家。教育心理化的提出，是教育史上的一个创举。

裴斯泰洛齐深受卢梭的影响，"教育心理化"的思想是从卢梭的自然主义教育思想中引申、发展出来的。卢梭认为教育应当服从自然，但是裴斯泰洛齐认为教育不能单纯地遵循自然，应当帮助自然和纠正自然，因为自然并不完美。换言之，在裴斯泰洛齐看来，人的天性并不是完美无缺的，它包含了野性的成分。因此，人的天性有不完善之处，不能放任自流，必须以教育相辅，使其向善的方向发展。在教育和自然的关系上，裴斯泰洛齐的认识比卢梭更为深刻，这也是和裴斯泰洛齐的个人教育实践经历分不开的。裴斯泰洛齐长期从事穷苦大众的儿童的教育，接触到了人性最真实的一面，因此才能得出如此深刻的结论。

裴斯泰洛齐认为人的自然由三个部分组成，即肉体的、智力的和道德的，这三者处于一个统一体中，相互联系、相互制约。因此，人的体育、智育和德育也应当相辅相成。

此外，裴斯泰洛齐在著作中较为深刻地阐述了人的一种最简单的心理现象——感觉。他认为感觉和直观对人的认识和思维具有重要的作用。他认为认识的基础是我们人体感官的活动，人们通过对客观事物的数量和形状的观察，在内心中产生了模糊的直觉。通过用思维理解事物，人最终能用言语把事物叫出来。语言、数目和形状是把感官的直接经验确定下来的三个基本要素。他把感觉分为内部感觉和外部感觉两大类。

裴斯泰洛齐的心理学的基本理论是关于能力的分析和论证。他把人的能力分为脑、心、手三个部分。裴斯泰洛齐所指的"头"或"脑"，常常是指精神，也就是人认识世界、理智判断一切事物的所有内在精神的官能，包括感觉、记忆力、想象力、思想和语言。"心"指伴随着全部知觉和思想而来的一切感情范围，包括基本的道德感情，除此之外还包括内心活动。"手"指的是人的实践活动的能力，如"手工能力"、"艺术能力"、"职业能力"等。这三种能力相辅相成，在人的生长过程中，这三种能力应当得到协调发展。裴斯泰洛齐基于对人的能力的描述，为人的和谐发展和创立教育学理论奠定了心理学基础。

裴斯泰洛齐的教学法是建立在他对心理根源的探究之上的，他认为教育科学必须起源于并建立在对人类本性最深刻的认识的基础之上。为此，他要求教学以人的心理为依据，寻找和认识教学的心理根源。简言之，他要求教育教学应当使人固有的、内在的能力得到发展，就是应与儿童心理发展的特点和规律协调一致起来，使儿童在获取知识、发展智慧和道德情感各个方面，都处于自然主动的地位。

"心智由模糊的感觉印象上升到清晰的概念"，是裴斯泰洛齐所理解的一个完整的心理过程和教学过程。人的天性有其发展规律，教育应当以此为出发点，与其相适应、相协调。也就是说，教育心理化就是强调教育要符合儿童的心理的发展。根据这一过程，他提出了教学的"直观"原则，也就是教学必须尽力促使儿童的内在认识能力和外在实物的结合，使儿童在主观能力与客观事物相统一的过程中不断发展各种能力。

五、要素教育论

要素教育是裴斯泰洛齐在教学方法上的杰出贡献。他一生致力于教学方法的改进，使之能符合"教育心理学化的原则和儿童心智发展的原则"。上文已经提及裴斯泰洛齐的教育心理学化的思想。他认为初等教育从本质上讲，就是要遵循儿童的心理发展特征，普遍地简化教学方法。裴斯泰洛齐把这个作为工作的出发点。在他的一生中，进行了许多的教育实验。在这些实验中，他不懈地探索简化方法。裴斯泰洛齐指出："当你把简单的要素完全搞清楚了,最复杂的感觉印象也会变得简单。"[1] 这个思想在他的脑海中盘旋了很长时间,他花费了后半生的精力来进行研究,提出了要素教育的思想。要素教育论是裴斯泰洛齐教育理论体系的重要部分。

考虑到儿童的心智发展,裴斯泰洛齐认为传统的读写算不能作为学习的起点,教育者应当从最简单的要素开始教育学生。为此,他提出了体育、劳动教育、德育、智育和教学的基本的要素。体育的基本要素是关节的运动,以此开始逐步扩展到打击、运载、投掷和旋转等动作,之后发展到全身复杂的体力活动。为此,学校要通过游戏和各种运动去锻炼学生的关节。劳动是体力活动的一个方面,所以关节的运动,也是劳动教育的基本要素。道德教育的最基本要素是儿童对母亲的爱。这种爱是在母亲对婴儿的爱意即满足其身体的需要的基础上产生的。这种爱反映和表现得最早。这种爱的进一步发展,就可以培养儿童爱双亲、爱家庭的其他成员、爱周围的人,然后意识到自己是整个社会以至整个人类的一员。这就是一个人的道德力量的形成。

裴斯泰洛齐着重对智育的要素进行了详细地阐述。他指出,智育最简单的要素是数目、形状和语言,也就是我们常常提到的数、形、词。他指出,任何事物都包括着数量、外形以及名称,每一条线条、每一个数量和每一个词汇,都是人们的概念一步步走向清晰的手段。既然智育的任务在于使混乱模糊的感觉印象上升为清晰的概念,那么教学的手段也应当形成清晰的概念。在教学中,应当首先让学生观察物体的形状,通过教师的谈话或教师

---

[1] 夏之莲,译. 裴斯泰洛齐教育论著选[M]. 北京:人民教育出版社,1992:80.

和学生的对话让学生获知它的数目、形状和名称,然后通过一系列的练习使学生获得扎实的知识。数目、形状和名称是每一样事物都共有的三个基本特征。儿童要获得事物的清晰概念,就必须把握这三个基本特征,也就是这三方面的能力:1. 按照事物的外貌而认出不同的对象;2. 认出这些对象的数目和形状;3. 用语言称呼这些对象。

由于事物的这些普遍要素,裴斯泰洛齐指出必须从这三个方面来发展儿童的智育,也就是发展儿童的计算、测量和说话能力,进而激发儿童的思维能力。在这个基础上,裴斯泰洛齐研究了初等教育的各科教学法。

六、论教育改造社会

裴斯泰洛齐是一位典型的社会改良主义者,他试图通过教育来改造社会。从政治的角度来说,裴斯泰洛齐是位赞成资产阶级革命,同情劳动人民,争取国家独立、人民自由的爱国主义者,具有资产阶级民主、人道的社会政治观。他对人民特别是穷苦农民抱有强烈的同情。当时的瑞士广大劳动人民生活穷苦,裴斯泰洛齐对人们所遭遇的这种境况十分不满,他试图找出造成这种境况的原因,以找到消除贫困的唯一有效的办法。在他生活的年代,瑞士的农业运动进行得如火如荼。因此,他也开办了农庄。在这过程中,他更加深切地体会到了劳苦大众的贫困状况,他认为贫穷不是宗教和政治造成的,而认为教育才是它的根源。因此,他从教育入手,希望通过教育消除贫困以改造社会。

裴斯泰洛齐温和的改良主义主张在其著作中得以体现。在裴斯泰洛齐的小说体著作《林哈德与葛笃德》一书中,一位"超人式"的实行仁政、一心改变穷人愚昧穷困的县长的形象跃然纸上。这位县长惩罚了生活习气败坏的镇长,聘请决心实施教育改革的校长,对穷人的子女进行教育,为劳动人民谋福利。而他笔下的劳动人民则是一群无知、麻木和软弱的人。在这里,裴斯泰洛齐把社会的希望寄托在少数统治者的乐善好施上,把农村社会的改革的希望寄托在贤明的县长身上。这种思路是不正确的,也不可能在现实社会中实现。

事实上,当时的学校教育制度把劳苦大众的子女拒之门外,教育的权力掌握在少数特权阶级的手中。裴斯泰洛齐呼吁每个人都应当有权利接受教育,学校是改革社会最重要的平台。在他的著作中不断地流露着他通过合理的教育和耕作来改造农民生活的思想。他号召社会人士起来复兴农业经济,使农民生活得到保障,并改善劳动人民道德和理智的状况。这种想法是天真的,如果不推翻落后的政治制度,广大劳动人民就无法获取真正的权利。

实际上,仅仅从教育的角度努力不可能为广大劳动人民真正争取到幸福。裴斯泰洛齐在对人民贫困的根源问题的认识上受到历史和阶级的局限,不能真正了解农民贫困和愚昧的根源,也看不到人民群众的力量,而把希望寄托于统治者。这种思路是错误的,只能是一种乌托邦式的理想。

七、影响和评价

说裴斯泰洛齐是西方教育史上里程碑式的人物是丝毫不过分的。他系统地学习了前人教育思想的精华,并且在这个基础上进一步发展和超越。更难能可贵的是,他把自己的教育理想付诸实践,在实践中让他的教育理论得到了升华。裴斯泰洛齐教育思想的影响不仅仅是对当代的穷苦大众的儿童,他还影响了一代杰出的教育家以及教育实践者。

　　裴斯泰洛齐是一位在世界范围内有广泛影响的教育家,虽然他自己很少去国外游学,但是他成功的实践经验吸引了来自世界各地的著名教育家驻足。在伊佛东工作的 20 年,是他教育生涯中最鼎盛的时期,裴斯泰洛齐获得了很高的荣誉,受到广泛的敬仰。意大利、西班牙、丹麦、德国、法国等国都有专家和青年去学习和参观、访问。法国教育史家孔佩雷(Jules Gabriel Compayre)在《裴斯泰洛齐与初等教育》一书中指出:"整个欧洲无论南北,没有一个地方不受裴斯泰洛齐的影响。"这些来伊佛东学院参观学习的青年、学者们回国之后就开始宣传和推行裴斯泰洛齐的办学理念和办学方法。

　　其中比较杰出的例子当属 1799 年德国教育家赫尔巴特的伊佛东之行,和 1808 至 1810 年德国幼儿教育家福禄贝尔在伊佛东学院的任教和工作。赫尔巴特之所以能成为一名著名的教育家,和裴斯泰洛齐的影响是分不开的。赫尔巴特早年对伊佛东学院的参观,对裴斯泰洛齐的教育思想留下了深刻的印象。他亲眼看到了裴斯泰洛齐的教学方法和学生间融洽的家庭氛围,他自己也不禁置身其中。裴斯泰洛齐的教学心理化对赫尔巴特的统觉心理学的完善具有深刻的影响。另一位德国著名的教育家福禄贝尔曾经在 1805 年访问过伊佛东学院,他在那里停留了两个星期。1808 年,他再次来到伊佛东学院,这次随行的还有他的两位学生,福禄贝尔在这里任教和工作一直到 1810 年。在这期间他对裴斯泰洛齐的教育思想进行进一步观察和研究,很好地把裴斯泰洛齐关于母爱和家庭教育的原则运用到学前教育中去。

　　其他一些欧洲国家也有一些著名的学者也受到裴斯泰洛齐的影响,如来自英国的欧文、贝尔(Andrew Bell)、格里夫斯

(James Greaves)等,来自法国的波尼法斯(Boniface)、莱泽穆尼西亚(Lezay Mounesia)与穆什莱(Jules Michelet)。

裴斯泰洛齐不仅影响了整个欧洲,对美国公立学校制度的建立也有十分重要的影响。裴斯泰洛齐认为所有人都是可以受教育的,不论男女、不论阶级、不论贫富,这种普及教育的思想给曾经来伊佛东学院参观的美国公立学校创始人霍拉斯·曼(Horace Mann)与亨利·伯纳德(Henry Bernard)留下了深刻印象。他们回国之后,采纳了裴斯泰洛齐的理念,在新英格兰建立了最初的公立学校系统与教师培训学校。裴斯泰洛齐还影响了19世纪美国一代教育家,如凯瑟琳·比齐(Catherine Beecher)、玛丽·莱恩(Mary Lyon)、弗朗西斯·帕克(Francis W. Parker)、爱德华·谢尔顿(Edward A. Sheldon)和艾玛·威勒德(Emma Willard)等,这些人都曾经采用裴斯泰洛齐的办学精神来创办学校。19世纪初,弗吉尼亚州的卡贝尔(Joseph Cabell)也曾访问伊佛东学院,回国后就在费城设立了第一所裴斯泰洛齐学校,根据裴斯泰洛齐的教学理论,特别注重直观教学和教学过程中学生的心理活动。1865年,美国全国教育协会(NEA)批准采用他的实物教学法。裴斯泰洛齐对美国教育的影响在19世纪60、70年代达到顶峰,遍及初等教育和教师教育两个重要方面。

裴斯泰洛齐的教育学说最早于清末传入我国,至今已经快两百年,对我国的初等教育也有一定的影响。

在教育史上,裴斯泰洛齐给后人留下鞠躬尽瘁、死而后已的高尚的教师形象。尽管他已经离我们远去将近两个世纪的时间,他的教育思想一部分受到时代和阶级的局限,但是有许多精髓之处在今天还有其现实价值,这也是为什么裴斯泰洛齐在教育史上如此重要的原因。他提出的教育命题给后人留下了深刻的思考。如怎样在大型学校中施展教育爱？各学科的最基本的要素究竟是什么？教育和社会变革之间的关系究竟是什么？这些问题在后世的教育家的学说中或多或少都得到一些回答，但是到如今还值得我们进一步思考。

裴斯泰洛齐本人说过这样一句话："我的方法的形式会毁灭，但是我的方法的精神，给人以生命的精神，将会永存。"[①] 诚然，裴斯泰洛齐最可贵的也许不是他在当时提出来的教学方法，而是他的教育的爱，他那孜孜不倦、拯救劳苦大众于水深火热之中的教育情怀永远激励着后世的教育工作者。

【思考题】

1. 裴斯泰洛齐的教育爱产生的背景是什么？
2. 裴斯泰洛齐所提出的各学科的基本要素是什么？各学科究竟有没有最基本的要素？如果有的话，应当是什么呢？
3. 根据裴斯泰洛齐的政治观和教育实践之间的关系，思考教育和社会变革之间的关系。

【拓展阅读文献】

1. 裴斯泰洛齐．裴斯泰洛齐教育论著选［M］．夏之莲，译．北京：人民教育出版社，1992．
2. 阿图尔·布律迈尔，主编．裴斯泰洛齐选集（第二卷）［M］．戴行福，等，译．北京：教育科学出版社，1996．

[①] 赵祥麟，等，主编．外国教育家评传（第二卷）［M］．上海：上海教育出版社，1992：66．

3. 裴斯泰洛齐. 林哈德与葛笃德[M]. 北京编译社, 译. 北京: 人民教育出版社, 1984.

4. Kate Silver, Pestalozzi. *The Man and His Works*. New York, 1973.

5. Harlow G. Unger. *Encyclopedia of American Education*, Volume 2 [M]. Facts On File, Inc., 2001.

第三节 赫尔巴特的教育思想

一、生平与实践活动

1776年5月4日，赫尔巴特生于德国奥尔登堡。父亲身为法官，曾当选为地方议会议员，在当地威望较高；母亲弗劳·赫尔巴特，聪颖贤慧，智力超人，善于思考，富有理想，她对赫尔巴特的成长影响很大。

小赫尔巴特本来身体强壮，天真、活泼，但在5岁时身遭不幸。一天，母亲打算给小赫尔巴特洗澡，她把开水倒入浴盆后，就去打凉水。忽然，听到了一声惨叫，她情知不妙，马上跑回来看个究竟，天呀！小赫尔巴特在浴盆中痛苦地挣扎着，声嘶力竭地哭喊着，这情景差点使弗劳晕了过去。她赶忙把儿子从浴盆中捞起来。小赫尔巴特已不省人事，身体大面积烫伤，弗劳立刻求医治疗。小赫尔巴特虽然幸免于死，但从此体质羸弱，性格变态，和从前判若两人。在他身上再也看不到往日的天真、活泼了，却只能看到胆小、怯懦和自卑。母亲的心都要碎了，她痛苦欲绝，引咎自责。

母亲弗劳为了医治儿子的心灵创伤，矫正他的变态性格，以忘我的牺牲精神和非凡的母爱，把毕生的心血都献给了儿子。她循循善诱，启发引导，使赫尔巴特顺利地走完了幼年的旅途，使他心灵上的创伤逐步愈合，性格也恢复了正常。

赫尔巴特在母亲的教导和努力下，受到了严格的早期教育。他兴趣广泛，悟性甚高，对音乐有特殊爱好，能独自谱曲，会弹钢琴，也会拉小提琴，11岁时就登台演奏钢琴曲，获得了成功，被誉为"神童"。

1788年，12岁的赫尔巴特在奥尔登堡拉丁语学校二年级学习，于1794年毕业。在这期间，他勤奋好学，意志顽强，成绩极为优秀，表现出惊人的智慧。14岁时就发表了《论人类自由的学说》一文。17岁时作了题为《略论一个国家中道德兴衰的普遍原因》的讲演，分析透彻，说服力强，受到了一致好评，因而被当地一家杂志所刊用。在毕业时，他用拉丁文作了演讲，对西塞罗与康德的至善观念与实践哲学原理作了分析比较，深受赞许。

赫尔巴特知识广泛，善于独立思考。在中学时初露才华，为师生所叹服。学校在他的毕业评语中写道："在毕业生中，如同在他所有的同学中的那样，赫尔巴特始终以守秩序、有良好的操行、学习用功和顽强著称，并用通过孜孜不倦的勤奋学习，使他自己出色的天赋得到了发展和训练。"[①]

1794年10月，赫尔巴特进入耶拿大学学习法律。然而，他在当时德国"哲学中心"的耶拿大学里，对法律不感兴趣，却完全被哲学所吸引。他入学的那一年，著名哲学家费希特开始在此任哲学教授。赫尔巴特不久就成了费希特的得意门生。他非常感

---

① 赫尔巴特 [EB/OL] http: //blog.sina.com.cn/u/4aa3c9d6010005ve.

激这位导师的教诲，认为没有费希特，他将在哲学方面一事无成。但是，在哲学思想观点上，他却渐渐成了费希特哲学的批判者，并最终与费希特分道扬镳，走上了自己独立的哲学道路。

在耶拿大学，赫尔巴特为了增长才干和深入社会生活，加入"自由协会"，撰写文章，并和其他会员讨论法国革命、康德和费希特哲学，以及当代德国新诗，特别是席勒和歌德的诗作，有时还探讨一些现实的政治问题。赫尔巴特独具慧眼，洞察世务，曾发表6篇较有影响的论文，认为每个人应树立公民意识，而公民意识主要表现在行动上，这种行动可以是政治活动，也可以是教育活动，而教育活动起着重要的作用。

赫尔巴特在上大学时，就已经从哲学、心理学的高度开始探讨教育问题，开始注意教育对社会和公民的作用问题。这对他后来从事教育研究产生了深远的影响。

1797年初，赫尔巴特还未修完大学课程，就决定应瑞士一位贵族的邀请，担任家庭教师。这一举动的原因有四个方面：其一，采纳母亲建议，像康德、费希特、黑格尔一样，先做家庭教师，后做学问；其二，以教书来获得实践经验，巩固所学知识；其三，自觉思想尚未成熟，不足以取得博士学位；其四，为主攻哲学，寻找可靠的经济来源。

这位瑞士贵族名叫施泰格尔，身为因特拉肯的地方长官。他有7个孩子，其中3个孩子的年龄分别是8岁、10岁和14岁。赫尔巴特就负责这3个孩子的教育和教学。他初为人师，以身作则，教导有方，要求严格，每月向主人交书面报告，介绍三个孩子的进步和现实表现。施泰格尔深感满意，十分赏识赫尔巴特的才华。赫尔巴特善于总结，积累了丰富的实践经验。实践告诉他，教育必须建立在坚定的哲学基础上，教学方法、课程设置以及纪律教育必须从哲学中寻求答案。他断言,任何有价值的教学都应当是科学的;学问来自于艰苦的工作,而不是"轻松的教育"。

1799年,赫尔巴特利用工作之余(当时仍是家庭教师),去瑞士的布各多夫城拜访已负盛名的教育家裴斯泰洛齐。他通过听课、交谈和参观,为裴氏学校的儿童能掌握丰富的知识而惊叹。他与裴斯泰洛齐虽然个性与才智截然不同,却建立了忘年之交。赫尔巴特常常去布各多夫看望53岁的裴斯泰洛齐,切磋教学艺术;他始终尊敬这位名师,从未停止分析在布各多夫得到的体验,这对他形成一套教育学、心理学思想无疑产生了重大影响。

赫尔巴特后来成了第一个在德国用文字传播裴斯泰洛齐教育思想的人。他在1802年发表《论裴斯泰洛齐的新作〈葛笃德怎样教育自己的子女〉》和《裴斯泰洛齐的直观教学ABC》,形象生动地、富有启发性地介绍了裴斯泰洛齐的教育主张,在德国教育界曾产生了轰动。后来赫尔巴特曾任格廷根大学、海德尔堡大学教授,主持哥尼斯堡大学哲学讲座。赫尔巴特根据他的教育原理创办教育研究所培养教师,训练出大批校长和督学,受到当时政府的极大重视。普鲁士政府便任命他担任皇家考试委员会主任。[1]

赫尔巴特在承担各种教育教学任务的同时,还不间断地从事教育理论的研究,发表了一系列关于教育和与教育有关的著作,形成了自己独特的教育理论体系。他的主要著作是在两个大学任教期间出版的。教育方面的著作有:(1)《论世界的美的启示为

---

[1] 吴式颖. 外国教育史教程[M]. 北京:人民教育出版社,1999:312~313.

教育的主要工作》（1804年），这是用严格的演绎方式，从教育目的开始，讨论到它的假设，由假设达到完成目的的手段，侧重于伦理学方面的发挥。(2)《普通教育学》（1806年），分管理、教学、训育三部分，表现他的主要教育思想，侧重于心理学方面的阐述。(3)《教育学讲义纲要》（1835年），这是《普通教育学》的补充，对于前书中的心理学基本思想有进一步的发挥。其他与教育有关的著作，尚有《公众协作之下的教育》（1810年）、《学校与生活的关系》（1818年）、《关于心理学应用于教育学的几封信》（1831年）、《理想主义对于教育的关系》（1831年）等。

二、伦理学与教育目的论

赫尔巴特的伦理学指的是他的五道念理论。五道念即自由、完善、仁慈、正义和公平等五种道德观念。

1."自由"的观念，亦译作"内心自由"的观念

"自由"的观念要求个人的意志和行为能摆脱一切外在影响的束缚而只受制于人的内在判断，归之于人的内在自律，归之于人的理性自觉，从而使人的意志、理性与外在行为完全协调起来。意志、理性之外显即为人之行为，人之行为之内化即为人之意志、理性。赫尔巴特认为，如果道德实践只是借助于道德他律，借助于一味附和外来的主张来实施，那么，这种实施便是懦弱和苍白无力的。只有"自由"的观念才可使人的意志和行为之间避免产生任何矛盾和斗争。它使人具备明确的目标，不致产生动摇、犹豫、颓伤和彷徨。但是，"自由"的观念本身只解决了人的价值判断问题，因而只能使人决定行为的目标和方向，还不能使人成为有道德的人。

2."完善"的观念

赫尔巴特认识到,在实际的道德实践中,人的由意志、理性所作出的内心判断往往难于与外在行为完全协调起来,人之理性判断外发之为道德行为,往往受客观条件和人的其他心理品质的影响。当内外发生矛盾且这一矛盾不能调和之时,即需依靠"完善"的观念去加以解决,即用多方面的意志力和坚强而紧张的毅力加以"内部的协调"。"完善"的观念以认识的全面性为前提,以行为的完善性为目标。"完善"的观念可作为一个衡量人的意志所应达到的限度的正确尺度。

3."仁慈"的观念,亦即"绝对的善"的观念

"完善"的观念得以发生作用的法宝是人的意志等理智能力。如果借助人的内部的理智能力还无法协调意志和行为之间的矛盾,就要用"仁慈"的观念来控制人的行为,从而使人不与任何人发生那种危险的恶意的冲动。"仁慈"的观念发生于两种意志的相互关系之间,通过这一观念使自己的意志处处与别的意志相协调,具有无私地为他人谋福利的强烈愿望,这样,社会冲突就不可能发生,社会秩序就会得以安定。

4."正义"的观念

如果说"仁慈"的观念类似于"将心比心"、由己推人的忠恕之道,那么,"正义"的观念则是"守法"的观念。如果"仁慈"的观念还不足以遏制人的与他人发生冲突的恶意冲动,就必须通过"正义"的观念,即根据人们志愿协调所制定的守法观念或法律条文予以解决。这样,"正义"的"守法观念"和良好的社会秩序就会牢固地建立起来。

5."公平"的观念,亦即"报偿"的观念

如果通过"正义"的观念还不能够解决不同意志之间的矛盾,就必须通过"公平"的观念,对那些预先思量过的错误行为

予以应受的惩罚使之不失为公道。"公平"的观念要求以等量的善与恶偿还于当事人，即以其人之道还治其人之身。它使人意识到不良的行为必将导致应有的法律制裁。"公平"的观念的本质是善有善报、恶有恶报，法网恢恢，终当扬善惩恶、主持公平。

在赫尔巴特看来，五道念为人人所共有。作为一套普遍的道德范畴，五道念是人类的永恒的美德，它将人类的一切美德都网罗入内。在五道念中，"自由"和"完善"的观念是正视个人的自我道德修养而言的，而"仁慈"、"正义"和"公平"的观念则是针对人际关系而言的。五道念是一个层层剥笋、步步递进的关系，愈到最后，其道德自律的成分愈少，而道德他律的色彩愈浓。赫尔巴特断言，五道念囊括了意志道德的一切类型，因而是巩固世界秩序亦即维护普鲁士君主政体下占统治地位的社会关系和道德规范的"永恒真理"，如果人人都能牢固地将五道念建立起来，天下自无任何骚乱，社会自然安定太平，人民自然各司其职、安守本分。[①]

所以，教育的整个目标和全部工作就在于以五道念为基础，培养具有完美的道德品质的人，"使绝对明确、绝对纯洁的正义与善的观念成为意志的真正对象，以使性格内在的、真正的成分——个性的核心——按照这些观念来决定性格本身，放弃其他所有的意向"。这种以培养道德为旨归的教育目的，赫尔巴特称之为"道德目的"或"必要的目的"。"道德目的"或"必要的目的"是教育最终的最高的目的，是公民道德对教育目的和学生人格所提出的必然要求。道德目的强调要培养内外统一，道德认

---

① 周采. 赫尔巴特的教育学与伦理学[J]. 教育学报. 2006 (10)：3～10.

识、道德判断与道德行为相互协调的具有自律道德的人。很显然,"德育绝不是要发展某种外表的行为模式,而是要在学生心灵中培养起明智及其适宜的意愿来"。道德目的即是要培养既不怀疑现存的社会制度,又能克服自己内心的任何冲动的"完人"。

教育目的除了"道德目的"这一最终的或最高的目的之外,还应当包括"纯粹可能的目的"或"意向目的"。在赫尔巴特看来,人类的社会分工是必要的,"人类社会早就发现分工是必要的,这样每个人都可以把他所做的事做好"。但是,分工过细也会造成弊端,所以,"在真正人类的较高级活动领域中,分工不应该分到使每个人相互不了解的程度"。社会要求每一个人都要热爱一切工作,同时又必须精通一种工作,"这种专一的精通是各人所意向的事情,而多方面的可接受性,只能产生于个人从一开始就作出的多方面的努力之中,这就是教育的任务"。作为教育者,应该针对儿童在未来的成人生涯中所可能遇到的种种职业选择问题,有意识地为他们的未来生活和就业工作做好必要的准备。因此,必须针对儿童兴趣的多方面性培养儿童"平衡和多方面兴趣",以使儿童获得"一切能力的和谐发展"。[①]

三、观念心理学与教学论

(一)观念心理学

赫尔巴特在伦理学的基础上建立了教育目的论,其教学论思想则是建立在其观念心理学的基础上的。赫尔巴特在心理学领域也很有建树。他"完全摒弃官能(康德概念)的概念",在心理

[①] 滕大春. 外国近代教育史 [M]. 北京:人民教育出版社,1989:214~218.

学史上"帮助摧毁了直到那时一直占统治地位的心能心理学"。他十分强调的"统觉论"就是从心理学的研究中得出的结论。他认为,"统觉"在心理学上,是指由当前的事物引起的心理活动同已有的知识、经验的联系与融合,从而更明显地显示事物意义的现象;认为统觉的作用就是利用已有的观念吸收新的观念并构成统觉团(观念统系,apperception mass)。意识阈并不是固定不变的,因为意识和无意识是可以相互转化的。被抑制的观念,可以通过有关的意识观念的吸引,从意识阈下进入意识阈限之上。相反,随着时间的变迁,意识阈限上的观念可以转入意识阈限下而成为无意识。赫尔巴特认为,知识与意识中的观念有关的观念才容易穿越意识团而进入意识,并为意识所融化,否则就会被排斥。这便导致了他的统觉概念。统觉过程就是把一些分散的感觉刺激纳入意识,造成一个统一的整体——统觉团。统觉团越丰富、越系统化,就越能吸收新知识。

赫尔巴特第一次提出了关于意识与无意识的"阈限"学说。他认为,两个相互冲突的观念虽然可以相互抑制,但那种受抑制的观念在一定条件下仍可由被抑制状态变为现实状态。一个观念若要由一个完全被抑制的状态进入一个显示观念的状态,便需跨过一条界线,这条界线就是意识阈(limen of consciousness)。他第一次发明了"下意识"这一概念。他认为人的观念聚集起来,形成观念群,其中一部分观念由于其力量和强度较高而被抑制,沉降于"意识阈限"以下,这就是"下意识"。在此基础上,他还提出了一些著名的观点和概念,如情感、愿望、意志、记忆、回忆、遗忘、重现、注意、思维等。

赫尔巴特主张对心理现象做定量分析,第一次把数学应用到心理学研究中,为实验心理学的形成开辟了道路。

赫尔巴特在心理学上独树一帜，多有建树，因此受到心理学界的高度评价。人们认为他在心理学中的永恒地位在于他对心理机能进行数学分析的贯彻到底，那是后来受到韦贝尔、费希纳并且再往后又受到艾宾浩斯……的称颂的；这种永恒地位在于他在统觉概念中形成的关于注意和整合作用的见解，在于他使学习过程成为一种实验和定量研究领域的坚决努力。[①]

(二) 教学形式阶段论

赫尔巴特对兴趣的心理特性和心理过程进行了探讨，认为人的兴趣是一个由"专心"和"审思"共同组成而又相互矛盾的心理活动。"专心"要求人全身心地投入到某一事物之中，排除其他事物的干扰，不以彼一害此一，"应当明晰地把握每一件事，全心全意地献身于每一件事"。同时，"人格依赖于意识的统一，依赖于积聚，依赖于审思。各种专心是相互排斥的。正因为如此，它们也排斥那种必须借以使它们统一起来的审思"。因此，"专心"排斥"审思"，同时又需通过"审思"将种种"专心"统一起来。如何预先感觉到"审思每一次是如何由这样那样的专心组成的"，"乃是教育技巧的核心"。"专心"与"审思"的矛盾运动构成了兴趣的四个阶段，即注意、期望、要求、行动。赫尔巴特正是依据兴趣的四个阶段提出其极为著名且又影响极为巨大而深远的"四段教学法"。

1. 清楚

"清楚"指教师讲授新教材，将新观念分析出来深入研究，以便使学生清楚而又明确地感知新教材。事物能否被感知，首先

[①] 贺国庆, 刘向荣. 赫尔巴特教育心理学化的理性分析[J]. 教育学报. 2006 (10): 12~19.

取决于学生的过去经验,即旧观念或旧知识的性质及其与新观念或新知识的相关性。因此,要使学生清楚地感知新教材,教师就必须充分了解学生原有的观念,以便向学生提供恰当的新观念。新观念提供以后,教师还必须尽力引导学生寻找有关的旧观念去感知它。

2. 联想

"联想"指通过师生谈话将新旧观念联系起来。这个阶段的教学,需要充分调动学生创造性的心灵活动,其中主要是记忆和想象两种活动。在正确组织教学的情况下,经过了清楚阶段之后,学生能够将以往的种种观念迅速地正确再现出来,并自然地引起某种联想。但是,也往往会碰到新观念与旧观念不相一致或与旧观念不相联系的情况,这时,教学便需要激发学生的"创造性思维",通过其他有效方式,寻找某些较接近的新观念或旧观念,去代替或调和它们。在这一阶段,重视培养和利用良好的记忆力和想象力是十分重要的。

3. 系统

"系统"指在教师指导下寻找结论和规则。这一阶段的教学主要是使初步联合起来的种种观念进一步与课程的整个内容和目的联合起来,使相关的新旧观念重新联合为集团,形成普遍性的概念。在这一阶段,想象和思维表现得特别活跃,并具有更严密的逻辑性。

系统的联合不能只单独发生于某一个观念团,而要各个不同的观念团都要发生联合,某一观念团与其邻近的各观念团发生直接的联合,与其他距离较远的观念团发生间接的联合,所以,在不同的观念团中,联合的方式是各不相同的。

4. 方法

"方法"指通过练习将所学知识应用于新的场合。教学过程达到系统阶段,并不等于观念体系全部形成了,还需要不断充实和完善,这便需要借助实际的练习,使已获得的系统知识付诸应用,使之变得更为牢固和熟练。

所以,教学过程即是一个观念运动过程,通过清楚阶段使个别的观念明确清楚,通过联合阶段使许多个别的观念得以联合,通过系统阶段使已联合的许多观念得以系统化,通过方法阶段使已系统化的观念进行某种运用,以便使之更为牢固和熟练。①

(三)教育性教学

赫尔巴特认为教育必须形成学生一定的道德品质和道德观念,使之成为"完善"的人,其最主要和最基本的手段还是教学。要进行道德教育,就必须进行教学;不进行文化知识的教学,就无从实施道德品格的教育。他明确提出了"教育性教学"的原则,强调任何教学过程都必须同时进行道德教育,道德教育必须依赖于教学。他不承认有"无教学的教育",同样也反对"无教育的教学"。他说:"绝不是所有教学都是有教育性的。例如,为了得到收益而学习,为了谋求生计、为了娱乐,不管学习的人由此是好是坏,这里都和教育性的问题无关。"教育性教学的决定因素在于强化教学工作中的目的,使教学真正成为造就所需要的人才的有效途径。他说:"我想不到有任何无教学的教育,正如在相反方面,我不承认有任何无教育的教学。"教学如果没有进行道德教育,只是一种没有目的的手段;相反,道德教育(或者品德教育)如果没有教学,就是一种失去了手段的目的。

---

① 王天一. 外国教育史 [M]. 北京:北京师范大学出版社,1984:321~326.

他强调以培养具有善良美德的人为教育目的，要求学生循规蹈矩，唯命是从，既不怀疑当时的社会制度，又能遵从一定的各种法制，学校的各种教学都要坚持善良美德的要求，向学生进行思想品德教育。

他认为，理性、情感和意志都源于观念，在掌握知识的基础上才能形成学生的道德意识和行为。因此，赫尔巴特强调教学是教育的基本途径，必须在传授知识的基础上培养学生的品德。在教育性教学的概念下，使儿童心灵得到发展的一切材料，都是通过教学提供的。他把实现教育目的与传授文化知识看作同一个过程。学校教育一方面是通过情感和意志的训练进行道德品质的培养，一方面是通过知识传授进行智慧的启发，但两者不是孤立的，而是统一的，密切相关地体现在形成学生观念体系的整个过程之中。赫尔巴特把学校的全部工作都归结为"教育性教学"，把自己的全部教育学说也概括为"教育不能离开教学"。

在教育学史上，赫尔巴特第一个明确地提出了"教育性教学"的概念，从而深刻地阐明了教学的定义，论述了教学与教育的关系。赫尔巴特认为"教育"是指为了提高人的素质而指导其个性的发展；"教学"是指介绍世界万物，传授新鲜知识，发展原有才能以及培养有用技能。赫尔巴特提出的革新的教育学，使教育与教学二者之间的关系发生了革命性变化，从而在教育思想和教学实践方面树立了一个全新的范例。[①]

---

① 戴本博. 外国教育史（中）[M]. 北京：人民教育出版社，1989：268~271.

四、兴趣说与课程论

赫尔巴特将"兴趣的多方面性"作为其教学论的理论前提和基础,在《普通教育学》中,其第二编,作为论述教学理论的专编,即是以"兴趣的多方面性"作为卷名的。

何谓兴趣?"兴趣是同欲望、意愿和审美有共同之处的,是同漠不关心相对立的。""当我们发生兴趣时内心是积极的,但在兴趣未转化为欲望与意志之前,我们在外表上却一直是消极的。兴趣处于单纯的观望与着手之间",同时.兴趣能激起人们的爱好而占有人的心灵,从而过渡到欲望和意愿。人对外界实在的注意,构成了兴趣的来源,这种实在一旦与人的一种新表象相互联系即会产生兴趣这一心理活动。作为现象的外界实在具有多方面性,因而人的兴趣也具有多方面性,"心智中的多方面性只不过是现象的多方面性,就像心智中的统一性只不过是现象的相似性与综合一样"。

兴趣的多方面性可分为两大类,即"认识"的兴趣和"同情"的兴趣。"认识"的兴趣是属于对周围自然现实的认识,"是在观念中摹写在它面前的东西",而"同情"的兴趣则属于认识社会生活的,"是把自身置于别人的情感之中"。以上这两大类兴趣又可具体分为六种兴趣:第一种是观察、认识自然界及周围环境个别现象的经验兴趣;第二种是探究自然知识规律,对事物进行思考的思辨兴趣;第三种是对现象的善恶美丑进行艺术评价的审美兴趣;第四种是与一定范围内的人接触的同情兴趣;第五种是与社会上较广泛的人进行接触以尽公民职责的社会兴趣;第六种是要对所信奉教派予以重视和亲近,虔信上帝,服从教会的宗教兴趣。

赫尔巴特认定，"只有教学才能满足平衡地培养广泛的多方面性的要求"，而作为教学，又"必须把认识与同情作为彼此不同、基本上独立的心理状态同时地加以发展"。反过来，兴趣又在教学中占有重要地位，"兴趣的多方面性"构成了儿童意识活动的内在动力。"兴趣的多方面性"为教学内容的多样性提供了可能和必要。由此，赫尔巴特提出了他的范围广泛的教学课程论。属于经验兴趣的学科是自然科学、物理、化学、地理，属于审美兴趣的学科是文学、唱歌、图画，属于同情兴趣的学科是外国语（古典语与现代语）和本国语，属于社会兴趣的是历史、政治、法律，属于宗教兴趣的学科则为宗教。[①]

五、性恶论与管理论

赫尔巴特禀承了历史上沿袭的、曾为中世纪神学所极力鼓吹的"性恶论"，认为在儿童天性中处处都会表现出不服从的烈性。"这种烈性就是不守秩序的根源，它扰乱成人的安排，并把儿童未来的人格本身也置于种种危险之中"。这种盲目的烈性情绪的种子、这种原始的欲望如果不加以遏制，它就会伴随着儿童的成长而一直存在于儿童身上，甚至会逐年增长扩大。任私欲恶性膨胀的人往往都会受到应得的报应，但是这种报应必然会付出代价，因而也是一种道德上的罪恶，是应当避免的。理想的方略便是将儿童不服从的烈性消灭在萌芽之中，"所以为了要使那种在烈性与欲望中成长起来的意志不被它们（指儿童的烈性与欲望）造成具有反社会的倾向，就有必要经常不断地对它们保持明显的

[①] 王汉澜. 对赫尔巴特的教学过程学说的分析与评价[J]. 河南大学学报，2002（3）：1~6.

压制","而儿童管理就是许多必要的预防措施之一"。

赫尔巴特将对儿童的管理作为实施教育工作的必不可少的前提条件。在赫尔巴特看来,教育过程可分为三大部分:管理、教学、训育。没有教学就没有教育,不进行文化知识的教学,实施道德品格的教育就无从谈起。在进行教学之前,必须首先对儿童进行管理,如果不首先通过管理将儿童天生的粗野倔强的性格压下去,无论是教学还是教育都无法进行。但是,儿童管理既不是教学,也不属于教育,旨在为顺利进行教学和教育创造前提条件,除此之外别无目的。"这种管理并非要在儿童心灵中达到任何目的,而仅仅是要创造一种秩序"。

但是,赫尔巴特同样坚决反对将儿童管理的思想推向极端,认为"只教不管"会劳而无功,同时,"只管不教"则是对儿童心灵的压迫。所以他说:"满足于管理本身而不顾及教育,这种管理乃是对心灵的压迫,而不注意儿童不守秩序行为的教育,连儿童也不认为它是教育。"

主要的管理方法有:

1. 威胁

这是一切管理首先采取的措施,是管理儿童的第一手段,也是特殊手段。威胁带有强制性。学校应规定许多切实而具体的命令和禁则,设置惩罚簿,专门记载儿童的过失。但是,由于那些本性倔强的儿童对威胁毫不在乎,什么都不怕,而那些本性脆弱的儿童也体会不到威胁的意义,还是继续照其愿望所指使的那样去做,所以,采用威胁的方法常常不能获得预期的效果,它必须与其他方法结合进行。

2. 监督

对孩子不加监督,不加教养,而放任儿童撒野是培养不出伟大的品格来的，因此，长期以来，监督就是儿童管理的不可缺少的部分。但是，滥用监督又会造成很大的危害。拘泥于细节的和经常的监督对于师生双方都是负担，因此双方都常常千方百计要回避它，并一有机会就会把它抛弃掉。滥用监督"还会妨碍儿童自己控制自己、考验自己，使他们不能认识永远不会被引入教育体系之中而只有通过自己探索才能发现的许许多多事物"。滥用监督只会扼杀人的创造能力、果敢精神和自信行为，只会产生这样的人："他们始终只是单调刻板的，并习惯于墨守成规俗套，不思改变，而对于高尚与奇特的事件则畏缩不前；他们把自身葬送于庸庸碌碌与安逸之中"。

3. 权威与爱

权威能约束人使之不致产生超出常规的活动。权威非常有助于克服人的一种倾向于邪恶的、正在形成的意志。对于那些具有最活跃的天性的人来说，权威更应该是不可缺少的。权威必须将教育置之度外而单独发挥作用。虽然权威对于儿童的心智培养没有多少意义，但它"对于学生以后的思想范围的划定或者扩大来说是多么重要；他们今后将要在这种思想范围内更加自由地活动，并独立地创造自我"。爱在管理中也具有重要意义，学生一旦获得了爱，这种爱便可大大地减轻管理的困难。爱所要求的师生之间的感情和谐可以通过两种方式产生出来：一是教育者的感情投入，教育者将自己的感情十分巧妙地悄悄融合在学生的感情之中；二是教育者设法使学生的感情以某种方式接近他自己的感情。后者较为困难，它必须与前者结合起来采用，"因为只有当学生能够用某一种方式与教育者交往起来的时候，学生才能致力于他与教育者关系的发展"。①

六、影响与评价

赫尔巴特于1841年8月11日突患中风，昏迷不醒，经抢救无效，于当日逝世。8月16日，他的亲属、朋友和学生把他安葬在老式的阿尔巴尼教堂公墓，在墓碑上镌刻着这样的墓志铭：

探求神圣深湛的真理，

甘于为人类幸福奋斗，

是他生活的鹄的。

此刻，他的自由的灵魂，

充满光明，飞向上帝，

此地，安息着他的躯体。

多数伟人，在他们在世时，好像并不怎么令人钦佩；但当他们去世以后，他们的伟大之处才会引起人们的注意。所以，伟人的称呼往往是他们的后代给的，他们的荣誉往往是迟到的，与他们所处的时代不完全合拍。赫尔巴特也是如此。

赫尔巴特的教育、教学思想并未引起当时人们的注意和重视，为此他曾哀叹道："我那可怜的教育学没能喊出它的声音来。"

到了1856年，澳大利亚的沃尔克曼出版了一本论赫尔巴特主义的教科书，对赫尔巴特的心理学与教育学的历史作了全面的回顾，并评价了他的有关著作。1868年，齐勒尔创办了"科学教育学会"，宣传赫尔巴特理论，使他的思想得到了广泛的传播。

---

① 周采. 赫尔巴特教育性教学思想新探[J]. 教育研究，2006（6）：51~54.

从 1889 年开始，美国掀起了赫尔巴特研究的热潮，形成了"赫尔巴特运动"。1892 年美国成立了赫尔巴特俱乐部，1895 年成立了全国赫尔巴特教育科学研究学会，从此，"赫尔巴特主义"一词也相继出现。

这样，赫尔巴特成了全世界公认的教育名人。他提出的著名的四段教学法，是教学论发展史上的一座丰碑，形成了传统教学法的理论体系，影响极大，传播极广。

赫尔巴特还论述了对儿童管理的目的和方法，说明了心理学对于教育学的意义，并且论证了教育性教学这一概念。所有这些，在教育史上都有一定的价值。米定斯基认为赫尔巴特是"试图把教育学当作科学规律建立起来的第一个教育理论家"。他的教育体系不仅对当时德国的教育理论与实践的发展起了推动作用，而且对其他国家的教育与教学也有较大的影响。赫尔巴特在他的教育思想中提出了许多新颖独到的见解，为教育科学化作出了杰出的贡献。今天当我们重新审视赫尔巴特教育理论的时候，会发现其对我们的教育和教学工作仍有重大的指导意义。[①]

从 19 世纪中叶以来，很少有教育家像赫尔巴特那样，对学校教育实践有如此直接、如此广泛、如此巨大、如此久远的影响。在西方教育史上，他被誉为"科学教育学的奠基人"；在教育史册上，他占有光辉的一页。

【思考题】

1. 赫尔巴特的教育思想包括哪些内容？你如何评价？

[①] 诺尔贝特·希根海格. 赫尔巴特 [M]. 北京：中国对外翻译出版公司，1995：88.

2. 赫尔巴特教育目的论的思想基础是什么？

3. 按照赫尔巴特的理论应该怎样管理儿童？你对此有何评价？

4. 赫尔巴特教学形式阶段理论的主要内容和意义是什么？

【拓展阅读文献】

1. 赫尔巴特. 普通教育学·教育学讲授纲要 [M]. 李其龙, 译. 北京: 人民教育出版社, 1989.

2. 中国教育史研究会. 杜威赫尔巴特教育思想研究 [M]. 济南: 山东教育出版社, 1985.

3. 滕大春. 外国近代教育史 [M]. 北京: 人民教育出版社, 1989.

第六章
外国现代教育家及其教育思想

第一节 杜威的教育思想

一、生平与教育实践

约翰·杜威（John Dewey，1859～1952）1859年10月20日生于美国威芒特州的农村小镇伯林格顿，是新英格兰一家老股份公司的一个零售商的儿子。他在地方中学受教育，1879年毕业于该州州立大学威芒特大学。在一个乡村学校不太成功地当了一个时期的教师之后，又于1880年进入刚建立的约翰·霍布斯金大学的研究生院。1884年，杜威以一篇有关康德心理学的论文而获得哲学博士学位之后，来到了密执安大学任教。在这里,他和进步主义建立了直接的联系,并把科学纳入了自己的伦理和哲学思想。在明尼苏达大学和密执安大学任教10年哲学之后,他于1894年至1904年担任芝加哥大学哲学、心理学和教育系主任。正是在芝加哥大学任教时期,杜威开始致力于教育理论的研究。1896年他在该校创立实验学校,依据实验学校的相关考察,于1899年出版了《学校与社会》。这是他全部著作中流传最广的一本。

由于所鼓吹的教育改革被人们视为过激,当时的芝加哥大学校长哈波尔(William Harper)也不能接受,杜威于1904年离开芝加哥大学到纽约哥伦比亚大学任教,一直工作到1930年退休。在哥伦比亚大学期间,杜威的实用主义教育思想已发展成完整的体系,并且应用于教育的各个方面。杜威是教育史上少有的集大成者,其中1916年的《民主主义与教育》是他的教育哲学代表作。在世界范围内被广泛阅读的著作还有他的《我们怎样思维》(1910年)、《明日之学校》(1915年)、《哲学的改造》(1920年)、《经验与自然》(1925年)等。这些著作为杜威赢得了广泛的赞誉。

在1918年至1928年间,他先后访问了日本、中国、土耳其、墨西哥和苏联。杜威1919年4月30日与夫人(Alice Chipman)和小女儿(Lucy Alice Deway)乘船由日本抵达上海,成为北京大学的访问教授,并开始了他的中国讲学之行。杜威一行在中国呆了两年零两个月又十二天,于1921年7月11日离开北京回国。在中国访问和讲学期间,杜威在他的学生胡适、陶行知等人的陪同下访问了14个省市,作了大小讲演200多次。原北京大学教授、中国的杜威研究专家吴俊升先生说:"中国教育所受到外国学者影响之广泛与深远,以杜威为第一人。杜威所给予国外教育影响之巨大,也以中国为第一国。"[①]

杜威1930年退休后还继续写作。1938年,出版了他关于教育的最后的重要著作《经验与教育》一书。在该书中,杜威分析了上一代人的传统教育和进步教育之间的矛盾,总结了他自己关于教育方法和教育目的的观点。[②]

杜威于1952年去世。

二、哲学与心理学观

杜威说教育不是哲学的穷亲戚,而是哲学的实验室,哲学则是教育实践的理论基础。因此,要说明杜威的教育观点,必须先说明杜威的实用主义哲学和他的社会观。

面对19世纪美国社会的深刻变革,实用主义对传统的真理观发生怀疑,否认真理的绝对性和客观性,认为不存在传统哲学家所信奉的普遍的永恒的先验的真理,强调以实用效果作为衡量真理的标准。实用主义把真理看成解决当前需要的工具,并最终导致这样一个观点:有用的就是真理。这种真理观也就是这个学派被称为实用主义哲学流派的原因之一。杜威除了秉承"有用的就是真理"的观念以外,还认为"宇宙是变化不居的","经验高于一切"。他曾说:"一磅的经验胜过一吨的理论"。

杜威的上述哲学观点在他的教育思想中均有所体现。由于他相信历史和自然界的变化不居,所以他重视适应和更新,重视探

---

① 杜威. 民主主义与教育 [M]. 王承绪,译. 北京:人民教育出版社,1996:序言.
② 康内尔. 二十世纪世界教育史 [M]. 张法琨,方能达,李乐天,等,译. 北京:人民教育出版社,1990:143~144.

索和改造；由于他相信真理的相对性而不是绝对性，所以力求摆脱已有规则的局限，而要求掌握探寻知识的智慧和注重探寻知识的过程。总之，杜威认为不论从教育内容还是从教育方法来说，都必须重新考虑。

就认识论而言，杜威认为"思维起源于疑难"。也就是说，人们思维并不是凭空而起。一般说来，人们在适应情境的过程中总会发现疑难；总要确定矛盾之点，即疑难所在；还要根据有关的暗示，作出解决矛盾的假定；更要论证或核实所作假定的内涵；最后更要检验假定是否正确。以上就是杜威著名的反省思维的五步骤。他认为这种认识活动是传统学校所没有的，因为学生只是记诵书本，缺乏真实情境。杜威由此便提倡"由做中学"，肯定设计教学法的效用。

对社会的认识上，杜威认为人类社会是变动不居的，不是永恒静止的。社会变迁没有一个确定的方向。这个世界之所以变成这样，而不是变成那样，是一种偶然，而非必然。杜威所向往的社会变迁是渐进的、改良的，认为通过暴力革命造成独裁政治不是达到良好社会的方法，坚持必须采取"智慧的方法"。

杜威的社会理想是民主主义。杜威认为教育是社会进步和改革的基本方法，学校是社会进步和改革的最基本和最有效的工具，如果没有教育，民主主义就不能维持下去，更谈不上发展。教育是民主的工具，教育是为了民主的，同时，教育也应该是民主的。杜威认为，个人各种能力的自由发展是民主主义的特征，民主主义的道德含义在于使每个社会成员得到全面的生长和发展，个人发展与民主的社会目标是一致的东西，个人的充分生长和发展既是民主主义的要求和体现，也是民主主义得以维持和发展的保证。

杜威的教育思想是围绕他觉得教育应如何促进社会变迁,如何实现民主主义来发挥的。

生物化的本能论是杜威教育思想的心理学依据。杜威受心理学家詹姆斯(William James)的影响,信奉机能主义心理学。在机能心理学看来,心理活动的实质就在于有机体采用一定的行动来适应环境并满足自己的需要。其特点是:①把心理活动完全生物学化,认为主要由生理决定心理,心理又决定世界;②注重心理学的实用效能。用杜威的话说就是心理学家应关心的是整个心理的协调作用(Coordination),而反对心理学内的元素主义。

詹姆斯和杜威都把心理理解为本能的活动,认为人的情绪、习惯、冲动等生物性的本能是心理的基本内容,它们是由遗传作用一代代传下来的。

杜威认为儿童的本能应该分成四种:第一种是社交的本能。儿童很有兴趣地把自己的经验说给别人听,也有兴趣去听取别人的谈话。由于表现儿童社交本能的最主要最简单的形式是语言,因此社交的本能又被称为语言的本能。第二种是制造的本能。儿童对游戏活动、各种姿势和手势很感兴趣,可以把各种材料做成各种具体的形状和定型的实物。这正好表现了儿童喜好活动,对各种动作感兴趣的冲动。制造的本能又称为建造性的冲动。第三种是探究或发现的冲动。儿童总是喜欢做做这个干干那个,还很注意观察,看看会发生些什么,等等。利用这点,有可能引导儿童得出有价值的结果。杜威把这种探究性的冲动又称为研究的本能。第四种是艺术的本能。儿童喜欢绘画、唱歌等,在色彩、形状或技巧方面,都表现出耐心、彻底、坚持以及适当表达某种观念的艺术才能。对年幼儿童来说,艺术的冲动主要是与想讲述、想表现的愿望联系的。所以,杜威把艺术的本能又叫做表现的冲动。这四种本能或冲动，通常表现为"说"、"做"、"发现"和"创造"。

杜威把这种生物化本能论的心理学作为他的教育、教学论的心理学依据，提出教育的任务就是要按照本能生长的不同阶段供给它适当的材料，促进本能的表现和发展。他曾说过：儿童"基本本能"的生长乃是"教育的天国"。他的"儿童中心"学说就是以本能论的心理为根据的。于1913年开始出现的美国另一心理派别"行为主义"心理学，把人的心理学与动物心理学等同起来，重视对人的生物化的行为、操作的意义的研究。这派心理学的生物学化倾向更为严重。而它在杜威的教育理论中也在一定程度上被引用来论述教育、教学主张。

杜威的哲学、社会学以及心理学观点又有其内在的联系，三者相互渗透、密不可分。杜威把它们作为教育体系的理论基础，一方面是其全部学术观点的必然反映，一方面也以此使自己的教育理论表现为一个完整的科学体系，借以加强其理论的能动作用。

三、论教育本质

"教育是对经验的重建和重组，它能增添经验的意义，使人们指导今后获取经验过程的能力得到增强"。这是杜威在《民主主义与教育》中为教育所下的定义。它强调了教育和生活的联系，认为教育是经验的过程，人们从出生就应开始受教育，一直继续终生。一个人只要行动，他就会获得经验，这种新经验对过去的旧经验加以重建或改组，增加它的意义，为此它能很好地指导未来。教育即生活。教育不是为生活做准备，而是最完全的现实生活。

"教育应达到这样的目的——对经验进行直接的质的改造……用在每一阶段中真正学到的东西来构成经验的价值"。杜威认为这种目的即是生长。在生命的每一阶段,个体总是在生长,生长的目的仍是为了更好地生长,今天的生长是为了明天的生长。根据同样的道理,教育即生长,学生今天学习是为了明天更好地学习。

（一）教育即生活

杜威是在论述正规的学校教育与社会生活及个人（儿童）生活的关系时提出这个命题的。

杜威认为教育是生活的过程,学校是社会生活的一种形式,即学校生活也是生活的一种形式。理想的学校生活是什么样子呢？杜威认为,理想的学校生活要成为儿童生活和社会生活的契合点。首先,学校生活应与儿童自己的生活相契合,满足儿童的需要和兴趣,使校园成为儿童的乐园,使儿童在现实的学校生活中得到乐趣。其次,学校生活应与学校以外的社会生活相契合,积极参与社会生活,适应现代社会变化的趋势,成为推动社会发展的重要力量。这样的学校教育既能合乎儿童需要也能合乎社会需要,有益于儿童发展和社会改造。

杜威认为教育不能脱离社会变革而我行我素,所以他进一步提出"教育即社会"、"学校即社会"的命题。杜威提出"学校即社会"命题的用意在于使学校生活成为一种经过选择的、净化的、理想的社会生活,使学校成为一个合乎儿童发展的雏形的社会。而要将此落到实处,就必须改革学校课程。杜威认为,"学校科目相互联系的真正中心不是科学,不是文学,不是历史,不是地理,而是儿童本身的社会活动",应使"代表社会活动的类型和基本形态"的活动如烹调、缝纫、手工等科目在课程中占有重要地位。① 可见,"学校即社会"是对"教育即生活"这一命题的进一步引申,代表社会生活的活动性课程的引入是使学校生活与社会生活相联系的基本保证。从"教育即生活"到"学校即社会"再到课程的变革("从做中学"),是层层递进的。

加强教育与社会的联系,满足儿童的需要并非杜威提出"教育即生活"的终极原因。杜威坚信教育是社会进步及社会改革的基本方法,认为社会的改造要依靠教育的改造,教育改造之所以必要,是因为要给社会生活的变革以充分和明显的影响。杜威的希望是通过教育改造社会生活,使社会更完善、更美好。

(二)教育即生长

与"教育即生活"密切联系的,是"教育即生长"或"教育即发展"。杜威反复强调,"生活就是生长","生活就是发展","不断发展,不断生长,就是生活"。在杜威看来,生活、生长、发展,实际是一个内容。杜威还说教育过程就是生长或发展的过程,"教育与长进(Grown)是很有关系的,教育就是长进。没有教育,就没有长进;教育不进步,社会也不能进步"②。由于人总是在不断生长着发展着,所以教育过程也"是一个不断改组、不断改造和不断转化的过程"。③ 这里,杜威实际承认了教育对人是会起作用的,也承认人本身随着不停地生长发展,而不断在起变化。

---

① 杜威.学校与社会·明日之学校 [M].赵祥麟,任钟印,吴志宏,译.北京:人民教育出版社,2004:9~10.
② 杜威.杜威五大讲演·教育哲学 [M].胡适,译.合肥:安徽教育出版社,1999:90.
③ 赵祥麟,王承绪.杜威教育论著选 [M].上海:华东师范大学出版社,1981:154.

杜威的生长和发展，主要包括两方面内容：一是指体格方面、智力方面和道德方面的发展，即身心两个方面应得到发展；二是发展必须按照一定方向发展，并有助于继续生长发展。

杜威谈到生长发展时，总是与他对儿童本能的认识联系起来。他特别强调："教育不是把外面的东西强迫儿童或青年去吸收，须使人类与生俱来的能力得以生长"，[1]"自我生长，能力生长，都是由内部发展出来的，不是由外部注进去的"。[2]他的基本论点，是教育一定要"根据于自然的禀赋"。[3]这种"自然的禀赋"，是指儿童"与生俱来的能力"。

杜威之所以提出"教育即生长"的命题，是因为他认为当时的教育无视儿童的天性，消极地对待儿童，不考虑儿童的需要和兴趣，以成人的标准去要求儿童，让儿童为未来做准备而不顾儿童自身的感受和期待。

杜威的"教育即生长"实质上是在提倡一种新的儿童发展观和教育观。"教育即生长"要求摈除压抑、阻碍儿童自由发展之物，使一切教育和教学适合儿童的心理发展水平和兴趣、需要。然而，这种尊重又绝非放任自流，也非任由儿童自由发展。杜威所理解的生长是机体与外部环境、内在条件与外部条件交互作用的结果，是一个持续不断地社会化的过程。

"教育即生长"所体现出的儿童发展观也是杜威民主理想的反映。尊重儿童身心发展特点是使儿童获得充分生长和发展的重要条件，而儿童的充分生长和发展也有助于社会目的的达成。杜威认为儿童充分生长本身就是民主主义的要求，本身就含有丰富

---

[1][2][3] 赵祥麟，王承绪. 杜威教育论著选[M]. 上海：华东师范大学出版社，1981：131，36，345.

的价值意义。"民主主义有许多意义,但是,如果它有一个道德的意义,那么这个意义在于决意做到:一切政治制度和工业安排的最高的检验标准,应该是它们对社会每个成员的全面发展所作出的贡献。"[①] 由此可见,在杜威看来,社会是为了一切人的发展而存在的。给儿童提供一个利于生长的环境,让儿童充分、自由生长,是杜威一生追求的教育梦想。

(三) 教育即经验的改造

教育即经验的改组与改造是杜威从实用主义经验论哲学立场,对教育的本质所作的判断。所谓经验,在杜威看来就是有机体主动行动和被动承受行动结果之间的一种联系。教育与经验具有十分密切的联系,教育是在经验中、通过经验进行的,且是为了经验的目的的。经验有两个原则,一是它的连续性,一是它的交互作用。

杜威明确地说,经验是要经过改造或改组的,经验也一定得经过不断地改造与改组。经验经过改造与改组,它的意义就增加了,它的内容也就丰富了、充实了;经验经过改造与改组,还能提高对以后经验的指导和控制的能力,使新的经验继续得到改造、改组——丰富其内容,提高其威力,增强其意义。这里,明显地包含着这样一个思想:经验本身也是在发展着、转化着或生长着,它可以从初步的原始的简单的经验,逐渐向更充实更成熟更复杂的方向发展。杜威把这叫做经验的连续性原则。正是根据这个原则,杜威断定每一种经验都能引起儿童的好奇心,增强他的创造力,唤起他的各种愿望和意图,成为克服各种困难的一个

---

① 杜威.哲学的改造[M].许崇清,译.北京:商务印书馆,1989:100.

推动力。教育和教育者的责任，主要就是要认真考虑这种推动力的大小，正确判断这种推动力的强弱，以及把握经验（发展）的走向，必要时要加以适当指导，使之向正确的方向发展。

强调经验过程中人的主动性。杜威认为经验的过程是一个主动的过程，有机体和环境之间是交互作用（interaction）的。有机体受环境塑造，同时有机体也主动改造环境。交互作用要求在教育过程中尊重儿童的身心发展条件和水平，顾及儿童兴趣，提高儿童参与教育过程的积极性和主动性。

杜威确认，要使儿童的经验逐步加深逐步扩大，主要靠教育。学生从经验中学、从做中学（learning by doing），不仅仅是学知识，经验成为儿童各方面发展和生长的载体。在经验过程中，儿童不仅获得知识，而且形成能力、养成品德。"教育即经验的改造"中的经验也不只是知识的积累，而是构成人的身心的各种因素的全面改造、全面发展、全面生长。所谓经验的改组和改造，就是使儿童的经验持续不断地逐步地得到加深和扩大。所以杜威一再强调，教育的目的是经验的改组和改造，教育的过程是经验的改组和改造的过程。目的和过程是一回事，是不能分开的。

在杜威看来，生活和经验是教育的灵魂，离开生活和经验就没有生长，也就没有教育。"教育即生活"、"教育即生长"、"教育即经验的改造"这三个命题在本质上是相同的，生活的过程、生长的过程、经验（改造）的过程是一个过程。这三个命题是杜威教育理论的总纲领。

由以上三个命题，杜威阐述了他对教育目的的认识。杜威认为，在非民主的社会里，教育目的是外在于并强加于教育过程的，包含权威和专制色彩。而在民主社会里，教育目的应在获取经验的过程之中。

杜威有几句典型的论述：①"教育的过程，在它自身以外没有目的；它就是它自己的目的。"②"我们探讨教育目的时，并不要到教育过程之外去寻找一个目的，使教育服从这个目的。我们整个教育观点不允许这样做。"③"因为生长是生活的特征，所以教育就是不断生长；在它自身以外，没有别的目的。"①

杜威主张以生长为教育的目的，其主要意图在于反对外在因素对儿童发展的压制，在于要求教育尊重儿童愿望和要求，使儿童从教育本身中、从生长过程中得到乐趣。

以生长为教育目的过于抽象，问题是，杜威到底要为什么样的社会培养什么样的人呢？

杜威理想的人有以下几点具体的素质要求。首先，具有良好的公民素质，具有民主理想和参与民主政治生活的能力。其次，掌握科学思维的方法，具有解决实际问题的能力，能适应变化迅速的现代社会。第三，具有良好的道德品质，有合作意识，能处理好个人与社会的关系，有服务社会的精神。第四，具有一定的职业素养，能通过从事某种职业发展个人才能并为社会尽力。由于当时美国的工业化对劳动力素质提出了新的要求，教育要适应这种变化就必须加强职业教育，杜威积极支持职业教育，认为职业训练是教育上的革新，是教育适应社会生活的努力。上述几方面的素质反映了杜威力图通过教育改革社会的一贯精神。

---

① 杜威．民主主义与教育［M］．王承绪，译．北京：人民教育出版社，2001：58，111，61~62．

四、论课程

杜威反对把成人所积累的学问和与生长毫不相关的东西强加给儿童,认为教育内容只有能被儿童真正纳入到自己的经验中去才能成其为课程。杜威对传统教育的课程设置没有遵从儿童的兴趣与经验十分不满,指出,传统的课程和教材用分门别类的学科把儿童的世界割裂和肢解了,使儿童对世界的认识失去应有的全面性而流于片面。而儿童天赋的本能是强烈的,教育必须尊重和利用它。课程的设置应该依据儿童的兴趣与经验,

杜威对儿童的需要、本能和兴趣在课程设计中的作用予以高度的估价,认为课程的组织必须以儿童为出发点,"儿童是起点,是中心,而且是目的,儿童的发展、儿童的生长就是理想所在,为儿童提供了标准。我们必须站在儿童的立场上,并且以儿童为自己的出发点,决定学习的质和量的是儿童,而不是教材。"[1] 杜威并不否认客观的、历史的知识的合理性,也承认种族经验具有十分重要的价值和意义,但他认为不应将这些客观的知识、种族的经验直接地传授给儿童,因为这些知识和经验脱离了儿童生活经验,在很多情况下无法转化成儿童当前经验的一部分,儿童在这种情况下变成"知识的旁观者",而不是基于经验的主动学习者。

在课程内容的设计上,杜威也没有忽视社会的需要。这一点与人们常常持有的认为杜威就是一个儿童中心论者的观点是不一致的。杜威也常常为自己辩护,一再声明,与许多人仅仅将他视

---

[1] 杜威. 杜威教育论著选 [M]. 赵祥麟,王承绪,译. 上海:华东师范大学出版社,1981:79.

为儿童中心论者的看法相反，在本质上，他是强调社会中心的。

杜威认为，课程设计必须考虑课程能否适应社会生活需要，选材时必须以改进我们的共同生活为目的，使将来比过去更美好。教育的社会责任是提供一种环境，在这种环境中，所研究的问题都是有关共同生活的问题，所从事的观察和传授的知识，都能发展学生的社会见识和社会兴趣。因此，学校的教学活动必须牢记课程与现代生活经验的联系，并促使儿童习惯于寻找这两方面的接触点和相互联系。课程设计必须对儿童所处的社会环境做切实的研究，了解儿童的过去、现在及未来的可能需要。学校不但不是"儿童中心的"，相反它是"社会中心的"，时刻注视着社会生活和社会职业。这鲜明地体现了杜威一贯主张的"教育即生活"和"学校即社会"的思想。

为使学校成为有利于儿童活动和成长的"雏形社会"，杜威主张将社会环境引进学校时应当考虑纯化、简化和平衡化的原则，即在将社会环境引入学校时，应排除社会上对儿童发展可能会产生不良影响的社会因素，剔除过于复杂的社会因素，打破社会阶层的界限，使学校成为注重民主与平等的学习团体。基于此，杜威主张在学校设置各种活动场所，如手工训练、工场（金工、木工）作业、家庭（缝纫、烹调）技艺等活动场所。这些活动看上去似乎很原始、简单，停留在人类历史的手工发展阶段，但在杜威看来，这些活动是人类复杂的生产方式的最简单的形式，既能满足儿童的喜爱活动的心理需要，又能满足社会性的需求，还能使儿童对事物的认识具有统一性和完整性，因此在学校中具有极为重要的价值。

儿童的兴趣爱好与社会需要如何在课程中获得统一？杜威认为两者可以在"儿童自身的社会活动"中协调起来，即让儿童在教育者精心设置的社会化的学校情境中进行出于自己兴趣爱好的活动。这就导出了杜威的"做中学"思想。

"做中学"本质上就是一种活动课程论的思想。杜威要求从做中学，也即要求从活动中学、从经验中学，要求以活动性、经验性的主动作业来取代传统书本式教材学习。在杜威看来，只有通过"做"才能获得经验。有了经验，也就有了知识，学到了东西。比如小孩玩火，结果烫了手，这个过程是做的过程，是取得经验的过程，也是学习的过程。他断言，从做中去学比靠"静听"去学，教育的价值和效果要大得多。不过，杜威并不认为儿童的所有活动或者经验都具有同等重要的教育价值。杜威区分了三种不同类型的活动：盲目冲动的活动、膺服权威的活动、反省的活动，认为前两种活动远没有反省活动的教育价值大。对儿童来说，只有反省的活动才能带来真正意义上的学习，因为反省的活动是需要有儿童的思维介入其中的，这种思维是儿童为解决活动中所遇到的问题而展开的。因此，从某种意义上说，杜威的做中学实际上就是从思维中学。只不过杜威从实用主义哲学和机能主义心理学出发，认为思维不是凭空产生，而是解决问题的工具。

作为黑格尔辩证法的崇拜者，杜威从不简单孤立地看待问题。在重视儿童经验的同时，杜威亦十分重视学科课程的重要性。杜威认为儿童要学习适合他身心发展的、有兴趣的以及他的社会生活中所需要的知识，主张以问题为中心来组织课程和教材。这就需要把各门学科的教材或知识各部分恢复到原来的经验，恢复到它所被抽象出来的原来的经验。这就是杜威的"教材心理化"思想。这种心理化就是把间接经验转化为直接经验，即直接经验化。教材心理化的任务由教师来完成，将系统的教材转化为学生直接经验还不够,这仅是第一步,"下一步是将已经经验到的那些东西累进地发展为更充实、更丰富也是更有组织的形式,即逐渐地接近于提供给有技能的、成熟的人的那种教材形式"。① 这个过程实际上就是杜威从20世纪20年代末起一直反复强调的经验的组织原则。杜威一向反对将成人和专家编就的以完整的逻辑体系为表现形式的教材作为教育的起点,认为必须以儿童个人的直接经验为起点,并强调对直接经验加以组织、抽象和概括,不然,经验将支离破碎,以致混乱不堪。实际上,杜威认为儿童和课程仅仅是构成一个单一过程的两极——儿童现在的经验起点以及构成各种科目的事实和真理共同构成了教学活动,正如两点构成一条直线一样。在杜威看来,教学过程必须实现从儿童的心理程序到学科的逻辑程序间的过渡,使课程能够对儿童产生真的意义。这一方面要求学习内容应源于儿童本身的生活经验,使儿童通过反省活动,主动地探究知识;另一方面,又要注意实现课程与教材从儿童的心理程序到学科的逻辑程序的转化。

应当说,杜威的课程论思想是力图在儿童自身的经验和体系化的学科知识及种族经验间求得平衡,这在理论上并没有太多的可受指责之处。但在实践中,这种做法常常沦落为对儿童的自由放任,过于迁就儿童的兴趣爱好,最终导致了系统知识学习的失败。杜威自己最终也没有建立一个以儿童生长发展和兴趣为中心的课程教材体系,他自己不仅承认了这一点,而且对这一问题在教育实践中能够得到较好的解决持较为悲观的态度。1936年,杜威在《芝加哥实验的理论》中指出:"关于'教材',迫切的问

---

① 杜威.我们怎样思维·经验与教育[M].姜文闵,译.北京:人民教育出版社,1991:87.

题是要在儿童当前的直接经验中寻找一些东西，它们是在以后的年代里发展成为比较详尽、专门而有组织的知识的根基。要解决这个问题是非常困难的，我们并没有解决好；这个问题到现在还没有解决，而且永远不可能彻底解决。但是，无论如何，我们曾试图研究这个问题以及这个问题所带来的各种困难。"这段话可以说是杜威对其芝加哥经验及其课程和教材理论的关键性评价。从杜威的观点来看，课程教材体系必须以儿童生长发展和兴趣为中心，而儿童的生长发展、兴趣、社会生活都随时在不断变化，所以无法建立一个相对稳定的课程教材体系。同时，杜威在芝加哥创办的实验学校由于管理层内部的一些原因，只到了初中就停止了，而高中阶段的学习应当是更能体现从经验活动到学科学习的这种转折的。因此，杜威的芝加哥实验学校也未能为如何实践从经验课程到学科课程的顺利过渡提供可资借鉴的范例。

不过，杜威这种想法和做法对反对旧的脱离儿童的生长发展、兴趣及社会实际的传统课程教材体系却是一个冲击。在杜威那个时代，脱离社会实际与儿童身心发展条件而设置的课程和所编定的教材，的确落后于时代的要求与科技的发展，尤其违反儿童的心理发展。此外，教材与课程本身也必须依循历史的发展而不断变化。所有这些情况的存在，反证了杜威关于教材与课程改革的见解有其合理的、符合客观要求的一面。

五、论教学方法

杜威对以教师、教科书、教室为中心的传统教学方法不以为然，认为应当变教师讲、学生听的教学方式为师生共同活动、共同经验的教学方式。作为活动课程论的倡导者，杜威对教学方法的论述是围绕着儿童如何从活动中学习的问题展开的。杜威认为教学方法与解决问题的方法或思维五步法之间具有相同的要素。既然儿童的主要学习方式是从活动中学,且这种学习主要是依据解决问题的五步法或思维五步法进行的,在杜威看来,教学方法就主要是有关如何帮助儿童通过解决问题的五步法或思维五步法进行学习的过程。

杜威将思维的五步法直接运用到教学方法上,指出:"教学法的要素和思维的要素是相同的。这些要素是:第一,学生要有一个真实的经验的情境——要有一个对活动本身感到兴趣的连续的活动;第二,在这个情境内部产生一个真实的问题,作为思维的刺激物;第三,他要占有知识资料,从事必要的观察,对付这个问题;第四,他必须负责有条不紊地展开他所想出的解决问题的方法;第五,他要有机会和需要通过应用检验他的观念,使这个观念意义明确,并且让他自己发现它们是否有效。"[①]

杜威明确指出,反省思维的功能在于把所经验的模糊、疑虑、冲突、有些纷乱的情境,转变成清楚、一致、确定、和谐的情境。经验重建(或作"改造")要通过反省思维或"解决问题"。反省思维的过程经历如下五个步骤:

一是问题或疑难情境。譬如,人们在行进时碰到了岔路,这是引起人们进行思考的原因。这时人的活动不能不有所选择,因为他行进的方向不止一个了。思维起于疑难或问题情境。

二是确定疑难之所在。要有效果地行动,需要有事实和观念。事实是要被弄清楚和利用的材料,而观念是对思维过程中产生的困难所提出的建议。要得到事实,必须进行观察。

---

① 杜威.民主主义与教育[M].王承绪译.北京:人民教育出版社,2001:179.

三是假设或解决办法的建议。这时，观念还是尝试性的，不是肯定的、不移的结论。

四是检验或看哪种假设能对付疑难。察看建议或推论是否符合情境，察看建议的各个成分是否有逻辑性和一致性，在行动中检验所预料的结果是否发生。这种校对推论的过程是合乎科学的或反省的思维的核心。

五是证实，或肯定结果。看考虑中的问题的解决办法的有效性如何。

这五个阶段的顺序不是固定的，在实际的思维过程中，五个阶段并不是按一定的次序一个接一个地出现，有时两个阶段可以合二为一。"怎样处理，完全凭靠个人的理智的机巧和敏感性"。[①]

经过这些步骤，问题解决了，疑难冰释了。杜威称这种"解决问题"的思维方法是科学的或实验的方法，是对每种学科内容都可应用的，是对人的生活的一切——经济的、政治的、道德的、审美的方面，都适用的。

如果说赫尔巴特派的五个形式阶段是把外在课程，用"课"这种方式，由教师权威地传授给儿童，是面对过去的东西，着重已有的东西，那么杜威要让儿童通过批判性的探究，对实际生活中的问题求得解决，或善于对付疑难情况，就是面对现在的东西，着重现实的问题。如果说五个形式阶段是古典文科中学进行教学的经验总结，对于学生掌握学科学理是行之有效的办法，是任课教师简而易行的办法，那么这种办法用于解决培养适应工业

---

① 杜威．我们怎样思维·经验与教育［M］．姜文闵，译．北京：人民教育出版社，1991：95.

化都市化时代的人的教育问题就不够了,而杜威对教学方法的论述则更有助于现代社会"活知识"的学习,有助于人的创新能力和动手能力的培养。

六、影响与评价

在世界教育史上,杜威无疑是一个伟大的人物。杜威实用主义教育思想改造了美国旧教育,建立了美国新教育,其功绩是公认的。

《民主主义与教育》一书 1916 年出版后,曾是第一次世界大战期间美国在教育哲学方面最流行的课本。正是在这本著作中,杜威对自己的教育观点进行了系统的总结和阐述,构建了一个完整的实用主义教育思想体系。当代美国教育史学家克雷明(Lowrence Cremin)在《学校的变革》一书中曾对《民主主义与教育》作过这样的评价:"人们认为这本著作是自卢梭《爱弥尔》问世以来对教育学所作的最显著的贡献。……像任何名著一样,这本著作既是它那个时代的反映,又是它那个时代的批判。它把教育学上进步主义许多不同的组成部分和谐地合进单一而又范围广泛的理论之中,并赋予它们统一性和方向性。正是它的出版,给教育革新运动带来了活力。"《民主主义与教育》一书曾被译成许多国家的文字,在世界各国产生了重要而广泛的影响。早在 1928 年,该书就经邹恩泽先生译成中文,由商务印书馆出版,推动了杜威教育思想在近代中国教育界的传播。1990 年,人民教育出版社又出版了由王承绪先生翻译的该书中文本。美国教育学者罗思(R. J. Roth)指出:"未来的思想必定会超过杜威……可是很难想像,它在前进中怎样能够不通过杜威。"因此,在对现代教育进行探索的过程中,我们不能不读一读杜威的《民主主义与教育》这本著作。

杜威的教育思想不仅在美国享有权威，而且享有国际权威。德国、法国、英国都受到杜威教育思想的影响。英国最有权威的哲学大师罗素说："任何对于人类的未来发展感到兴趣的人，应当特别对美国进行研究。……聪明机敏的美国在其粉碎欧洲的桎梏而取得成功时，已经发展了一种不同于传统的崭新眼光，这主要是詹姆斯和杜威的研究所结成的硕果。"又说："杜威的见解，我几乎全然同意。"法国巴黎大学在1930年授予杜威和爱因斯坦荣誉博士时，该校文学院长称杜威是"美国天才的最伟大最完全的体现者"。杜威对苏联和亚洲的影响也不小。

杜威的教育思想在全世界范围内产生了广泛的影响，就其影响面之广、影响程度之深而言，历史和当今很少有教育家能够与杜威媲美。杜威的教育思想是在系统吸收和总结了前人教育思想的基础上形成的，是建立在实用主义哲学和机能主义心理学的基础上的，其整个教育思想体系不仅博大精深，而且具有内在的逻辑体系。它代表的是反传统的现代教育阵营的思想体系，在与传统教育的对峙与互补中发挥着主导和领军的作用。

20世纪50年代末，当杜威的教育思想由于苏联人造地球卫星的上天而受到全面批判之际，美国就有学者冷静地指出，杜威的教育思想并不会因为这种批判而黯淡无光，我们至少要给杜威50年的声誉。今天，我们回望历史，不难发现，杜威教育思想的声誉早已超过了50年。可以说，只要传统教育中忽略儿童的主体地位、忽视教育与社会的联系以及强迫灌输的现象存在，杜威教育思想就不会退出历史舞台。从这个意义上说，杜威的教育思想是具有无限的生命力的。

【思考题】

1. 简述杜威教育思想的哲学和心理学基础。
2. 杜威是如何论述教育本质的？你如何看待？
3. 试分析杜威的课程论思想，联系实际谈谈杜威的课程论思想对我国课程改革的启示。
4. 杜威"做中学"思想述评。
5. 杜威教育思想与赫尔巴特教育思想异同比较。

【拓展阅读文献】

1. 杜威. 民主主义与教育[M]. 王承绪，译. 北京：人民教育出版社，1990.
2. 杜威. 学校与社会·明日之学校[M]. 赵祥麟，任钟印，吴志宏，译. 北京：人民教育出版社，2005.
3. 杜威. 我们怎样思维·经验与教育[M]. 姜文闵，译. 北京：人民教育出版社，1991.

第二节 布鲁纳的教育思想

一、生平及教育实践

罗杰姆·西摩·布鲁纳（Jerome Seymour Bruner，1915～ ）是美国著名的认知心理学家和教育家，结构主义教育思想的主要代表人物之一。他致力于将心理学原理实践于教育领域，对美国和欧洲20世纪60～70年代的教育改革产生了深刻的影响。

布鲁纳于1915年出生于纽约市一个中上阶层的家庭，1937年获杜克大学（Duke University）文学学士学位，随即继续在该校攻读心理学硕士学位。次年转学到哈佛大学，师从当时美国著名的生理心理学家卡尔·拉希里（Karl Slashley）研究动物知觉。二战爆发后，布鲁纳转向社会心理学的研究，并于1941年获哈佛大学心理学博士学位。1941～1945年服兵役期间，曾在艾森豪威尔统帅部进行心理战术研究。

1945年战争结束后，布鲁纳任哈佛大学心理学讲师，研究人的感知觉。1947年，他发表了《价值和需要是知觉的组织因素》一文，揭示了价值和需要对人的知觉有着深刻的影响。随后，他又发表了《作为知觉因素的紧张和解除紧张》一文，指出人们能够用减少环境的惊奇性的方法来看待世界，从而使其心理紧张有可能得到解除。1952年，布鲁纳晋升为哈佛大学教授，他汲取了瑞士著名心理学家皮亚杰（Jean Piaget）关于"发生认识论"的研究成果，继续对人类的知觉特性、概念获得以及思维过程进行全面的探索，提出了不少有独创性的见解。1960年，他协助建立"哈佛大学认知研究中心"，并任该中心主任。这个研究中心在60～70年代一直引领着美国乃至全世界心理学研究的潮流。布鲁纳的这些研究，为美国认知心理学流派的形成奠定了基础。

作为一位教育心理学家，布鲁纳十分关注对教育问题的研究。他力图改变把教育心理学视为普通教育学的应用的传统观点，反对停留于单纯现象解释的教育研究倾向，主张直接对教育中存在的问题进行深入的研究。布鲁纳的教育思想对美国教育的全面影响产生于50年代后期。1957年苏联人造地球卫星上天，美国朝野极度震惊，把军事科技的落后的原因归诸教育的不力。在这一背景下，1959年，美国全国科学院召集了35位科学家、学者和教育家在伍兹霍尔开会，讨论如何改进中小学自然科学的教育问题，以提高教学质量。布鲁纳被委任该次会议的主席，主持该会议。会后，他对会议上所讨论的内容进行全面的总结，并结合自己的研究，写出了《教育过程》这本在当时被认为是有史以来最重要最有影响力的教育著作，在书中他阐述了结构主义的思想。这本书被誉为"教育理论的一个里程碑"，并被视为60年代美国课程改革运动的纲领性著作。

1972～1978年，布鲁纳离开哈佛大学受聘于英国牛津大学，从事语言和能力问题的研究。1978年回国，退休后仍然从事科研和教学工作。1983年出版了自传《寻求智力：自传随笔》。1991年，布鲁纳被纽约大学聘为兼职教授，从事一些研究工作。

布鲁纳的著作颇丰，发表了200多篇有关心理学、教育学等方面的论文。他的论著除了《教育过程》以外，主要还有：《思维的研究》（1956年）、《论认知》（1962年）、《关于学习的学习》（1963年）、《教育理论》（1965年）、《认知理论研究》（1966年）、《教学论探讨》（1966年）、《认识成长过程》（1968年）、《教育的适合性》（1971年）、《教育过程再探》（1971年）、《论教学的若干原则》（1972年）、《有意义的行动》（1990）、《教育文化》（1996年）等。其中《教育过程》、《教学论探讨》和《教育的适合性》三本专著，一般被公认为是他的教育代表作。

布鲁纳不仅从事心理学和教育学的研究工作，而且还从事广泛的社会工作。他担任过美国心理学会会长、美国教育研究院研究员、国际社会心理学联合会理事、美国总统科学顾问委员会和白宫教育与发展专门小组成员等职务。鉴于他在教育和心理实验研究方面所取得的成果，1963年美国心理学会授予他"杰出科学贡献奖"。1969年布鲁纳获美国教育研究会和教育出版机构联合奖。在美国教育界，人们还将布鲁纳的影响与著名的教育家、哲学家杜威（John Dewey）相提并论。如有学者认为："他（布鲁纳）也许是杜威以来第一个能够对学者们和教育家们谈论智育的人。"①

二、论认知发展阶段

布鲁纳对个体智力进行过深入的探讨，不仅从心理的角度研究了个体智力发展特点，同时区分了个体智力发展的几个阶段，并根据儿童智力成长的规律提出了促进其成长的方法措施，总结出个体智力成长的模式。此外，布鲁纳还研究了智力与文化的关系问题，认为智力的成长不仅受教育的影响，而且还与更广泛的文化传递有关。他从文化传递的角度考察文化对人类认知成长的作用。这里我们着重探讨布鲁纳的智力理论的基础问题——认知发展阶段理论。

布鲁纳认知发展阶段理论深受皮亚杰认知发展理论的影响。正如他在《教学论探讨》中写道："今天在认知发展领域最著名的人物是让·皮亚杰（Jean Piaget）。我们和后一代人都将感谢他所做的开拓性工作。"②可以说布鲁纳的认知发展理论的观点是对皮亚杰认知发展理论的继承和发展。

布鲁纳与皮亚杰一样重视研究人的内部心理机制，认为人的认识过程是通过知觉、再认、想象、记忆、判断和思想来获得知识，并将知识转化为个体的知识力量或智慧的心理过程。皮亚杰把儿童思维发展划分为感知运动阶段（0～2岁）、前运算阶段（2～7岁）、具体运算阶段（7～12岁）和形式运算阶段（12～15

---

①② 邵瑞珍，译. 布鲁纳教育论著选 [M]. 北京：人民教育出版社，1989：457，99.

岁）四个阶段。布鲁纳继承了皮亚杰关于儿童从具体到抽象的认知发展图像的描述，但是不赞同皮亚杰仅仅以儿童的年龄为变量的认知发展理论。布鲁纳把儿童的认知发展分成三个阶段：

1. 动作表征阶段

布鲁纳认为儿童是凭借自己的认知结构去把握事物、再现事物表象的。儿童最初的认知结构是动作表象。5岁之前的儿童都处在这个动作表征阶段。在这一阶段，儿童主要借助于动作进行认知，逐步学习对事物的反应并形成习惯的动作。例如，教儿童学习溜冰、学骑自行车，单靠语言或图解方法是很无效的，而需要儿童自己通过实际行动来学习。

2. 映象表征阶段

这一阶段是指处于六七岁至十岁的儿童的认知发展状况。处于这一阶段的儿童更多地依靠视觉或其他感觉组织和各种概括化映象的使用。例如，如果问"这个大盘子里有6个苹果，那个小盘子里有2个苹果，这两个盘子里一共有几个苹果？"处于动作表征阶段的儿童，要用手指数一数之后，才回答得出。而处于映象表征阶段的儿童，只需看一眼，就可以作出回答。布鲁纳认为，这是映象表征简约了动作表征的缘故，映象是动作的高度概括。

3. 符号表征阶段

在这一阶段中，儿童借助于语言来认识事物，其认知带有符号的性质。语言为儿童提供了一种可以不用动作或映象作为唯一判断根据的手段。这一阶段的儿童把语言当作一种思考工具来使用。语言表征比映象表征更具有概括性，语言将图像更加简洁化。布鲁纳认为符号表征是最高级的认知阶段，处于符号表征阶段的儿童能够把握事物的本质，并理解事物与事物之间的逻辑关系。

在布鲁纳看来，儿童发展的这三阶段是相互联系的，人类智力的发展始终会沿着这三个表象系统的顺序前进。同时，布鲁纳指出："从任何意义上讲，他们都不是分为阶段的问题，而是代表发展中的着重之点的问题。"① 就是说处于后两个阶段的儿童，并不仅仅使用视觉组织或语言来认知事物，只是更多地使用而已，这两阶段的儿童也会使用动作来认识事物。布鲁纳指出，明白儿童认知发展的阶段，对于教育具有重大的意义。他强调，教育和教学必须遵循儿童认知发展的规律，激发儿童重组自己的认知发展结构，促进儿童智能的发展。"教学理论必须探讨学生学习的心理发展变化过程，教学理论才能完美，才能使人的心理能力得到最大的发展。"②

三、论直觉思维与分析思维

（一）论直觉思维与分析思维的含义及其关系

所谓直觉思维就是直接地了解或感知，不依赖于严格的证明，而是更多地借助于形象的或视觉的手段，是以对整个问题情境的总体把握为前提，以直接的、跃进的方式直接获得问题答案的思维过程。通过直觉思维，人们可以不必明显地依靠分析技巧而掌握问题或情境的意义、重要性和结构。布鲁纳十分强调直觉思维的重要性。他曾经指出：在直觉思维中，"机灵的预测、丰

---

① 邵瑞珍，译. 布鲁纳教育论著选［M］. 北京：人民教育出版社，1989：120、29.

②③ 吴式颖，主编. 外国教育史教程［M］. 北京：人民教育出版社，1999：709.

富的假设和大胆迅速地作出的实验性的结论，这些都是从事任何一项工作的思想家极其珍贵的财富"。[3] 布鲁纳认为传统教学只注重发展学生的分析思维的能力，强调通过一步步的推理进而得出结论，而把直觉思维看成是"徒有形式而无内容"的思维方式，贬低了直觉思维的价值，这是一个很大的失误。例如，在中学教平面几何时，教师都十分强调技巧、形式的证明等，而对有良好直觉感的学生来说，他们有本领发现证明方法，而教师的这种教学方法对他们来说是一种忽视，长此以往，则不利于这些学生直觉思维的进一步发展。

布鲁纳认为，分析思维与直觉思维是相对的，分析思维是以一次前进一步为特征的。在分析思维进行的过程中，人们遵循一定的步骤展开，并且能够比较充分地意识到所包含的知识和运算。分析思维的过程包含仔细地演绎和推理，也包含逐步地归纳和实验过程。它往往使用数学或逻辑以及明确的计划，并且利用研究设计和统计分析原理来解决问题。而直觉思维总是以所熟悉的有关知识领域及其结构为依据，利用一些有限的线索实行直接跳跃或采取捷径而得出问题的答案。

布鲁纳对直觉问题的贡献不仅在于提出直觉问题的重要性，而且在于他论证了直觉思维与分析思维的相互补充性质。布鲁纳对直觉思维的强调，并不意味着否定分析思维。布鲁纳认为，直觉思维和分析思维各有利弊，直觉者可以发现或发明分析家所不能发现的问题，但是如果要给这些问题以恰当的体系，则还需要分析家来完成。同时，直觉思维必须以丰富的知识为基础，而这些知识首先是通过分析思维获得的。因此，直觉思维与分析思维是可以相互补充的。在教育实践中，应该把直觉思维和分析思维结合起来一起使用。

(二) 论直觉思维的培养

布鲁纳针对当时美国教育过于重视分析思维而忽视直觉思维的情况，提出了重视培养儿童的直觉思维。他认为直觉思维可以通过以下方法来培养：

一是，在教学中强调知识的结构性。因为直觉思维是对事物整体结构的一种感知，散乱的信息、知识无助于直觉的形成，而有结构的知识能使直觉思维容易发生。使学生牢固掌握学科知识，理解学科知识的基本结构，精通学习材料，有助于运用直觉思维解决问题。

二是，运用各种启发程序。启发法能够支持学生的直觉思维，在教学过程中，要善于运用类比、对称等方法，这些方法对学生直觉思维的培养大有裨益。

三是，鼓励学生大胆猜想。直觉思维具有突发、飞跃的特点，这表现在教学中学生的大胆猜测。教师应该对学生的大胆猜测给予鼓励和奖赏，这有利于学生直觉思维的发展。

四是，布鲁纳建议教师也要养成直觉性思维，因为教师的行为会对学生直觉思维的培养产生潜移默化的影响。

四、论学科与课程

(一) 学科基本结构

20世纪中叶以来，人类科学文化知识迅猛发展，而学校传授给学生的知识却没有涉及新的知识。布鲁纳从结构主义立场出发，提出了以"学科基本结构"为中心来组织课程和编写教材。他认为任何知识都是有结构、有层次的。任何观念、问题和知识都可以用比较简单的形式表达出来，以使每个学习者都能理解。在此基础上，布鲁纳认为每门学科都应有它的基本结构，它们是必须掌握的科学因素，应该成为教学的中心。布鲁纳指出，学科的教学就是要阐述学科的基本结构。他在《教育过程》一书中写道："在发展的每个阶段，儿童都有他自己的观察世界和解释世界的独特方式。给任何特定年龄的儿童教某门学科，其任务就是按照这个年龄儿童观察事物的方式去阐述那门学科的结构。"[1]布鲁纳所说的学科的基本结构是指某一门学科的基本概念、原理和原则。在他看来，学生掌握学科基本结构应该是学习知识方面的最低要求。学生如果掌握了学科基本结构，就能更好地掌握整个学科。

此外，布鲁纳认为，"掌握某一学科的基本观念，不但包括掌握一般的原理、态度，而且还包括培养对待学习和调查研究、对待推测和预感、对待独立解决问题的可能性态度。"[2]可见，布鲁纳掌握学科结构还包括养成学习的态度及学习方法。

在布鲁纳看来，掌握学科基本结构，有如下的四个优点：第一，懂得学科基本原理就能更容易地理解该门学科。第二，掌握学科基本原理有助于对该门学科的记忆。为了保证记忆，就必须把一件事情放进构造得很好的模式里，否则就会忘记。详细的资料是靠简化的表达方式保存在记忆里的。第三，领会学科基本概念和原理能够促进知识的迁移。因为，"把事物作为更普遍的事情的特例去理解，就是不但必须学习特定的事物，还必须学习一个模式，这个模式就有助于理解可能遇见的其他类似的事物"。[3]第四，掌握学科基本结构能够缩小"高级"知识和"初级"知识之间的差距，使各级知识保持连贯性。

---

[1][2][3] 邵瑞珍，译.布鲁纳教育论著选[M].北京：人民教育出版社，1989：42，33，36.

布鲁纳提出的上述掌握学科结构的观点深受皮亚杰、乔姆斯基（N. A. Chomsky）和列维·斯特劳斯（Levis Strauss）的影响。正如布鲁纳在1977年出版的《教育过程》一书的自序中所说："皮亚杰、乔姆斯基和列维·斯特劳斯，他们三人对我的思想有意义深远的影响，在随后的岁月中，我在理性上深深卷入前二人所从事的工作，且隐然是第三人的赞赏者。"[①] 这三位学者都可以说是结构主义者，他们都反对单纯地研究外部现象，反对纯粹的经验描述；都主张从事物的内在结构去了解事物，认识事物和现象之间的关系；认为知识并不是外部客观事物的反映，而是人们根据经验创造出来的，是不断探究、不断发现的一个过程，主张对事物进行整体性的研究。布鲁纳正是接受了三位学者关于结构的观点，并结合自己的思想提出了学科结构课程。

（二）螺旋式课程

布鲁纳根据学科基本结构的思想，提出了课程编制中的两个重要问题：第一，怎样改革基础课和修改基础课的教材，给予那些与基础课有关的普遍的、强有力的观念和态度以中心地位。第二，怎样把这些教材分成不同的水平，使之同学校里不同年级不同水平的学生的接受能力配合起来。布鲁纳强调在课程编制的过程中，要使各学科最优秀的人才加入进来，同时还需要教育专家及有经验的一线教师共同参与课程编制。

在教材的组织形式上，布鲁纳反对传统的"学科中心课程"偏重逻辑顺序的"直线式"的编排，同时也反对进步主义教育中的儿童中心课程注重儿童兴趣的"圆周式"的编排。他强调逻辑

---

① 邵瑞珍，译. 布鲁纳教育论著选 [M]. 北京：人民教育出版社，1989：4.

顺序和心理顺序之间的转换和沟通，提出以学科基础理论为中心的"螺旋式"课程编排。这种编排呈倒圆锥体的形状结构，像是由小到大、由低到高的螺旋，由某些基本原理或观念盘旋而上，并逐步扩大到各学科的内容。同时，从上往下看，螺旋式课程是以学科中的基本概念为支撑，使一门课程在它的教学进展中，反复地回到这些基本概念，直到学生掌握了与这些概念相适应的完全形式的体系为止。这种螺旋式的课程编排模式，一方面体现了直线式编排方式逐步提高、深化的顺序，另一方面又体现了圆周式编排方式扩展、加宽的特点。同时，螺旋式课程的观点融合了传统教育与进步主义教育长期以来关于"逻辑顺序"和"心理顺序"的观点，吸收了两者的长处。他认为教材的编制不仅要考虑到教材内容本身的逻辑顺序，同时教材的安排应该和人的心理发展的顺序是一致的。教师要了解儿童认知发展的特点，使用一定的手段去对教学的材料进行组织，使之转化为适合儿童学习的形式。

这种螺旋式课程的优点是考虑了学习者的认知发展及需要，根据知识的归类特性考虑教材的逻辑顺序结构。这种课程模式比以往单纯地考虑知识逻辑顺序有着明显的优势，是一种更为科学更为合理的课程组织形式。

五、论教学原则

布鲁纳认为教学原则是在教学工作中能使学生最有效地获得知识技能和发展智力的最重要的原则。把握学校的教学规律，除要研究学习和发展理论之外，还需要研究教学理论。教学理论是一种规范化的理论，它为评估教学提供标准。在他看来，教学论的研究必须基于以下四个主题："一是探明唤起学习积极性的最佳经验与情境;二是必须探明达到最优理解的知识结构化的问题;三是必须探明显示教材的最优程序问题;四是必须探明教学过程中采用的赏罚的性质及过渡的问题。"[1] 在此基础上,布鲁纳提出了四项教学原则:

(一) 动机原则

布鲁纳十分重视学生在学习中的动机,认为动机对学生学习活动具有重要的影响,是教学成败的首要因素。布鲁纳认为内部动机是促进学习的真正动力,内部动机更能激励学生去探索发现。他强调,教学应当注重使学生的学习动机由外在的奖赏转向为内在的兴趣,养成学生自动、自发的学习态度。为此,布鲁纳认为教师应当达到三个方面的要求:首先要设计一些可供探索的问题,以激发学生的探索欲望;同时,还应帮助学生树立自信心、责任感和独立作出决定和行动的能力,以便维持学生的探索热情;再则,还应该提供给学生便于其某种探索所需要的知识。

(二) 结构原则

布鲁纳高度重视知识的结构性,强调学生要掌握学科的基本结构。所谓的结构原则,就是将大量的知识组织起来,从而使学习者易于掌握该知识。布鲁纳提出了三条组织知识结构的原则:一是表达方式的适应性原则。这是指学科知识结构的呈现方式必须与不同年龄学生的认知学习模式相适应。二是表达方式的经济性原则。这是指对任何学科的知识范围,人们都应该把它的要点按最经济的原则进行排列,使之合理、简约,从而促进学生学习和掌握知识。三是表现方式的有效性原则。这是指具有结构的知

---

[1] 钟启泉,黄志成,主编.美国教学论流派[M].西安:陕西人民教育出版社,1993:31.

识，有利于学生知识的迁移。这不仅仅在课程编制中要应用，还要贯彻在教学中。

（三）程序原则

布鲁纳认为学习材料的序列会影响学习者将来掌握所学知识遇到的困难程度。他认为不存在对所有学习者都适用的唯一序列，任何具体的序列总是决定于许多不同的因素，包括过去所学的知识、智力发展的阶段、材料的性质以及个人智力素质的差异等等。因此教师在设计教学程序时要考虑到这些因素。教师在教学中呈现知识的序列，其难度应该与学习者的能力相适应，能超越学习者的发展。教材呈现的速度要根据学习者的能力及终极能力目标来确定。对于同一题材，每次都以新的观点反复地展开学习。

（四）强化原则

布鲁纳认为"反馈"是教学中的重要环节。教师要通过反馈，使学生及时了解学习成功或失败的结果，以便学生作出修正或确定下一步的学习活动。可以说，反馈原则实质上是一种强化的形式。在教育心理学中，外在强化一般是指学生受教师或父母的奖励或惩罚。布鲁纳承认外部强化对学习的作用，认为它能够激发学生的学习行为，这种外在强化是必要的。但是要使学生做到真正自觉、持久地学习，仅仅有外在强化还不够，还必须有内在强化的使用。而内在强化是通过激发学生的学习兴趣和好奇心，使学生自己对学习产生浓厚的兴趣。布鲁纳认为，内在强化要优于外在强化，但不能随意地否定外在强化，只有将内在强化与外在强化结合起来，才更有利于促进学生长期、有效地学习。

六、论教学方法:发现学习

(一) 发现学习的意义与功能

布鲁纳十分注重对教学方法的研究,认为教学法的目标应该是引导学生自己去发现,强调发现是教育儿童的主要手段。在他看来,学习是一个发现的过程,或者说是学生自己参与知识获得的过程。布鲁纳曾写道:"不论是在校儿童凭自己的力量所做的发现,还是科学家努力于日趋尖端的研究领域所做出的发现,按其性质来说,都不过是把现象重新组合或转换,使人能超越现象再进行组合,从而获得新的领悟而已。"[①] 他认为:"我们教某门学科,并不是希望学生成为该科目的一个小型图书馆,而是要他们参与获得知识的过程,学习是一种过程,而不是一种结果。"[②]

在此基础上,布鲁纳提倡"发现学习法"。所谓的"发现学习",是指不把学习内容直接呈现给学习者,而是由学习者通过一系列发现行为(如转换、组合、领悟等)自己去发现教材的结构、结论和规律的学习。这种学习方法要求学生像科学家那样去思考、探索未知,最终达到对所学知识的理解和掌握。发现学习,并不是单纯地获得知识,同时也要培养学习和研究的态度。

布鲁纳认为发现学习具有以下几个功能:一是能够促进智力的发展。发现学习有助于提高学生把掌握的材料按照一定的联系组织起来的能力,从而避免了盲目记忆现成知识。二是能够激励

---

① 张华,石伟平,马庆发.课程流派研究[M].济南:山东教育出版社,2000:127.

② 滕大春,主编.外国教育通史(第6卷)[M].济南:山东教育出版社,1994:139.

学生学习的兴趣，使学生体味到发现的喜悦，从而将学习的外部动机转化为内部动机。三是能够培养学生学习的技巧，使学生逐渐学会探究。这种探究习惯的养成有利于解决今后学习工作中的困难。四是有助于记忆。学习者通过自身学习，能够发现、组织并运用知识，这一过程的学习将有利于学生对该知识的记忆。

（二）发现学习的步骤

布鲁纳提倡学生通过发现法来学习。对于教师来说，就是应该通过发现法来教学。那么，教师应该怎样促使学生进行发现学习呢？在发现学习中，布鲁纳认为教师应该注意以下几个方面：

第一，鼓励学生思考和探索。教师要提出使儿童感兴趣的问题，通过这些问题引起儿童的兴趣和好奇心，从而激起学习者的学习探究欲望。

第二，注重新旧知识的相容性。教师要激发学生认识新知识与旧知识之间的联系，并使学生主动地把新知识纳入自己已有的学科知识结构中，真正使知识成为自己的知识。

第三，培养学生运用假设、对照的技能。布鲁纳认为，通过假设和对照，学生可以发现问题的症结所在，从而能更有效地解决问题。

七、影响及其评价

布鲁纳的教育思想一度影响甚广。他的著作《教育过程》一书自1960年问世以来，截至1978年已在美国重版16次之多，几乎每年重印一次，且已有俄、日、德、法、意、中、捷克、波兰、罗马尼亚和阿拉伯等23种文字的译本。他的另一著作《教学理论探讨》一书也有9种文字的译本。他的教育思想成为美国乃至世界20世纪60~70年代各国从学前教育到大学阶段教育改革的主流思想。美国 60 年代旨在促使中小学数理化课程现代化、以培养创造性人才为目的的教育改革运动,正是在布鲁纳思想的影响下拉开帷幕的。

布鲁纳运用结构主义哲学思想和认知心理学的理论来探讨教育问题,为教育理论的科学化开拓了新的道路。布鲁纳主张课程应该以学科结构为依据,这是对杜威注重儿童兴趣的课程的纠正。在课程组织形式上,他提出螺旋式课程,这种课程模式对当时美国乃至整个世界的课程改革都提供了一个明确的参照点,使得当时的课程改革有章可循,成为当时课程领域的一个主要取向。布鲁纳的学科结构课程理论在 60 年代初的美国中小学轰轰烈烈的课程改革中发挥了巨大的作用。

布鲁纳改革课程与教材的主张促成了当时数学、物理等学科教材的重新编制,促使美国 60 年代以结构为中心的教材纷纷问世。例如,数学方面有伊利诺大学学校委员会编订的新教材(UICSM),国立数学能力长期研究会的新数学(MLSMA);化学方面有 CIBS, CHENS 两种流行教材;生物学方面有 AIBS, BSCS 两种重要教材。这些教材最初受到很高的评价,曾被视为对苏联人造卫星挑战的有力回击。布鲁纳领导的学科结构课程改革对当时美国急需培养高级的科学人才发挥了重大的作用。但是布鲁纳又走向了一个极端,他过分地强调知识的结构,从而使课程内容过分地理论化、抽象化,造成课程内容过深过难过重,有些内容超出了教师的"教"和学生的"学"的能力范围,因而难以做到按学生知识水平和心理特点进行教学。此外,布鲁纳也过分地强调学术性知识,未能很好地联系社会现实生活,有时甚至脱离了学生的实际生活,给学生的学习带来了新的困难。

在教学方法上,布鲁纳强调发现学习,重视学生的主动探究，可以说是对当时传统的学习方法的一种超越。运用发现学习法可以帮助和促使学生养成科学探究的态度，主动地掌握知识。这种教学方法在美国60年代的教学改革中被广为推广，在当今教学改革中仍是一种颇受重视的教学方法。但发现学习也不是万能的，它也受到教材因素和学生发展阶段因素的制约。发现学习对于各门学科并非具有同样的价值，发现学习法的使用还会受到学习者已有知识和先行经验的影响。只有当学习者有了一定的知识经验后，才能凭借强烈的意识找出问题所在，作出假说。因此，发现学习一般适用于高年级阶段的儿童。当然，发现学习不排斥传统的讲授法、讨论法等，只有把发现法同其他方法结合起来一起使用，教学才能取得更好的效果。

布鲁纳所倡导的教学改革运动在后期走向低谷，并出现学生成绩大面积下降的情况，没有达到预期的目标。其原因是多方面的，其中与以学科结构为中心的教材自身缺乏一些科学合理性不无关系。学科结构课程强调学科的基本结构，但如何确定并选取这种基本结构的价值标准在各学科都有待进一步论证。

布鲁纳的教育思想既有它的时代性、科学性的一面，也有它绝对化、片面性的一面。尽管布鲁纳所倡导的课程改革遭到了失败，但他对教育理论和实践所起的有益的推动作用是不可磨灭的。

【思考题】

1. 谈谈你对布鲁纳学科结构课程理论的看法。
2. 如何理解布鲁纳的螺旋式课程？它在课程编制中有何意义？
3. 布鲁纳"发现学习"同其他教学方法（例如讲授法）相

比有何优点及局限？

4. 你如何看待美国 20 世纪 60 年代由布鲁纳思想主导的教育改革？

【拓展阅读文献】

1. 布鲁纳. 教育过程［M］. 邵瑞珍，译. 王承绪，校. 北京：文化教育出版社，1982.

2. 布鲁纳. 论左手性思维——直觉能力、情感和自发性［M］. 彭正梅，译. 上海：上海人民出版社，2004.

3. 布鲁纳. 游戏是重要的任务［J］. 邵瑞珍，译. 教育研究，1980（5）.

4. 张爱卿. 放射智慧之光——布鲁纳认知与教育心理学［M］. 武汉：湖北教育出版社，2001.

第三节　赞可夫的教育思想

一、生平与实践

赞可夫（Леонид Владимирович Занков，1901~1977）是苏联著名的心理学家、教学论专家，曾任苏联教育科学院院士。

1917 年，17 岁的赞可夫已是一所乡村学校的教师。后来他在儿童农业营（国家收养和教育战后农村孤儿的机构）担任教导员及主任。20 年代末、30 年代初，他在莫斯科大学心理系学习，毕业后留校做研究生，在苏联著名心理学家维果茨基的指导下从事心理学和缺陷儿童教育学的研究。卫国战争期间，赞可夫转入神经外科医院，从事苏军颅脑重伤战士语言技能的治理和恢复工作，但他始终没有中断有关记忆、教学论问题的研究。

至二次大战前，他一直从事此项研究并担任俄罗斯联邦教育科学院儿童缺陷学研究所所长。他曾参加编写针对缺陷儿童的第一批教学大纲，并探索特殊学校的教学和矫正缺陷的方法。40年代末，赞可夫调任教育理论和教育史研究所副所长，不久转到普通教育研究所工作。从50年代初起，赞可夫开始专门研究教学论。1952年，他组建了实验教学论实验室，深入研究教学中教师语言与直观手段相结合的问题。他对学生掌握知识的过程以及观察能力、思维能力的发展问题进行了实验考察和心理分析，编写了一些很有价值的学术著作，对改进低年级教学问题提出了很有见地的意见。他的研究成果使他赢得了很高的声誉。1956年，俄罗斯联邦心理学家协会成立，赞可夫成为该协会组织委员会的主要成员。同年，苏联教育理论家凯洛夫主编教育学，赞可夫也被聘为主编之一。

1957年，赞可夫将"实验教学论实验室"改名为"教学与发展问题实验室"，着手对小学儿童的教学与发展问题进行实验研究。1962年，赞可夫在总结第一阶段（1957～1961）实验成果的基础上，发表了题为《论教学的教学论原理》一文，在全面论述实验教学论体系的基本原理的同时，对苏联的传统教学论提出了严厉的批评，因而遭到了多方的责难。然而，赞可夫并未因此放弃实验研究。1966年底，苏联教育学院主席对赞可夫的实验研究进行了一次系统的调查，肯定赞可夫的研究方向和理论基础是正确的。1969年，俄罗斯联邦教育部接受赞可夫关于将小学阶段的学习年限由4年缩短为3年的建议，并调整了教学内容，编辑出版了三年制的教学大纲和教科书。这样，赞可夫教学实验的成果不仅得到了政府的认可，而且开始广泛地应用于教育实践。他就教学与发展问题进行了长达 20 年的研究，创建了实验教学论体系，在发展性教学研究方面作出了重要贡献。

赞可夫在进行教学与发展问题的实验过程中，十分注意观察学生的情绪反应。为了真实了解学生正常的心理活动，研究人员在教室的一面墙壁上开了一个窗口，以便详细观察和记录每一节课的教学情况。他们还通过摄影，把学生最自然的、毫无拘束的课堂生活情景拍摄下来。课后，科研人员同实验教师一起切磋研究，总结得失，拟定出下一步的行动计划和改进措施。

赞可夫一生发表了 22 本专著和 150 多篇论文。其主要著作有《论小学教学》、《和教师的谈话》、《教学与发展》、《论教学的教学论原理》、《小学教学新体系的实验》、《我们的意见分歧》、《小学教学的实验体系》、《教学论与生活》、《教师语言与直观教学手段的结合》、《直观性与学生在教学中的积极化问题》、《回想的心理》、《学生的记忆》、《记忆》等。其中的《论小学教学》、《和教师的谈话》、《教学论与生活》，曾经是苏联教师的必读书。他的总结性专著——《教学与发展》被译成多种文字，享有世界声誉。其中译本已被收入人民教育出版社出版的《外国教育名著丛书》中。1970 年苏联教育部部长普罗斯克耶夫认为，赞可夫在某种意义上为教学、特别是为小学阶段的教学奠定了现代化基础。70 年代以来，苏联出版的《教育学》教科书和教学论专著都在不同程度上吸收了赞可夫新教学体系的某些结论。赞可夫的"发展性教学理论"被誉为现代教学中的三大流派之一，对世界各国的教育改革产生了重大影响。为了表彰他为苏联教育科学的发展作出的重大贡献，苏联政府先后授予他一枚列宁勋章、两枚劳动红旗勋章和其他一些奖章。

1977 年冬，赞可夫不幸逝世。苏联教育部和苏联教育科学院在《教师报》发表悼念文章，指出："赞可夫以自己在教育科学和学校实践的众多创造性贡献而闻名于世。"

二、儿童发展观

赞可夫对儿童发展的理解与传统的教育家、心理学家不同。以前的发展理论，一般只涉及那些与知识有关的心理因素，如观察、记忆、想象和思维等能力的发展及其机能的成熟过程。赞可夫则把儿童身体的发展和心理的发展都包括在内；在心理发展方面，既包括智力因素的发展，又包含非智力因素的发展。他不仅把人的身心发展看成是一个不可分割的整体，而且把影响人的发展的主客观条件、内外因素也看成是一个彼此相互协调的、统一的整体，因此，赞可夫的发展又可称为"整体发展观"和"一般发展观"。

赞可夫认为，学校应当这样来安排教学工作，即不仅要给学生传授一整套知识和技巧，而且要发展学生的学习能力。这在苏维埃教育学中向来是一致公认的，但由于它对学生的发展强调不够，导致了教育实践中的片面性。所以，赞可夫认为："培养精神丰富、道德纯洁和体魄健全的新人的任务，日益加速的科学和技术的进步，要求对学校的教学和教育作出重大的改变。""改造小学教学的重要的教育学途径之一，就是要大大提高教学和教育过程对学生的一般发展的效果。"[①]

（一）一般发展与全面发展的关系

在谈到"一般发展"的确切含义时，赞可夫反复强调指出：

---

① 赞可夫. 小学教学新体系的实验［J］. 外国教育动态，1980（3）：37.

第一,"一般发展"不同于"全面发展"。赞可夫认为全面发展"是而且主要是指该问题的社会方面或者广泛的社会教育学方面",一般发展是指"儿童个性的发展",是指"人的发展问题的心理学和教育学方面"。两者都有别于"单方面发展"或"片面发展"。个性的一般发展包括智、情、意三个方面的发展。只是赞可夫不采用传统的三分法,而用观察、思维和实际操作这三个方面取代它。赞可夫唯恐人们把一般发展只看作智力发展,所以特地作了补充说明,反复强调:"这里所说的达到更高的发展水平,不仅指智力发展,而且指一般发展。所谓一般发展,就是不仅发展学生的智力,而且发展情感、意志品质、性格和集体主义思想。在教育学和各科教学法的书籍和文章里谈到这个问题时,几乎都是只讲智力发展,而且只讲到它的个别方面,如思维和语言等。毫无疑问,思维和语言的发展在学生的精神成长中占着重要地位,但是学生的精神成长绝不局限在这一点上。"[1] 在《教学与发展》(1975)一书中,赞可夫又写道:"还有必要把一般发展和智力发展加以明确区别,由于我们对教学与发展问题的理解跟大多数人的理解不同——我们所指的不只是智力发展,而是学生的一般发展。"

(二)一般发展与特殊发展的关系

"一般发展"不同于"特殊发展"。赞可夫认为,一般发展指的是个性的所有方面(包括道德感、观察力、思维、记忆、语言、意志力)的发展;特殊发展指的是寻求某一个领域或某一种学科领域(如某种艺术领域、科学领域或科学个别分支领域)里

---

[1] 赞可夫. 和教师的谈话 [M]. 杜殿坤, 译. 北京: 教育科学出版社, 1980: 148.

的发展。当然,一般发展和特殊发展并不是人为形成的两条彼此隔绝的渠道。相反,一般发展是特殊发展的基础,而特殊发展在适当的指引下又可以促进一般发展。不言而喻,在某一领域里的活动,单单在一般发展的基础上是不能顺利实现的,还必须形成心理活动的某些特定的属性,必须掌握相应的知识和技巧。

赞可夫所谓的"一般发展"是一个比"全面发展"的范畴要窄一些,而比"智力发展"的范畴要宽一些的概念。它根本含义是心理因素的多方面发展,是智力因素和非智力因素的同时发展。赞可夫所竭力追求的是,通过建立在学生的"最近发展区"上的发展性教学,展开学生心理素质的各个方面,开拓儿童的精神需要,锻炼他们的意志品质,陶冶他们的思想情操,使年青一代成长为精神充实、善于应变的新人。

赞可夫认为学生的"一般发展"非常重要,它可以为他们真正掌握知识和技能开辟一条广阔的道路,提供有利的条件。同时,它对学生将来的生活也有着非常重大的意义。正因为这样,赞可夫反复强调"必须积极地、坚持不懈地在全体学生包括最差的学生的发展上下功夫"。

三、论教学与发展

关于教学与发展的关系问题,当时在苏联教育界广泛流传着三种观点:第一,把教学与发展看作两个互不依赖的过程,教学是纯粹从外部利用发展过程中出现的可能性;第二,把教学与发展混为一谈,把两种过程等同起来;第三,"教学不仅可以跟在发展的后面走,不仅可以和发展齐步并进,而且可以走在发展的

第六章 外国现代教育家及其教育思想

前面,推动发展前进,并在它里面引起新的构成物。"①

苏联心理学家维果茨基曾创造性地提出了"最近发展区"的理论。他把儿童的心理发展区分为"现有发展水平"和"最近发展水平"。前者由已经完成的发展程序的结果而形成,表现为儿童能够独立解决智力任务;后者指那些还未成熟但正在走向成熟的生理技能和心理素质,表现为儿童还不能独立地解决智力任务,但在成人的帮助下,在集体活动中,通过模仿能够解决相应的智力任务。维果茨基认为,最近发展水平比现有发展水平对儿童智力发展和学习成绩的变化具有更为直接的意义。

赞可夫基本上同意维果茨基的观点。但他又认为"所谓最近发展区,并不是教学时对儿童发展施加影响的唯一渠道","教学对学生的发展施加影响的途径有各种各样,我们的主要任务就是要揭示教学与发展的关系的多种形态,并且研究这些形态的互相作用"。在他看来,儿童的一般心理发展,是儿童与周围世界相互作用的一种前进运动。在这个运动中,既要承认外部环境影响的作用,又要查明"发展过程进行的内部决定性","在这里,单纯以外部环境影响来解释学生心理发展的独特属性是完全不够的"。因此,赞可夫实际上指出了维果茨基忽略了内部决定性,忽略了这种决定性中的一个关键因素——非智力因素的作用。

赞可夫通过"教学与发展的关系"的实验,还揭示了教学结构和学生智力发展进程之间的可观的必然联系。他明确指出:教学结构是学生一般发展的一定过程发生的原因,或者说,教学内容结构的复杂化程度决定着儿童智力活动方法的复杂化程度和发

---

① 赞可夫.教学与发展[M].杜殿坤,译.北京:文化教育出版社,1980:12~13.

展水平，因而有什么样的教学论体系，就会有什么样的教学结构，就会产生什么样的发展水平。

"小学教学新体系"要求在教学中必须不断地向学生提供有一定难度、有相当理论深度、能够开启心智、展开精神力量的教学内容；必须适当地加快教学进度，提高单位时间内掌握知识技能的效益；必须最大限度地激发儿童学习的兴趣，唤起学生学习的积极性，点燃创造性的火花，让他们自己独立地去克服困难，去理解学习过程，从而生动活泼地得到发展。

赞可夫极为重视课堂教学在促进学生发展方面的作用，认为研究课堂教学是教学论不可或缺的一个重要方面。不过对于课程的结构、类型以及怎样备课和上课等问题，赞可夫认为人们已经谈得很多很多了，因此，"不打算重复那些尽人皆知的真理"，而是提出了"课堂上的生活"这样一个小学课堂教学方面不大为人注意或完全没有探讨过的问题。这也是赞可夫独到的一种教学思想。

所谓"课堂上的生活"，赞可夫说，"这个问题在一定意义上和教学联系生活有些相似"，[①] 但不可以把同生活的联系理解得很狭窄很片面。赞可夫的课堂教学理想是：儿童在课堂上应该过着一种积极的、有血有肉的、甚至可以说是沸腾的精神生活即真正的精神生活。所谓真正的精神生活，就是不光靠记忆在工作，而是有思考、有推理、有感情、有个性的思想的积极活动。赞可夫指出，唤起儿童的生气的关键在于"让学生自己去寻求问题的正确答案。这不仅对他们领会知识和掌握技巧，而且对他们的发

[①②] 赞可夫. 和教师的谈话 [M]. 杜殿坤，译. 北京：教育科学出版社，1980：2，20.

展都具有重大的意义"。[②] 在"课堂上的生活"中实现学生的发展,正是赞可夫的追求。

四、教学的基本原则

从学生和生活实际出发,和实践保持密切的联系,这是赞可夫教学论思想的一条重要指导原则。赞可夫激烈地批评了传统教学论,认为它使教师教学只从教材出发,只要求教师提高讲课艺术,不要求教师研究儿童的心理活动;没有将教学体系建立在客观实际的基础上,而是从理论到理论的演绎。针对传统教学论的这种弊端,赞可夫坚持将研究植根于学校教学实践。赞可夫的实验结果进一步证明了"科学的教学论应建立在研究教学的实践及其改造的基础上";"同时,教学论与整个教育学一样,也是为实践服务的"。

坚持辩证法的基本原理,也是赞可夫教学论思想的另一条重要指导原则。赞可夫对传统教学论的形而上学作出了尖锐的批评,他将对立统一规律运用于教学论,认为学生"发展过程的特点,除外部的决定性的影响外,还有内部的制约性。对立面的统一和斗争是这种内部制约性的基础"。[①] 赞可夫认为,人的发展是内外因共同作用的结果,因此,他十分强调培养学生"学习的内部诱因",因材施教,引导学生通过自己的认识活动去掌握知识。

依照唯物辩证法"具体问题具体分析"的观点,赞可夫主张从实际出发,按照教学内容、教学对象的不同情况,灵活运用多

---

① 赞可夫.教学与发展[M].杜殿坤,译.北京:文化教育出版社,1980:363.

种多样的教学形式和方法,打破传统教学论给教学工作确定的刻板模式,对课程的结构、类型、教学方法进行各种新的探索。这是赞可夫新教学体系的一个显著特点,他称之为"变式"。

为了使教学在最大程度上促进学生的理想和发展,赞可夫提出了实验教学论体系的五条基本教学原则。

(一)以高难度进行教学的原则

赞可夫认为,高难度原则的"难度"这个概念的含义之一是指克服障碍,另一个含义是指学生的努力。同时明确指出了难度的质的规定性:我们指的不是任意的一种难度,而是要能认识现象的相互依赖性及其内在的本质联系的那种难度。这个原则的特点在于使教材和教法,能将儿童的精神力量发动起来,并使这种力量有充分活动的余地。在这种条件下学生所掌握的知识,就不仅简单地变成他们的所有物,而且在以后的认识过程中学生能思考这些知识,运用这些知识分析问题和解决问题。

所谓"高难度",即是尽早开设那些有助于学生认识周围世界的学科,用反映事物客观规律的、内容充实的教材代替那些"原始"的、陈旧的教材。他指出:"如果教材和给学生的题目大大低于他的能力,如果儿童的精神力量派不上用场,那么他的发展就进行得缓慢无力。儿童的智力、情感和意志也像肌肉一样,如果不加锻炼和给以正常的负担,它们反而会衰退,不仅得不到应有的改进,有的还会变得迟钝起来。"只有能为学生紧张的智力活动提供"丰富的食粮"的教学过程,才能促进学生迅猛地发展。所以,教学要为儿童的精神成长提供"食粮",而不是使他们"营养不良"。在赞可夫指定的实验教学计划中,从小学一年级起就单独开设自然常识和地理课,二年级增设历史课,语文、数学课则把四五年级的教学内容提到一至三年级来教,各种教材都加深加宽,充实了教材内容。

赞可夫指出,运用高难度原则时,并不是越高越难越好,而是要注意难度的分寸:给学生提供的教材一定是学生所能理解的。如果不掌握这个分寸,使儿童无法弄懂所学的教材,那么他就会不由自主地走上机械识记的道路,这样高难度原则就走向了它的反面,它就会从积极因素变为消极因素。

赞可夫认为,在实验教学体系中,这是起决定作用的一个原则。

(二)以高速度进行教学的原则

高速度的意思是指教师讲的东西只要学生懂了,就可以往下讲,不要原地踏步。这个原则"要求不断地向前运动,不断地以各个方面的内容丰富学生的智慧,能为学生越来越深入地理解所学的知识创造有利条件,因为这些知识被纳入到一个广泛展开的体系中"。

按照赞可夫的意见,这条原则与高难度进行教学的原则有着密切的联系,是它的补充。如果没有高速度,把教学进度放得很慢,多次地、单调地复习旧教材,结果势必妨碍高难度地进行教学,甚至使它成为不可能的事,因而不能有效地调动学生学习的主动性和积极性。学生一旦失去了学习的主动性和积极性,也就很难理解学习过程,也就不可能得到充分的发展。

以高速度进行教学的原则就是针对传统教学弊端而采取的措施。赞可夫说,旧的教学方法的最大缺点,就是教学进行多次单调的重复,迫使学生拒绝那些已知的材料。有些课文是很浅近的,教师读一遍学生还感兴趣,再读学生就不听了,甚至学生知道你以后还要读许多遍,索性第一遍就不注意听。让学生接连不断地去完成千篇一律的练习,他就会堕入半睡眠状态。赞可夫又指出，学生在课堂上"打瞌睡"、"半睡半醒"、提问时表现出那种"惘然若失"的样子，是并不奇怪的。一个学习日或一个学年结束时，学生的神经抑制现象表现得很严重。

同时，这个原则也是针对传统教学中严重的繁琐哲学和形式主义提出来的。赞可夫认为这些弊端不仅把教学进度拖得很慢，浪费了学生大量的宝贵时间，并严重阻碍了学生的一般发展。他主张一篇课文里的生字、生词不一定都讲，只要挑几个对理解课文最有影响的讲一下就可以了。有些词义，在教材的上下文中可以看出来的，以后又在别的上下文中遇到，多碰到几次，对它的含义也就理解了。

然而，高速度不意味着越快越好，"开快车"、"赶速度"，也绝不意味着给学生头脑里装的东西越多越好；而主张使教师和学生都稳稳当当地工作，教师要不吝惜时间而耐心地听学生把话说完，也不要吝惜时间跟儿童进行推心置腹的谈话。赞可夫认为这种工作方式是会得到加倍的报酬的。掌握知识和技巧的最合理的速度是"根据它能在何种程度上促进学生在一般发展上的进步而决定的"。

（三）理论知识起主导作用的原则

赞可夫提出的理论知识起主导作用的原则，是强调理论知识对学生认识过程的指导作用，反对旧教学体系片面强调训练技能技巧的"原始性"。他指出，"理论"是区别于"实践"而言的。从这个含义出发，理论知识是指那些直接反映在技巧中的知识。例如一个学生可能知道怎样进行几个数的进位加法，但并不知道这种运算的规律——加法的交换率和其他几个规律。如果学生掌握了后一类知识，就是掌握了理论知识。

赞可夫指出，理论知识是掌握自觉而牢固的技巧的基础。因此，掌握理论知识不仅不妨碍技巧的形成，而且恰恰相反，乃是形成技巧的重要条件。传统教学论只看到儿童认识活动中具体思维和感性认识的一面，片面强调传授经验型知识，以训练技能技巧为主，理论知识的传授仅是为技能训练服务的。赞可夫认为，在客观上科技的发展已使人的感官延伸到宏观世界和微观世界，借助现代教学手段可以扩大儿童感性知识的范围，使抽象复杂的概念变得具体易懂；在主观上小学生已具备发展逻辑思维的可能性。因此，应该用相应深度的理论知识去诱发这种可能性，训练小学生的理论思维、逻辑思维、抽象思维。把教学内容的重心转移到学科的知识结构上，就能使学生学会举一反三，学得的知识能融会贯通，也就加快了思维发展过程，促进心理机能的早日完善。

（四）使学生理解学习过程的原则

赞可夫认为，使学生理解学习过程的原则，要求学生注意的对象是学习过程本身，即理解学习的结构和进程。这个原则看起来与大家所熟知的"自觉性原则"相似，在调动学生学习的积极性和主动性上是共同的。具体地说，就是要使学生掌握获得知识的方法和途径，掌握学习的特点和规律。例如，在学习乘法表时，如果按传统教学方法来教，那就是采用多种方式促使学生牢固地记住乘法表；而按照使学生理解学习过程的原则来教，便是使学生弄懂教材编排的依据，了解背熟教材中某些成分的必要性，知道掌握教材时发生错误的原因，等等。在语文教学中，有些词或语法很近似，容易混淆，提醒学生应该看得特别仔细，分清它们之间的微小的差别。在数学课上，解题前要预先计划解题的步骤，对自己解题的方法要能论证，要能随时检查自己，及时发现错误并加以纠正，当题目解错时，也能找出错误的原因。

当然，使学生理解学习过程的原则与让学生理解教学过程也不一样。教师的"教"对学生来说，始终是外加的、灌输的和塑造的。如果教师的教学思想不正确，教学方法不恰当，则非但无益于学，而且有害于学。教师只有引导学生自己去学，启发他们知道应该怎样学习，才有利于培养学生的独立性、主动性和积极性，从而使他们掌握学习的诀窍，发现学习过程的奥秘。

总之，教师在教学中，应随时向学生说明：哪些教材要熟记，那些教材不必记；知识之间是怎样联系的，错误是怎样产生的，应该怎样防止等。归根结底，这一原则主要强调培养学生的自学能力，教会学生探讨和总结适合自身特点的合理的学习方法。

（五）使全班学生都得到发展的原则

赞可夫认为，这条原则的实质不是要降低教学的要求，限制优等生的发展，而是要使全班所有的学生都能在各自的智力范围内得到最理想、最充分的发展。它要求教师进行目标明确和系统的工作，力图将相同或不同的教学内容建立在每个学生不同的最近发展水平上。

赞可夫指出，这条原则有特殊的用意，是针对那种偏偏是在差生身上倾盆大雨式地布置语文和数学的操练性习题的做法而提出来的。对于差生，比之于其他学生，则更加需要花大力气在他们发展上不断地下功夫。下了这样的功夫，就能使差生在发展上得到更大发展，从而也就能够使他们在掌握知识和技巧方面取得良好的成绩。相反，以大量的操练性的题目弄得差生负担过重，非但不能促进这些儿童的发展，反而会使他们更加落后。他认为，真正的社会主义人道主义的崇高理想，要求无论在教养方面或发展方面，都能使所有的人而不只是特选出来的一部分人得到最大限度的收获。

赞可夫曾分析过差生的心理特点：（1）他们在情感、意志方面"个人中心主义"严重，不关心别人，经常与别人发生冲突。自尊心强，偏偏自己又不行，背着沉重的"学习差"与"2分生"的包袱，总认为别人"看不起自己"，为此既苦恼又不服气，与集体闹对立。（2）求知欲低，没有把精力用到学习上，吊儿郎当，甚至对学习、教师和学校有反感。（3）发展水平低，观察力薄弱，常常是"视而不见"、"听而不闻"，思维能力与语言表达能力都有严重缺陷。

他认为，差生在学习上落后的原因是多方面的，极其复杂的。其中主要是在传统教学观念的影响下，学校和教师对他们采取了一系列错误处置：把他们看成包袱，甚至用最"厉害"的办法把家长找来，向他们施加压力；常常布置大量的练习作业，把他们留下来补课，并劝告家长把孩子"抓得紧一点"，这就更加重了他们的学习负担与对学习的厌烦情绪。

赞可夫指出：优等生和差生是相对的，他们的发展过程是不均衡的，有迂回曲折，有加速和减速，有许多复杂的逐步积累的"地下活动"的过程，这些过程用肉眼是看不到的，可是一旦时机到来，它们就会以发展和掌握知识上的突飞猛进的形式表现出来。因此教师不能用固定的眼光看待他们，而应该以科学的教学体系和方法促进他们的发展。

赞可夫认为，上述这些基本原则是相互联系、不可分割的，但它们的作用和职能又是互不相同的。其中"每一条原则都是根据它在教学论体系中的作用，根据它的职能，以及根据它与其他原则的联系特点而具体表现出来的"。贯彻这五条原则是为了让学生对学习产生"内部诱因，增加和深化这种诱因"。因此，在贯彻这些原则时要尽量"开拓学生发展的可能性……必须给个性以发挥的余地"。

五、影响和评价

20世纪50年代以来,由于社会、科技和教育科学的发展,世界上一些主要的发达国家先后掀起了教学改革的浪潮。在这几十年中,这些国家的教学理论研究显得极其活跃,成果也十分丰硕。在众多的研究中,赞可夫和美国的布鲁纳、西德的根舍因一同被国际上誉为"课堂现代化"的三大典型代表,也是当代国际上教学论发展具有代表性的三大学派,有着广泛而深刻的影响。

赞可夫的独特贡献在于,他将自己的教改指导思想付诸长期的实验研究,从而确实创立了一套他自己的"小学实验教学体系"。赞可夫把教学跟学生心理的一般发展联系起来考虑,具有重大的革新意义,他以此为核心的教学思想无疑是对传统教学论的一个重大的突破。赞可夫着眼于使学生在获得一般发展的基础上掌握知识、技能和技巧,指出以教学促发展和以发展促教学的辩证关系;主张教学应有一定的难度,应靠知识的广度来求得知识的深度和巩固,应当尽早引导儿童掌握理论性知识,教会学生学习,使所有学生包括差生都得到发展;重视教学与生活的联系,要求教学为儿童提供精神活动广阔领域;强调教学过程中教师的创造性劳动和学生的主体作用,注重培养儿童内在的学习诱因……这些思想都是非常可贵的,其中有些观点正是他给予教育理论的贡献。此外,赞可夫的科学研究方法也具有革新的意义。他反对重复前人的言论,坚持深入教育实际,研究新情况和新问题,并把心理学的研究方法和研究成果引进了教学论的研究领域,以唯物辩证法为指导,用经过提炼的科学事实来丰富教学理论，不但使教学论获取了新鲜养分，还为教育实验这种教育科学研究方式积累了有益的经验。

应该指出，赞可夫并没有讨论教育学或教学论的全部问题，他只是以"教学与发展"为课题对改革小学教学进行了实验探索。赞可夫在此基础上写出的实验报告和专著，只是在教学目的、教学原则、课堂生活、教师工作等方面提出了自己的独特见解，大凡传统教学理论的观点他鲜有重复。从这个意义上讲，赞可夫的教学论思想在很大程度上是对传统教学思想的修正、补充和发展，并非一种脱离传统教学思想的"全新的创造"。况且，就赞可夫的教学论思想本身而言，也有一定的局限性。例如，赞可夫着重研究了教学过程的心理因素，对其社会因素略有涉及，而对教学的控制、管理因素则根本上没有研究；所谓"一般发展"虽然被定义为"个性的各个方面的发展"，但赞可夫仅仅着力研究了观察、思维、实际操作三种心理活动的形式；在如何对待以往教育理论成就的问题上，赞可夫把他的新体系和所谓"传统教学体系"截然对立起来，否认了实际存在着的某些片面性，他的许多新颖的论点，既有精辟见解，又有矫枉过正之嫌。

20世纪70年代末到80年代，苏联又出现了以巴班斯基为代表的以"整体性观点"研究教学论的新思潮，当时正在逐步取得统治地位，而赞可夫的教学论思想则以后来的研究者为中介，从而对苏联乃至世界教育科学的发展产生了重大的影响。例如，巴班斯基在他的著作中写道："赞可夫的著作为深入研究教学最优化思想建立直接的科学前提做出了重大的贡献。"[1] 可见，在

---

[1] 巴班斯基，波塔什尼克. 教育过程最优化问答 [M]. 利兰，译. 北京：北京师范大学出版社，1985：23.

教育科学的历史发展这个不断地吸取、扬弃和创新的前进运动过程中，赞可夫的思想是其中的一个环节，占有重要的历史地位。

【思考题】

1. 简述赞可夫教学与发展的思想。
2. 赞可夫是如何论述教学基本原则的？我们应当怎样看待这些原则？
3. 联系实际，谈谈你对赞可夫教育思想的看法。

【拓展阅读文献】

1. 赞可夫. 和教师的谈话［M］. 杜殿坤，译. 北京：教育科学出版社，1980.

2. 赞可夫. 论小学教学［M］. 俞翔辉，译. 北京：教育科学出版社，1982.

3. 赞可夫. 教学与发展［M］. 杜殿坤，译. 北京：文化教育出版社，1980.

4. 俞翔辉，编译. 赞可夫新教学体系及其讨论［M］. 北京：教育科学出版社，1984.

第四节　苏霍姆林斯基的教育思想

一、生平和实践活动

瓦西里·亚历山德罗维奇·苏霍姆林斯基（1918～1970），苏联教育科学院通讯院士，苏联著名的教育理论家和教育实践家之一。在当代世界教育家的行列中，苏霍姆林斯基是一朵奇葩且引人注目。他的工作岗位平凡无奇——乡村教师和校长,然而成就却超然出众。除了卫国战争期间参军和养伤的短暂岁月,他始终没有离开过教育、教学工作的第一线,将其一生奉献给了教育事业。他勤于思考,不断探索并结合自身真实的教育体验,在理论和实践两方面都取得了卓越的成就,尤其对教育事业的热爱和无私奉献精神以及对教育理论无止境地探求更为后人所敬仰。

苏霍姆林斯基于1918年出生于乌克兰一个农民家庭,毕业于家乡的一所七年制学校(相当于初中),在接受一年师资班的培训后便开始了自己的小学教师生涯。1936至1939年就读于波尔塔瓦师范学院函授部,毕业后取得中学教师证书,并立下了终生在农村工作的誓言。此后,他被任命为一所中学的语文教师,不久又兼任该校的教导主任。卫国战争爆发后,苏霍姆林斯基应征入伍,在前线作战负伤后重返教育战线。在担任了一段时间的教育行政领导工作后,1947年被任命为帕夫雷什中学校长,此后一直在这一岗位上辛勤耕耘,直至1970年9月去世。

苏霍姆林斯基首先领导这所学校进行了战后的重建工作。由于战争的创伤,困难儿童(或称难教儿童)引起了他的极大关注。经过一段时间的实地探讨和酝酿,苏霍姆林斯基终于在1951年为6至7岁学龄前儿童正式创办了"快乐学校"。苏霍姆林斯基坚信,只要教师能满腔热忱地对待孩子,并通过合理的教育,就一定能"还给孩子们一个快乐的童年"。"我的生活中什么是最重要的呢?我可以毫不犹豫地回答说:热爱孩子。"这一句话,他用了一生的时光去实践。热爱孩子,"把整个心灵献给孩子"是他的重要教育信念。为了孩子的幸福快乐,"快乐学校"采取了很多新异的措施和活动,如到"蓝天下的学校"、"大自然——健康的源泉"去学习,到"劳动世界"去旅行,开展"幻想之角"、"健康乐园"等活动。在其全部教育实践活动中,他始终非常重视教师和学生工作,一直关注教师和学生问题的研究。

苏霍姆林斯基深信,作为校长,就必须一天也不能脱离学生和教学,并明确提出一个口号:到学生中去,到课堂中去,到教师中去。此外他还坚持兼任一个班的班主任,从快乐学校开始一直到十年级高中毕业,从未间断。他认为,"教育——这首先就是人学。不了解孩子——不了解他的智力发展,他的思维、兴趣、爱好、才能、禀赋、倾向——就谈不上教育。"① 他和学生朝夕相处,深入学生实际,深入体察学生的精神世界。二十多年间,他对3700多名学生进行了跟踪研究,为每个学生写了观察记录。正如他自己所说,3700页笔记记载了他的全部教师生活,每一页都献给了一个人——他的一个学生。到教师中去,发现教师,帮助和培养教师,这是苏霍姆林斯基最中心的任务之一。他要求全校教师形成一个优良的教师集体,树立坚定而深厚的教育信念,他深信这是帕夫雷什中学取得成功的有力保证。帕夫雷什中学原本是一所极普通的农村十年制学校,由于苏霍姆林斯基不懈地进行教育改革和试验,使之不仅成为苏联的优秀学校,而且被看作教育的圣地和当代世界著名的实验学校之一。

苏霍姆林斯基数十年如一日兢兢业业地工作。他每天很早起床,白天从事教育、教学和行政领导工作,晚上从事科学研究,整理自己积累的素材,并撰写教育论著。他以帕夫雷什中学为教育试验园地,同时广泛研究其他学校经验,孜孜不倦地钻研教育理论,从理论与实践结合的角度研究教育的新问题,提出新观

---

① 苏霍姆林斯基. 把整个心灵献给孩子[M]. 天津:天津人民出版社,1981:7.

点，作出新的概括。他全面探讨了普通教育的各个领域，提出了使青少年个性全面和谐发展的理论。他给教育事业留下了丰富的遗产。他一生撰写了40多本专著、600多篇论文、1000多篇供儿童阅读的童话和小故事。他的作品被译成30多种文字在世界各国发行。其主要著作有：《培养学生的集体主义精神》、《学生的精神世界》、《关于全面发展教育的问题》、《关于人的思考》、《帕夫雷什中学》、《育人三部曲》（《把整个心灵献给孩子》、《公民的诞生》、《给儿子的信》）、《和青年校长的谈话》、《给教师的一百条建议》，等等。他的全部著作都生动地反映了学校教育的真实情景，是对学校工作的高度艺术概括、提高和再现，因此被称为"活的教育学"、"学校生活的百科全书"。当时苏联的教育部长普罗柯菲耶夫甚至称他是"教育思想的泰斗"。

苏霍姆林斯基的辉煌成就给他带来了很高的声誉。1957年他39岁时被选为俄罗斯教育科学院通讯院士，1959年荣获功勋教师称号。他还荣获两枚列宁勋章，多枚乌申斯基奖章和马卡连柯奖章。不少国家的教育领导机构和有影响的学术团体，纷纷邀请他出国讲学。1968年他再次当选为苏联教育科学院通讯院士，同年6月被选为全苏教师代表大会代表并荣获社会主义劳动英雄称号。他作为一位有独创精神的教育家被载入苏联史册。

二、教育目标——培养个性全面和谐发展的人

苏霍姆林斯基从马克思主义关于人的全面发展理论出发，创造性地提出个性全面和谐发展教育思想，并将其作为学校教育的理想和目标。培养个性全面和谐发展的人，是苏霍姆林斯基首次提出的，也是他对教育培养目标的概括表述。这是他教育思想的核心，像一根红线贯穿于他的教育理论体系。个性全面和谐发展

是以全面发展为主体，把"全面发展"、"和谐发展"与"个性发展"三者融合在一起，使之成为一个整体、统一体。可以说，它使全面发展更充实、更完整、更贴切；它使和谐发展增添新意；它把个性发展与全面和谐发展既明确地加以区别，又恰当地予以联系，使个性发展、和谐发展成为全面发展这一主体不可或缺的有机组成部分。

苏霍姆林斯基所理解的全面发展，具体内涵是指：首先，它包含有多方面发展的意思，就是要求必须使德育智育体育劳动教育和美育等方面都得到发展。这与教育史上长期流传的多方面教育思想是相似的。其次，它体现着发展的深度和广度，即明确提出了各方面发展所要达到的程度，把充实学生的精神生活和丰富他们的内心世界作为衡量全面发展的一个重要标志。苏霍姆林斯基在《帕夫雷什中学》一书中写道："要实现全面发展，就要使智育体育德育劳动教育和审美教育深入地相互渗透和互相交织，使这几方面的教育呈现为一个统一的完整过程。"①

苏霍姆林斯基提出的和谐发展，是对全面发展的补充、完善和提高，要求把各方面的发展有机地联系起来，成为相互依赖缺一不可的统一体。什么叫和谐发展？和谐的发展意味着"人显示为：第一，是社会物质生产领域和精神生活领域中的创造者；第二，是物质和精神财富的享用者；第三，是有道德和文化素养的人，是人类文化财富的鉴赏者和细心的保护者；第四，是积极的社会活动者、公民；最后，是树立于崇高道德基础之上的新家庭的建立者。"为了培养全面和谐发展的人，就必须深入地改善整

---

① 苏霍姆林斯基. 帕夫雷什中学[M]. 赵玮，等，译. 北京：教育科学出版社，1983：9.

个教育过程，实施和谐的教育。

在苏霍姆林斯基看来："所谓和谐的教育，就是如何把人的活动的两种职能配合起来，使两者得到平衡：一种职能就是认识和理解客观世界，另一种职能就是人的自我表现，自己的内在本质的表现，自己的世界观、观点、信念、性格在积极的劳动中和创造中，以及在集体成员的相互关系中表现和显示。正是在这一点上，即在人的表现上，应当加以深刻的思考，并且朝着这个方向改革教育工作。"[①] 苏霍姆林斯基还提出："和谐的教育就是发现蕴藏在每个人内心的财富。……就是使每个人在他的天赋所及的一切领域中最充分地表现自己。人的充分表现，这就是社会的幸福，也是个人的幸福。"[②] 苏霍姆林斯基的话语中充满了以人为本的精神，强调每个教师都应该想一想，要把学生培养成什么样的人。

苏霍姆林斯基认为应该培养和谐的、全面发展的人。在人的和谐发展中，苏霍姆林斯基特别强调要培养学生的精神生活。为此，他经常提醒教师，我们要培养的人，不只是有知识、有职业、会工作的庸庸碌碌的人，而是要培养大写的人，就是有高尚的精神生活，有理想、有性格、关心别人、关心集体的人。苏霍姆林斯基告诫人们时刻不能忘记："有一样东西是任何教学大纲和教科书，任何教学方法和教学方式都没有做出规定的，这就是儿童的幸福和精神生活。"在他看来："教育的理想就在于使所有

---

① 苏霍姆林斯基. 给教师的建议（上）[M]. 杜殿坤，译. 北京：教育科学出版社，1984：147.

② 苏霍姆林斯基. 关于和谐教育的几点想法 [J]. 国民教育，1978(9)：90.

的儿童都成为幸福的人,使他们的心灵由于劳动的幸福而充满快乐。"

苏霍姆林斯基强调在实现或完成全面和谐发展的同时要使每个学生在各个领域中充分表现出自己的天赋才能,使自己的个性得到充分发挥。教育就是要"让走向生活的每一个青年男女的才能都得到最充分地发挥"。[①] 苏霍姆林斯基非常重视学生的个性发展。他认为,学生都是具体的,没有抽象的学生。学生的禀赋、才能、爱好和特长是各不相同的,要让他们充分发展,就要提供良好的条件。他说:"教学和教育的艺术和技艺就在于揭开每个儿童的力量和可能性。"[②] 每个儿童都是一个完整的世界,没有重复,各有特色。只有每个人的个性都能真正得到发展,个性全面和谐发展的内涵才会得以充实和完善。只有个性得到全面和谐发展的人,才是真正完善的人,在整个生活中才会得到真正的幸福。

教育在培养个性全面和谐发展的人的过程中起着重要作用,然而教育与自我教育是相辅相成的。自我教育是学校教育中极重要的一个因素,是实现个性全面和谐发展培养目标的关键因素。"没有自我教育就没有真正的教育"。自我教育,是学生在认识周围世界——大自然、劳动和社会生活的同时,也认识自己,以最高标准——共产主义道德准则的眼光评价自己的见解、行动和品行。青少年时期是学生在智力、道德和个性上的自我确认的时

[①] 苏霍姆林斯基. 帕夫雷什中学[M]. 赵玮,等,译. 北京:教育科学出版社,1983:20.

[②] 苏霍姆林斯基. 给教师的一百条建议[M]. 北京:教育科学出版社,1984:23.

期。在这个时期,应该要求学生对自己进行自我教育。然而,在学校的实际教育工作中,却往往只注意到对学生的教育,而没有注意到学生的自我教育。学生仅仅被看作教育的对象,教师的全部注意力,都放在给学生的头脑里装进尽可能多的关于周围世界的知识、科学知识和道德信条这些方面。教师捆住了学生的手脚,导致学生并不认识自己、不了解自己。真正的教育不应该总是牵着学生的手走路,而是要让他独立行走,使他对自己负责,形成自己的生活态度。

苏霍姆林斯基还提出了实施自我教育的要求:创设良好的自我教育环境;引导学生通过阅读课外书籍进行自我教育;要为青少年学生的自我教育提供时间保证,引导他们合理利用空闲时间。

自我教育是实现全面发展培养目标的重要一环,要想使学生的个性真正得到全面和谐地发展,必须重视和加强青少年的自我教育,必须坚持学生的自我教育。

三、教育内容——德智体美劳协调发展

"个性全面和谐发展"的教育目标要求德育、智育、体育、美育、劳动教育各方面的协调发展。苏霍姆林斯基指出,德智体美劳各方面的教育并非孤立的,而是同时并进、互相联系、互相渗透、互相促进的,并呈现为一个统一的完整过程。

(一)德育

在苏霍姆林斯基看来,德育在个性全面和谐教育中应占有主导的地位,因为"人的各个方面和特征的和谐,都是由某种主导的、首要的东西所决定的……在这个和谐里起决定作用的、主导

的成分是道德"。①"道德是照亮全面发展的一切方面的光源，而同时又是人的个性的一个个别的特殊的方面。"从学校里培养出来的人，不论他从事什么工作，都应该是一个道德高尚的人。他认为学校中的任何工作都应当包含道德教育的意义，发挥德育的作用。关于德育内容的论述可分为以下四个方面：

第一，培养良好的道德习惯。苏霍姆林斯基认为，道德习惯是基本的道德修养在思想上的深化和行动上的具体化，是道德观念和信念的入门。苏霍姆林斯基强调，在少年期形成道德习惯非常必要。他说："如果作为道德素养的最重要的真理在少年时期没有成为习惯，那么，所造成的损失是永远无法弥补的。""道德习惯的源泉，在于把高度的自觉性和个人对各种现象、对人们之间的相互关系以及他们的道德品质的感情评价统一起来。"② 据此，他提出了培养道德习惯的三条规律。（1）"如果为了别人的利益需要你贡献自己的力量，就要有牺牲自己利益的习惯。"（2）"要求青少年对自己的行为，特别是那些能反映出一个人对劳动、对亲人、对集体里成员的态度的行为，作出情感上的评价和产生亲身感受。"（3）"要求学生做出的行为和道德原则一致起来。"热爱祖国、忠于人民等都是神圣的共产主义道德真理，它不需要事事处处反复强调，也无需将它们和起码的道德素养以及做人之道联系起来。譬如说，一个少年在课桌上画了一个小鬼，或者把同学绊了一跤，使他摔破了鼻子，不需要就这样的事情大讲人们

---

① 苏霍姆林斯基. 关于全面发展教育的问题［M］. 王家驹，等，译. 长沙：湖南教育出版社，1984：12.

② 苏霍姆林斯基. 公民的诞生［M］. 黄之瑞，等，译. 北京：教育科学出版社，2002：199，224.

对于社会的义务和英雄人物的事迹。

第二，培养丰富的道德情感。苏霍姆林斯基认为，道德情感乃是"道德信念、原则性和精神力量的核心和血肉；没有情感，道德就会变成枯燥无味的空话，只能培养伪君子"。[①] 苏霍姆林斯基认为道德情感的内容可概括为三个方面，即敏感性、同情心和义务感。他说："在道德教育中起着巨大作用的是敏锐精细的道德情操的培养——即人的义务感、敏感性和同情心的形成。奉行'人和人是朋友、同志和兄弟'的原则——要求每个人从幼年就会关注别人的精神世界，使每个人的个人幸福来源于极其亲密的个人关系中的纯洁、美好、高尚的道德。"

第三，树立坚定的道德信念。道德信念是道德发展的最高目标，是顶峰，或者说是"对坚持真理、证明自己观点的正确性、并为此随时准备作出任何牺牲的一种热忱希望"。道德信念并非自然而然形成的，需要经过一个复杂的、长期的教育过程，需要从小就逐步引导儿童树立坚定正确的道德信念。

第四，树立高尚的道德理想。苏霍姆林斯基对道德理想的定义是："道德理想——这是一种具有社会意义的，同时又是埋藏在个人心灵深处的东西；这是政治、道德和审美的原则在个人身上的体现。"

他通过各种渠道并采用各种方法实施德育，主要有：

（1）通过课堂教学和各种科学基础知识进行德育，在各科教学中渗透德育。

（2）编辑和利用《道德价值文选》，进行思想政治教育和共

[①] 苏霍姆林斯基. 帕夫雷什中学[M]. 赵玮，等，译. 北京：教育科学出版社，1983：200.

产主义道德教育。

(3) 通过各种劳动和社会公益活动进行道德教育。

(4) 重视集体的教育作用。

教师的思想品德、言行举止在学生道德品格培养中起巨大作用。

(二) 智育

在智育问题上,苏霍姆林斯基提出了许多精辟的见解。他通俗而明确地说,智育就是智力的培养和智能的培养。智育非常重要,他说,"无知的人对于社会来说是危险的"。但是,一个人智力发展程度并非等于他所获得的知识的数量,智育不能简单地归结为传授知识和积累知识,不是让学生除了作业、分数以外,什么都不去想。智育是一个复杂的过程,"它包括获取知识,形成科学的世界观,发展认识和创造能力,养成脑力劳动的技能,培养对脑力劳动的兴趣和要求,以及对不断充实科学知识和运用科学知识于实践的兴趣和要求"。[①] 关于教师如何对学生进行智力教育,苏霍姆林斯基在总结前人经验的基础上,结合自己丰富的教育实践,提出了以下建议:

1. 必须通过课堂教学发展学生的智力

苏霍姆林斯基认为,最完善的教学乃是发展着智力的教学,教学过程中实现着智育的主要目的——发展智力。他说,在课堂上要做两件事:第一,要教给儿童一定范围的知识;第二,要使儿童变得越来越聪明。所谓"使儿童变得越来越聪明"指的就是智力的培养。传统的教学,学生日复一日、年复一年地重复着别

[①] 苏霍姆林斯基. 帕夫雷什中学 [M]. 赵玮, 等, 译. 北京: 教育科学出版社, 1983: 256.

人的思想,却没有机会表达自己的思想,学生的唯一任务就是识记、保持、再现,也就是"塞进去"、"储藏住"和"倒出来"而已。简言之,有教学,但是没有智育。结果就会出现这样的状况:学生的知识越多,他学习下去反而感到越学越难的反常现象。他指出,不应当把学习仅仅归结为不断地积累知识、训练记忆,不应当搞使学生变得愚蠢,既有害于学生健康又有害于智力发展的、毫无益处的死记硬背。苏霍姆林斯基说:"只有当教师不把知识的积累和知识量的扩大视为教学过程的最终目的,而只是当作发展认识和创造能力以及喜好钻研的灵活思考能力的一种手段的情况下,才能在教学过程中实现智育。"[1]

从获取和掌握知识的角度来说,知识即目的;从理解和运用知识的角度来说,知识又是手段。因此,他肯定地提出了"知识既是目的,又是手段"的观点。他形象地指出,千万不要使知识"变成静止的、僵死的学问","变成滞销的货物",而要让它"进入流通过程"。知识的最深远的意义在于只有当它真正能成为学生精神生活的因素,能激起学生的兴趣并能牵动学生的思想,知识才能加深和发展,而知识的生命力和积极作用,就在于它使学生不断获取新知识,使知识不断得到运用、加强和发展。总之,智力的发展离不开智育,离不开教学,也离不开知识的传授和掌握。

2. 学校必须有丰富多彩的智力生活

要发展学生的智力,仅靠课堂教学还不够,必须由丰富多彩的智力生活来保证。智力的发展需要建立广阔的"智力背景",

---

[1] 苏霍姆林斯基.帕夫雷什中学[M].赵玮,等,译.北京:教育科学出版社,1983:257.

即发展学生的智力不能局限于抓好课堂学习，而要扩大他们的智力活动范围，扩大知识面，使学生的学习有一个巩固的"大后方"。为了保证智力生活的顺利开展，他要求提供自由活动时间。学生需要自由活动时间，就像健康需要空气一样。所以他推行了一套独特的作息制度：上午为课堂学习时间，下午为自由活动时间。此外，他还要求建立多种多样的课外活动小组——"智力生活的基地"。活动小组主要有"科学－学科小组"、"劳动创造小组"、"艺术文化小组"。智力生活以读书、观察、劳动为主。教师要引导学生的课外阅读，把每个学生引导到书的世界中去，培养他们热爱书籍的情怀，使书籍成为智力生活的指路明灯。此外，他还开创了"思维课"——到野外大自然中去上课，开阔了学生的视野，激发了情绪，促进了学生的观察和思考，大大发展了学生的思维能力，与关起门来脱离实际的课堂背诵和讲解，有天壤之别。

3. 要激发学生的学习兴趣和求知欲

没有对学习的渴求和欲望就不会有智育。"促使儿童学习，激发他的学习兴趣；使他刻苦顽强地用功学习的最强大的力量，是对自己的信心和自尊感。当儿童有这股力量的时候，你就是教育的能手，你就会受到儿童的敬重。"儿童的学习愿望是一些细小的源泉，它们汇合成"教学与教育的统一"的大河。为了激发和培养学生的兴趣，他要求教师首先要以满腔热忱对待教学工作，真心关心学生的学习；其次要努力上好每一堂课并使课堂有趣味；第三，对自己所教的学科要有丰富的知识。

4. 要正确地对待学生的学习成绩

苏霍姆林斯基认为，评分是一件最精细、最有灵性、最锐利又不十分安全的工具，应该谨慎使用。分数，不是全面评价学生的唯一尺度,也不是反映学生在学习上取得成就的唯一标准,所以教师不能轻率地使用分数这一细微的教育工具。不及格的分数在小学阶段应该是备而不用的,尤其不能把它当作鞭子来使用。苏霍姆林斯基说:"对小学评分的最主要的要求,就是它的乐观主义和富有乐趣的原则。分数应当是奖励勤奋的,而不是惩罚懒惰和懈怠的。如果教师把2分和1分当作可用来抽打懒马的皮鞭而把4分和5分当作糕点的话,那么孩子很快就会连皮鞭和糕点一起都痛恨不已。"[①] 此外,把学习当作学生唯一的活动领域,在实践中是极其有害的。各个儿童的智力才能是不同的,每个儿童都是一个完整的世界,没有重复,各有特色。学生可以"表现自己"的领域很多,不仅仅局限在智力领域,况且分数不能全部展现一个人的智力水平。"如果一个人只是在分数上表现自己,那么就可以毫不夸张地说,他等于根本没有表现自己,而我们教育者,在人的这种片面性表现的情况下,就根本算不得是教育者——我们只看到一片花瓣,而没有看到整个花朵。"教师要时刻注意保持孩子那份自信,永远"让孩子抬起头来走路"。

(三)体育

体育是一个人全面和谐发展的最重要的因素。体育,这首先是注意健康,关心维护作为无价之宝的生命;其次是保证人的身体发育与精神生活以及多方面的活动协调一致。苏霍姆林斯基经过自己的观察和经验发现,约有85%不及格学生学业落后的主要原因是健康状况不够好,身体有某种不适或者疾患。他指出,关心孩子的健康——这是教育工作者最重要的工作。"良好的健

---

① 苏霍姆林斯基.把整个心灵献给孩子[M].唐其慈,等,译.天津:天津人民出版社,1981:91.

康和充沛旺盛的精力,这是朝气蓬勃感知世界、焕发乐观精神、产生战胜一切艰难险阻的意志的一个极重要的源泉。"[①]为此,他提出如下建议:建立合理的作息制度,多在新鲜空气中逗留,开着通风窗睡觉,早睡早起,保持良好营养;创造良好的保健卫生条件;开展体育锻炼和各项体育活动;通过劳动增强体质。

(四) 美育

苏霍姆林斯基认为:"美是道德纯洁、精神丰富和体魄健全的有力源泉。美育的最重要任务是教会孩子能从周围世界(大自然、艺术、人们关系)的美中看到精神的高尚、善良、真挚,并以此为基础确立自身的美。"[②]他经常把美育称为"审美修养"或"情感教育"。美育通过它特有的手段和途径,对学生进行潜移默化的感染和教育。苏霍姆林斯基指出,美育的第一步是要培养学生感知和领会美的能力。他说,感知和领会美,这是审美教育的基础,是审美素养的核心。在苏霍姆林斯基看来,感知和领会美的手段主要有三种:一是通过浏览和远足去观察大自然中的美;二是阅读文艺作品,以便更好地领略其中的韵味和含意;三是欣赏绘画作品和音乐,通过视觉和听觉来增强审美感知能力。苏霍姆林斯基强调指出,在感知美的基础上还要培养学生创造美的能力。他主张学生通过练习写作和绘画等,学会用语言和艺术形象来表达自己对美的感受和认识,从而达到培养学生创造美的能力。苏霍姆林斯基十分重视校园环境在美育中的作用。他认为,学生走进校门,他所看到的一切都应当是美的。他曾有一句名言:"使学校的墙壁也说话"。此外,他还重视劳动美、仪表美

[①][②] 苏霍姆林斯基. 帕夫雷什中学 [M]. 赵玮,等,译. 北京:教育科学出版社,1983:169,424.

和人际关系的美在美育中的教育作用。

（五）劳动教育

苏霍姆林斯基明确表示，劳动具有强大的教育作用，没有劳动的教育至少是片面的教育。劳动与智力发展、道德发展、美感发展、情感发展、体力发展之间，劳动与思想和个性的公民基础的形成之间有一条强有力的纽带联系在一起。劳动教育对德智体美都有促进作用：劳动教育对德育的促进作用在于劳动是道德的根源；"儿童的智慧处在他的手指头上"，劳动的双手是"智慧的创造者"，双手的劳动在智力发展上起着特别重要的作用；劳动对体育的促进作用在于劳动能培养美的体魄，可以缓解紧张的压力，犹如"神经系统和心脏健康操"；劳动可以创造财富，创造美，陶冶人的心灵。

劳动教育有三个目的：社会目的，即劳动要为社会创造财富，体现出经济价值；思想教育目的，通过劳动丰富学生的精神生活，"劳动的乐趣是一种巨大的教育力量"，是劳动教育最本质的目的；培养创造性劳动态度。创造性劳动是苏霍姆林斯基劳动教育理论的核心，是"道德修养的源泉"、"精神文明的基础"。

四、论教师素养

苏霍姆林斯基认为，在一个人的成长过程中，教师是起主要的、有时甚至是决定性作用的因素。他提出，教师是"创造未来人"的"特殊雕塑家"。关于教师的素养问题，他有一些精辟的见解。

苏霍姆林斯基说："一个好教师意味着什么？首先意味着他是这样的人，他热爱孩子，感到跟孩子交往是一种乐趣，相信每个孩子都能成为一个好人，善于跟他们交朋友，关心孩子的快乐和悲伤，了解孩子的心灵，时刻都不忘记自己也曾是个孩子。"①热爱孩子是教育素养的实质，是实施教育的前提条件。他自己一生热爱儿童，他的座右铭就是："把整个心灵献给孩子"。他把毕生精力都献给了孩子们，以自己的行动为全体教师作出了表率。与热爱孩子紧密联系的是相信孩子。"只有当教育建立在相信孩子的基础之上时，它才会成为一种现实的力量。如果对孩子缺乏信心，不信任他，则全部教育智谋，一切教学和教育上的方法和手段都将像纸牌小房一样定然倒塌。"②要做到热爱孩子和相信孩子，就必须了解孩子。"不了解儿童，就不可能成为教育者。"③没有对儿童的了解，就没有学校，就没有教育，也就没有真正的教师和教师集体。苏霍姆林斯基坚信："尽可能深入地了解每个孩子的精神世界——这是教师和校长的首条金科玉律。"④

其次，一个好教师要精通他所教的学科。苏霍姆林斯基说："学校及学校所从事的一切活动赖以确立的基础，就是每个教师的多样化的知识、丰富的智力生活、宽阔的眼界和学识上的不断提高。"⑤教师无论是在课堂上，还是指导课外活动小组，他渊博的学识、开阔的视野、广泛的兴趣、敏捷的思维方式等，可以形成朝气蓬勃的智力生活，唤起学生强烈的求知欲。这样的教师在学生的心目中有很高的威信。可是渊博的知识从何而来呢？苏霍姆林斯基认为，渊博知识的来源是读书。"真正的教师必是读

---

①②④⑤ 苏霍姆林斯基．帕夫雷什中学［M］．赵玮，等，译．北京：教育科学出版社，1983：44，34，48，50．

③ 苏霍姆林斯基．把整个心灵献给孩子［M］．唐其慈，等，译．天津：天津人民出版社，1981：25．

书爱好者,一种热爱书、尊重书、崇拜书的气氛,乃是学校和教育工作的实质所在。"① 他认为,一个教师只要勤奋,而且有强烈的求知欲,那他在教学上或其他工作上的各种不足或缺陷,都可逐渐得到克服、纠正,认知方面的任何空白终将会被填补起来,整个教育工作将会取得预期的成效。

第三,一个好教师要精通心理学和教育学,懂得而且能体会到,缺乏教育科学知识,就无法做好孩子们的工作。苏霍姆林斯基说:"教师职业就是要研究人,长期不断地深入人的复杂的精神世界。"② 要想彻底了解儿童,则有赖于教育学和心理学方面的知识。不掌握这些知识,教师在教育工作中就会像在黑夜里走路一样。

第四,一个好教师要精通某项劳动技能,并且是这项工作的能手。一个学校要有出色的园艺家,有醉心于机器的人,有电工技术专家,有细木工,有植物栽培家。一所好学校里,每个教师都应当有从事某项劳动的热情。

此外,教师个人对学生会产生重大的影响。苏霍姆林斯基说:"人只能由人来建树。"每个教师都应当成为他的学生进行品德修养和丰富精神世界的榜样,成为热爱知识和渴求知识的引路人,成为言行一致的表率。

五、论学校管理与领导

苏霍姆林斯基任学校校长达二十余年,对于学校管理及如何

---

① 苏霍姆林斯基. 帕夫雷什中学 [M]. 赵玮,等,译. 北京:教育科学出版社,1983:50.
② 《湖南教育》编辑部,编. 苏霍姆林斯基教育思想概述 [M]. 长沙:湖南教育出版社,1983:167.

成为一个好校长有精心的研究,并且积累了丰富的学校管理与领导工作的经验。这些经验对我们有很大的启示作用和借鉴意义。

(一) 对学校的领导首先是教育思想的领导

在对学校工作的管理中,首要的是实现教育思想的领导。这是苏霍姆林斯基管理学校的指导思想。他认为,学校中的大量问题,不是靠开会、发指示、作决议所能解决的,校长的主要工作应当是深入到课堂,到教师中去,到学生中去,研究教学和教育工作的客观规律性,依靠科学来领导和管理学校。一个校长不能整天陷于事务的漩涡,也不能靠官腔的行政命令来领导。苏霍姆林斯基反复强调,"领导学校,首先是教育思想的领导,其次才是行政的领导"。[1] 苏霍姆林斯基所说的教育思想的领导,主要是指校长在学校的教育、教学及全部工作中要真正以最基本的教育信念为主旨,并将它变为教师的共同信念。基于这种思想,苏霍姆林斯基在长达二十三年的校长工作岗位上,从不把自己的工作局限在行政领导和处理日常事务性工作上,而是以一个教育者的姿态在学校的每一个领域发挥强有力的领导作用,将自己的思想变为全体教师的思想,进而推动各项工作的运行。苏霍姆林斯基说:"如果你占着一个校长的职务,认为只要自己有一些特殊的行政工作能力,就可以取得成功,那你还是放弃想当一个好校长的念头吧。"在他看来,所谓校长,绝不是习惯势力所认为的"行政干部",而应该是教育思想家和教育理论研究的专门家。一个好的校长必须通晓教育科学,是懂得教育的行家。

---

[1] 苏霍姆林斯基. 和青年校长的谈话 [M]. 上海:上海教育出版社,1983:33.

(二)一个好校长必须首先是一个好教师

苏霍姆林斯基说:"如果你想成为一个好校长,那你首先就得努力成为一个好教师,一个好的教学专家和好的教育者。"校长是领导全校教师进行创造性劳动的主要组织者,他不仅要具备一个优秀教师的一切素养,而且还要比一般优秀教师略胜一筹,要成为"教师的教师"。校长是要对学校教学和教育过程实行领导的,而教学和教育过程有三个源泉:科学、技巧和艺术。校长要成为"教师的教师",就要一天比一天深入地钻到教学和教育过程的细节和微妙之处去。在实践中,一方面,他坚持长期带班,教一个五年级班的语文课。他说,课,就是教育思想的源泉所在;课,就是创造活动的源头,就是教育信念的萌发园地。另一方面,他每天至少听教师两节课,并和教师一起进行分析、探讨。他十分重视学校师生的思想工作,全面关心教师和学生。总之,他认为校长如果缺乏科学的研究方法,也就不可能有科学的领导和管理方法。他把研究教育科学当作是"实行领导的开端和源头"。

苏霍姆林斯基本人是一位领导、管理学校的能手,具有精湛的领导艺术和高超的管理才能。苏霍姆林斯基的学校管理领导艺术,应该说,是一笔十分宝贵的精神财富,为学校管理工作提供了极其重要的经验。

六、影响和评价

苏霍姆林斯基的教育思想,具有辩证全面、不断创新的特点,深深扎根于实践,来自实践,又在实践中得到完善。他曾被誉为"教育思想的泰斗"。他的教育理论与实践对70年代和80年代苏联教育理论的发展产生了极大的影响。例如,巴班斯基就接受了苏霍姆林斯基关于教育和教学工作整体性的观点,将全面和谐发展学生的个性作为学校理想的观点;后来出现的一批紧密结合教育、教学实践进行教育理论探讨的教育理论工作者和教师,像阿莫纳什维利等人,也提倡学生的主体地位、师生间的良好合作、调动学生学习的内部动因等,这反映了苏霍姆林斯基教育思想的强烈影响。

苏霍姆林斯基教育思想的核心即"个性全面和谐发展"教育思想,不仅影响了苏联一代人的教育,而且在世界教育理论界也产生了很大的影响。在中国,苏霍姆林斯基的教育著作尤其受到了教育理论工作者和实践工作者的喜爱与欢迎。早在 20 世纪 60 年代,帕夫雷什中学已在国际上享有盛誉,许多国家的教育专家和学者前往参观。苏霍姆林斯基教育思想这"一丛能在异国盛开的玫瑰"在当代世界的传播与生长,反映了苏霍姆林斯基教育思想的生命力与前瞻性。苏霍姆林斯基的教育思想具有蓬勃的生命力,具有普适性、先进性、丰富性、全面性和深刻性,是符合教育的普遍规律、符合儿童的成长规律的。苏霍姆林斯基懂得儿童的心,能用自己的满腔热忱来浇灌儿童的心灵,其思想和事迹令所有教师看了无不为之感动。

苏霍姆林斯基教育思想的丰富性,表现在苏霍姆林斯基不仅在理论上论述了教育的规律、原则,而且身体力行,亲身实践,有着丰富的活生生的案例。他的理论不是苍白的,而是有血有肉、五彩缤纷的。苏霍姆林斯基几乎论述到教育的各个方面:德育、智育、体育、美育、劳动教育都在其视野之内,都有精辟的论述。苏霍姆林斯基提出的每一个教育命题都有着深刻的哲理。他提出德智体美劳各育的任务不是孤立的,而是统一的,统一于培养学生的精神生活及全面和谐发展。苏霍姆林斯基始终把人的价值放在教育的第一位,将提高学生素质、培养学生的精神生活放在重要位置。

"自我教育"理论是苏霍姆林斯基的一项重大创新。这一理论是他从学校实际教育、教学经验中提炼总结而来的,以后又在实际运用中得到完善与发展,成为实现其基本教育信念强有力的思想支柱和理论依据。从某种意义上说,这是一次教育观念的变革,这是一个具有巨大理论意义和实践价值的创新。"自我教育"理论对我们今天的课改也有借鉴意义,尤其是对学生的自主学习方式产生深远的影响。此外,苏霍姆林斯基对学校管理与领导的阐述对我们今天也是一笔财富。苏霍姆林斯基对教育事业的无私奉献精神和对教育理论的孜孜不倦地追求,为人民树立了光辉的典范。他对教育理论的探索,不惟书惟上,而是通过自身真实的教育实践和经验,从实际出发,赋予理论新的内涵。他的理论具有生命力和说服力。为了下一代的健康发展和全面和谐发展,他呕心沥血,把自己的整个心灵、把自己的全部生命奉献给了孩子们,献给了伟大的教育事业。

总之,苏霍姆林斯基的教育思想内容丰富,有很多闪光点,有很多值得我们今天借鉴之处,今天读来仍然熠熠生辉,大放异彩。苏霍姆林斯基既是一名教育科学家,又是一名教育艺术家。他所创造的美丽作品永远是我们的楷模。

【思考题】

1. 试述苏霍姆林斯基的"个性全面和谐发展"的教育理论。
2. 阐述苏霍姆林斯基教育思想的现实意义。
3. 自我教育思想对今天新课改背景下学生学习方式有何启示?

【拓展阅读文献】

1. 苏霍姆林斯基．帕夫雷什中学［M］．赵玮,等,译．北京：教育科学出版社,1983.

2. 苏霍姆林斯基．给教师的一百条建议［M］．周蕖,等,译．天津：天津人民出版社,1981.

3. 苏霍姆林斯基．要相信孩子［M］．王家驹,译．北京：教育科学出版社,1981.

4. 王天一．苏霍姆林斯基教育理论体系［M］．北京：人民教育出版社,1992.

5.《湖南教育》编辑部,编．苏霍姆林斯基教育思想概述［M］．长沙：湖南教育出版社,1983.

主要参考文献
（按章节顺序排列）

1. 论语［M］．长沙：岳麓书社，2000．
2. 李泽厚．论语今读［M］．北京：三联书店，2004．
3. 沈灌群，毛礼锐．中国教育家评传［M］．上海：上海教育出版社，1988．
4. 毛礼锐，沈灌群．中国教育通史［M］．济南：山东教育出版社，1988．
5. 王炳照，阎国华．中国教育思想通史［M］．长沙：湖南教育出版社，1994．
6. 匡亚明．孔子评传［M］．南京：南京大学出版社，1990．
7. 黄坤．《论语》入门［M］．上海：上海古籍出版社，2006．
8. 陈卫平，郁振华．孔子与中国文化［M］．贵阳：贵州人民出版社，2000．
9. 全国教育史研究会编务组．孔子教育思想研究［M］．北京：人民教育出版社，1985．
10. 高时良．中国古典教育理论体系——孔子教育语义集解［M］．北京：人民教育出版社，2006．

11. 墨子[M]．上海：上海古籍出版社，1989．

12. 邢兆良．墨子评传[M]．南京：南京大学出版社，1993．

13. 辛志凤，蒋玉斌．墨子译注[M]．哈尔滨：黑龙江人民出版社，2003．

14. 鲁国尧，马智强．《孟子》注评[M]．南京：凤凰出版社，2006．

15. 谢详皓．孟子思想研究[M]．济南：山东大学出版社，1986．

16. 杨泽波．孟子评传[M]．南京：南京大学出版社，1998．

17. 孟子[M]．上海：上海古籍出版社，1997．

18. 董洪利．孟子研究[M]．南京：江苏古籍出版社，1997．

19. 杨泽波．孟子与中国文化[M]．贵阳：贵州人民出版社，2000．

20. 吴复生．荀子思想新探[M]．台北：文史哲出版社，1998．

21. 孔繁．荀子评传[M]．南京：南京大学出版社，1997．

22. 王云路，史光辉．荀子直解[M]．杭州：浙江文艺出版社，2004．

23. 惠吉星．荀子与中国文化[M]．贵阳：贵州人民出版社，1996．

24. 张鸣岐．董仲舒教育思想初探[M]．长春：吉林教育出版社，1988．

25. 周德昌．朱熹教育思想述评[M]．长春：吉林教育出版社，1987．

26. 张立文．朱熹评传[M]．南京：南京大学出版社，1998．

27. 张立文．朱熹思想研究[M]．北京：中国社会科学出版社，2001．

28. 蔡方鹿．朱熹与中国文化[M]．贵阳：贵州人民出版社，2000．

29. 方尔加．王阳明心学研究[M]．长沙：湖南教育出版社，1989．

30. 方志远．旷世大儒——王阳明[M]．石家庄：河北人民出版社，2000．

31. 李国钧．王船山教育思想研究[M]．北京：人民教育出版社，1984.

32. 匡亚明．王夫之评传［M］．中国思想家评传丛书．南京：南京大学出版社，2002.

33. 胡发贵．王夫之与中国文化［M］．贵阳：贵州人民出版社，2000.

34. 陈山榜．张之洞劝学篇评注［M］．大连：大连出版社，1990.

35. 蔡振生．张之洞教育思想研究［M］．沈阳：辽宁教育出版社，1994.

36. 陈景磐．中国近现代教育家传［M］．北京：北京师范大学出版社，1987.

37. 冯天瑜，何晓明．张之洞评传［M］．南京：南京大学出版社，1991.

38. 张之洞．劝学篇［M］．上海：上海古籍出版社，1998.

39. 黎仁凯，钟康模．张之洞与近代中国［M］．保定：河北大学出版社，1999.

40. 李细珠．张之洞与清末新政研究［M］．上海：上海书店出版社，2003.

41. 金林祥．蔡元培教育思想研究［M］．沈阳：辽宁教育出版社，1994.

42. 蔡尚思．蔡元培学术思想传记［M］．上海：上海棠棣出版社，1950.

43. 胡国枢．蔡元培评传［M］．开封：河南教育出版社，1990.

44. 崔志海．蔡元培［M］．杭州：浙江人民出版社，1998.

45. 戴伯韬．陶行知的生平及其学说［M］．北京：人民教育出版社，1982.

46. 董宝良，周洪宇．陶行知教育学说［M］．武汉：湖北教育出版社，1993.

47. 中国陶行知研究会．陶行知教育思想研究文集［M］．北京：人民教育出版社,1985.

48. 斋藤秋男.陶行知生活教育理论的形成[M].日本：明治图书出版公司,1987.

49. 王世杰.陶行知创造教育思想[M].合肥：安徽教育出版社,1991.

50. 孙培青,李国钧.中国教育思想史[M].上海：华东师范大学出版社,1995.

51. 余子侠.陶行知[M].武汉：湖北教育出版社,1999.

52. 金林祥.20世纪陶行知研究[M].上海：上海教育出版社,2005.

53. 中央教育科学研究所,厦门大学.杨贤江教育文集[M].北京：教育科学出版社,1982.

54. 孙培青,郑登云.杨贤江教育思想研究[M].上海：华东师范大学出版社,1989.

55. 喻本伐.杨贤江"新教育"理论的形成[M].北京：光明日报出版社,2005.

56. 杨贤江全集[C].郑州：河南教育出版社,1995.

57. 金立人.杨贤江传记[M].北京：光明日报出版社,2005.

58. 杨贤江教育思想研究会.杨贤江纪念集[M].北京：光明日报出版社,2005.

59. 潘懋元.马克思主义教育理论家杨贤江[M].上海：光明日报出版社,2005.

60. 郭齐家.中国教育思想史[M].北京：教育科学出版社,1987.

61. 吴式颖,任钟印.外国教育思想通史（第二卷）[M].长沙：湖南教育出版社,2002.

62. 单中惠.西方教育思想史[M].太原：山西人民出版社,1996.

63. 西方哲学原著选读（上卷）[M].北京：商务印书馆,1999.

64. 滕大春.外国教育通史（第一卷）[M].济南：山东教育出版社,

2005.

65. 滕大春. 外国教育史和外国教育 [M]. 保定：河北大学出版社，1998.

66. 赵祥麟. 外国教育家评传 [M]. 上海：上海教育出版社，2003.

67. 色诺芬. 回忆苏格拉底 [M]. 北京：商务印书馆，1984.

68. 刘以焕，王凤贤. 苏格拉底 [M]. 北京：辽海出版社，1998.

69. 张世英，赵敦华. 苏格拉底 [M]. 北京：中华书局，2002.

70. 中野幸次. 苏格拉底 [M]. 骆重宾，译. 北京：新华出版社，1988.

71. 柏拉图. 苏格拉底的最后日子 [M]. 余灵灵，罗林平，译. 北京：三联书店，1988.

72. 叶秀山. 苏格拉底及其哲学思想 [M]. 北京：新华出版社，1986.

73. 罗素. 西方的智慧 [M]. 崔权醴，译. 北京：文化艺术出版社，2004.

74. 佛罗斯特. 西方教育的历史和哲学基础 [M]. 吴元训，等，译. 北京：华夏出版社，1987.

75. 吴式颖，主编. 外国教育史教程 [M]. 北京：人民教育出版社，1999.

76. 王天一，夏之莲，朱美玉，编著. 外国教育史 [M]. 北京：北京师范大学出版社，1993.

77. 单中惠，朱镜人，主编. 外国教育经典解读 [M]. 上海：上海教育出版社，2004.

78. 柏拉图. 理想国 [M]. 北京：商务印书馆，2002.

79. 柏拉图全集 [M]. 北京：人民出版社，2002.

80. 希尔贝克，伊耶. 西方哲学史 [M]. 童世骏，郁振华，刘进，译. 上海：上海译文出版社，2004.

81. 叶秀山，傅乐安，编. 西方著名哲学家评传 [M]. 济南：山东人民出版社，1984.

82. 邓晓芒，赵林. 西方哲学史 [M]. 北京：高等教育出版社，2005.

83. 汪子嵩，等. 亚里士多德（上）[M] // 希腊哲学史（第三卷）. 北京：人民出版社，2003.

84. 杨适. 古希腊哲学探本 [M]. 北京：商务印书馆，2003.

85. 袁锐锷. 外国教育史新编 [M]. 广州：广东高等教育出版社，2002.

86. 张斌贤. 刘冬青. 历史上最具影响力的教育学名著19种 [M]. 西安：陕西人民出版社，2006.

87. 刘传德. 外国教育家评传精选 [M]. 北京：北京师范大学出版社，1993.

88. 亚里士多德. 政治学 [M]. 颜一，秦典华，译. 北京：中国人民大学出版社，2003.

89. 苗力田，编. 亚里士多德选集（伦理学卷）[M]. 北京：中国人民大学出版社，1999.

90. 亚里士多德全集 [M]. 北京：中国人民大学出版社，1990.

91. 托马斯·阿奎那（Thomas Aquinas），亚里士多德十讲 [M]. 苏隆编，译. 北京：中国言实出版社，2003.

92. 滕大春. 外国教育通史（第三卷）[M]. 济南：山东教育出版社. 2005.

93. 李文奎，王立功. 外国教育名著述评 [M]. 济南：山东教育出版社. 1989.

94. 滕大春. 卢梭教育思想述评 [M]. 北京：人民教育出版社. 1984.

95. 戴本博、张法琨. 外国教育史（中）[M]. 北京：人民教育出版社. 1990.

96. 罗炳之. 外国教育史（上册）[M]. 南京：江苏人民出版

社. 1962.

97. 卢梭. 爱弥儿（上卷）[M]. 李平沤, 译. 北京: 人民教育出版社, 2001.

98. 罗兰. 卢梭的生平和著作 [M]. 王子野, 译. 北京: 生活·读书·新知三联书店, 1993.

99. 卢梭. 忏悔录 [M]. 盛华东, 译. 北京: 华文出版社, 2003.

100. 于凤梧. 卢梭思想概论 [M]. 北京: 北京师范大学出版社, 1986. 10.

101. 祖霞. 卢梭的平等教育 [M]. 长沙: 湖南少年儿童出版社, 2006.

102. 高瑞泉, 选编. 打开自然之书: 卢梭如是说 [M]. 上海: 上海文艺出版社, 1994.

103. 吴式颖, 等, 主编. 外国教育思想通史（第六卷）[M]. 长沙: 湖南教育出版社, 2002.

104. 李明德, 等, 主编. 教育名著评介（外国卷）[M]. 福州: 福建教育出版社, 1992.

105. 夏之莲, 译. 裴斯泰洛齐教育论著选 [M]. 北京: 人民教育出版社, 1992.

106. 阿图尔·布律迈尔, 主编. 裴斯泰洛齐选集（第二卷）[M]. 戴行福, 等, 译. 北京: 教育科学出版社, 1996.

107. 裴斯泰洛齐. 林哈德与葛笃德 [M]. 北京编译社, 翻译. 北京: 人民教育出版社, 1984.

108. Kate Silver, Pestalozzi. *The Man and His Works*. New York, 1973.

109. Harlow G. Unger. *Encyclopedia of American Education*, Volume 2 [M]. Facts On File, Inc., 2001.

110. 吴式颖. 外国教育史简编 [M]. 北京: 教育科学出版社, 1988.

111. 滕大春. 外国近代教育史 [M]. 北京: 人民教育出版社, 1989.

112. 赫尔巴特．普通教育学·教育学讲授纲要［M］．李其龙，译．北京：人民教育出版社，1989．

113. 中国教育史研究会．杜威赫尔巴特教育思想研究［M］．济南：山东教育出版社，1985．

114. 吴式颖，阎国华，主编．中外教育比较史纲（近代卷）［M］．济南：山东教育出版社，1997．

115. 马骥雄．外国教育史略［M］．北京：人民教育出版社，1991．

116. 康内尔．二十世纪世界教育史［M］．张法琨，方能达，李乐天，等，译．北京：人民教育出版社，1990．

117. 杜威．民主主义与教育［M］．王承绪，译．北京：人民教育出版社，1990．

118. 杜威．学校与社会·明日之学校［M］．赵祥麟，任钟印，吴志宏，译．北京：人民教育出版社，2005．

119. 杜威．我们怎样思维·经验与教育［M］．姜文闵，译．北京：人民教育出版社，1991．

120. 邵瑞珍，译．布鲁纳教育论著选［M］．北京：人民教育出版社，1989．

121. 滕大春，主编．外国教育通史（第六卷）［M］．济南：山东教育出版社，1994．

122. 钟启泉．课程流派研究［M］．济南：山东教育出版社，2000．

123. 单中惠，主编．外国中小学教育问题史［M］．济南：山东教育出版社，2005．

124. 布鲁纳．教育过程［M］．邵瑞珍，译．王承绪，校．北京：文化教育出版社，1982．

125. 布鲁纳．论左手性思维——直觉能力、情感和自发性［M］．彭正梅，译．上海：上海人民出版社，2004．

126. 布鲁纳．游戏是重要的任务［J］．邵瑞珍，译．教育研究，1980（5）．

127. 张爱卿.放射智慧之光——布鲁纳认知与教育心理学［M］.武汉：湖北教育出版社，2001.

128. 赞可夫.和教师的谈话［M］.杜殿坤，译.北京：教育科学出版社，1980.

129. 赞可夫.论小学教学［M］.俞翔辉，译.北京：教育科学出版社，1982.

130. 赞可夫.教学与发展［M］.杜殿坤，译.北京：文化教育出版社，1980.

131. 俞翔辉，编译.赞可夫新教学体系及其讨论［M］.北京：教育科学出版社，1984.

132. 张人杰，王卫东，主编.20世纪教育学名家名著［M］.广州：广东高等教育出版，2002.

133. 吴式颖，任钟印，主编.外国教育思想通史（第十卷）［M］.长沙：湖南教育出版社，2000.

134. 苏霍姆林斯基.公民的诞生［M］.黄之瑞，等，译.北京：教育科学出版社，2002.

135. 苏霍姆林斯基.把整个心灵献给孩子［M］.唐其慈，等，译.天津：天津人民出版社，1981.

136. 苏霍姆林斯基.帕夫雷什中学［M］.赵玮，等，译.北京：教育科学出版社，1983.

137. 苏霍姆林斯基.给教师的一百条建议［M］.周蕖，等，译.天津：天津人民出版社，1981.

图书在版编目（CIP）数据

中外著名教育家简介/黄仁贤，洪明等编著. —福州：福建教育出版社，2008.3（2019.7重印）
教师教育课程系列教材
ISBN 978-7-5334-4967-4

Ⅰ. 中⋯ Ⅱ. 黄⋯ Ⅲ. 教育家－简介－世界－师范大学－教材 Ⅳ. K815.46

中国版本图书馆 CIP 数据核字（2008）第 030772 号

教师教育课程系列教材
中外著名教育家简介
黄仁贤 洪明 等 编著

出版发行	福建教育出版社
	（福州市梦山路 27 号 邮编：350025 网址：www.fep.com.cn
	编辑部电话：0591－83726908
	发行部电话：0591－83721876 87115073 010－62027445）
出 版 人	江金辉
印 刷	福州华彩印务有限公司
	（福州市福兴投资区后屿路 6 号 邮编：350014）
开 本	890 毫米×1240 毫米 1/32
印 张	10.5
字 数	246 千字
插 页	2
版 次	2011 年 2 月第 2 版 2019 年 7 月第 8 次印刷
书 号	ISBN 978-7-5334-4967-4
定 价	23.00 元

如发现本书印装质量问题，请向本社出版科（电话：0591－83726019）调换。